H. 2903.

10847

LA VIE DV
P. GASPAR BARZEE
ZELANDOIS,
De la Compagnie de IESVS.
Et compagnon du B. P. Xauier aux Indes.

OV

Les triophes de la Croix sur les infideles Turcqs, Sarrazins, Gentils, Schismatiques, Heretiques, Iuifs, Athées, &c. En la conqueste d'vn noueau monde à la Foy Chrestienne, soubs les estandarts du bon IESVS, en l'Inde Orientale.

Traduict du Latin du R. P. NICOLAS TRIGAVLT, *de la mesme Compagnie.*
Par D. F. D. R. T.

A DOVAY,
De l'Imprimerie NOEL WAR[...]
à l'enseigne de la Natiuité. 16[...]
Auec Grace & Priuilege.

A MONSIEVR MONSIEVR D. FLORICE
DE
RIQVEBOVRG-TRIGAVLT,
Docteur és Droicts, & en Medecine, Conseiller, & Medecin Ordinaire de Messeigneurs les Princes d'Orange, & de Condé.

MONSIEVR,

DESROBER à un Pere son enfant, c'est violer la nature ; comme aussi desaduoüer le sien, c'est impieté. Pour euiter le blasme de l'vn, ceux qui sçauent que cest œuure vous appartient,

tient, n'ont peu approuuer qu'on le donna à autre qu'à son Autheur. Et la cognoissance que i'ay de vostre bon naturel m'a faict esperer que vous luy ferez bon accueil, pour n'estre coulpable de l'autre. Ainsi, par vostre moyen, chacun verra que ce sainct personnage dont voicy la vie, le P. GASPAR BARZEE, comme le Phœnix bruslé du feu d'vne vraye charité, a encor peu renaistre apres sa mort. Ce beau Soleil s'esleuant des Indes Orientales sur l'horison de ces Pays-bas, a voulu faire apres sa mort, ce que ou sa mission, ou l'iniure du temps ne luy ont permis durant sa vie. L'ordre d'vne charité bien mesnagée requeroit que commençant par soy-mesme, il eut aussi

re-

DEDICATOIRE.

respandu ses rayons successiuemēt à ses plus proches, sa patrie, parens, & amys. Mais puis que Iesus-Christ, le maistre mesme, ne fut pas recognu pour Prophete en son pays propre, & qu'il n'y a pas de disciple par dessus le maistre; ce n'est pas merueille que GASPAR quitta la froidure de son Septentrion, pour eschauffer l'Orient mesme de l'ardeur de son Zele, & le remplir de l'odeur de ses diuines vertus. Mais à present que sa mort a supprimé l'enuie, & estallé sur le bureau du monde vniuersel le prix inestimable de ses merites; Le voicy qu'il nous vient reuoir, accoustre premierement à la Romaine, par le benefice du R. P. Nicolas Trigault, (digne sectateur de ce grand conquereur des ames)

ames) & puis par voz faueurs habillé à la Françoise, pour estre mieux recognu parmy les siens. Mais ayant trouué en ce monde de deça, vn merueilleux changement, & de mœurs, & d'humeurs, il estoit demeuré entre les mains de ses amis, n'osant s'auenturer en vn monde nouueau sans guide & sauf-cõduite, n'ayãt voulu vostre modestie permettre que soubs vostre nom, nous en ayons cerché aucun parmy tant de grands Princes & Seigneurs, qui eussent reputé à beaucoup d'honneur, & faueur, de luy seruir de protecteur & parrain. Et toutesfois l'interest general de toutes les ames Chrestiennes & vertueuses, & le particulier de ceste Prouince, ne pouuant permettre qu'il demeura

DEDICATOIRE.

meura plus long temps incognu; Les RR. Peres qui le gardoient en depost me l'ont remis en main, pour le produire au iour, & rendre à la patrie vn bon Citoyen; aux Ordres Religieux vn exemple parfaict d'obediëce & d'humilité; aux ames Chrestiennes vn vray miroir de saincteté; & à toute l'Eglise Militante vn valeureux chef, qui a rendu la vie combattant genereusement, pour adjouster des mondes nouueaux à son Empire. Ie ne l'ay si tost reçeu, que i'ay creu estre vn crime irremissible de priuer plus long tëps le publicq d'vn si grand bien. Et d'autant que l'ingratitude est vn vice tres-enorme, i'ay iugé auec tant de personnes de merites, que nous deuions au nom

† 4   de

EPISTRE

de touts, recognoistre l'obligation que tout le monde vous aura; si comme vous luy auez donné l'estre, vous le receuiez pour vostre. Ie vous l'enuoye donc, affin que comme bon pere, vous guidiez par la main cest orphelin, & prestiez vostre soing à l'esleuer, comme vous auez contribué vostre peine pieuse à l'ayder à naistre. Si vostre modestie me iuge en cela coulpable, & digne de punition, au premier i'opposeray tant de rares vertus, qui deuant l'âge, vous ont rendu si vtil au publicq, & faict recercher, cherir & aymer des premiers Potentats de l'Europe. Pour le dernier, i'en appelleray à vostre bonté, qui mesme pardonneroit des plus grandes fautes à des estrangers,

&

DEDICATOIRE.

& ennemis. Ceste offense (s'il y en a) est excusable (MONSIEVR) puis que ie n'ay faict que ce que mon deuoir requeroit en vostre endroict. Le reste de ce qu'aurez merité par vne œuure si saincte, vous sera rendu par celuy qui est le remunerateur de touts biens, auquel ie vous recommande de tout mon cœur, & moy en voz bonnes graces ; Qui suis MONSIEVR,

Vostre tres-humble &
tres-affectioné seruiteur
G. R. L. E. D.
DE DOVAY,
Ce 29. Octob. 1614.

L'Im-

L'Imprimeur au Lecteur.

AMY Lecteur, desirãt autant qu'il m'est possible procurer ton vtilité & cõtentement, ie te donne icy vne lettre, qui depuis peu de iours m'a esté baillée par des personnes de rare doctrine & iugement, qui ont estimé qu'elle deuoit voir le iour, tant pour te faire iuger du merite de ceste Traduction, cõme pour seruir d'Auant-propos & d'Epistre Liminaire à ceste ouurage. Ie m'asseure que l'Autheur n'en sera pas marry, puis que ie l'ay faict à bonne intention, & qu'il estoit trop esloigné pour pouuoir luy en demander l'adueu. Ie premets quelques lignes du R. P. Prouincial au mesme Autheur, ausquelles ceste Epistre que ie te donne sert de responses afin que tu voyes ce qui luy a seruy d'argumẽt. Adieu. Et reçois en bonne part mon labeur.

Coppie

Coppie de la lettre du R. P. IEAN HERREN, Prouincial de la Compagnie de IESVS, en la Prouince du Pays-bas.

A MONSIEVR M.R
DE
RIQVEBOVRG-TRIGAVLT,
Conseiller, & premier Medecin ordinaire de Monseigneur le Prince d'Orange, à Bruxelles.

MONSIEVR,

IE serois ingrat, si ie ne vous remerciois de la peine qu'il vous a pleu prendre en la translation de la vie de nostre P. GASAR; i'espere que vostre trauail sera tres-bien reçeu de touts ceux qui le liront, & que Dieu vous en donnera la recompense en l'autre monde. Quant à nous, nous vous en demeurerons tousiours tres-obligez, s'il vous plaisoit le laisser Imprimer, i'enuoyerois à l'Imprimeur des patentes pour empescher que les autres Imprimeurs ne luy ostent le proufit de ses peines, l'Imprimant aussi. A tant,

MONSIEVR, Ie prie Dieu vous continuer ses sainctes graces, me recommandant bien affectueusement aux vostres; De Lille ce 14. de Mars, 1614.

Vostre seruiteur, & amy tres-affectionné,
IEAN HERREN.

LETTRE MISSIVE

Responce du S.R. Traducteur au R.P. Prouincial, qui est adjoustée pour seruir d'Auant-propos à cest œuure.

A MONSIEVR MONSIEVR,
ET REVEREND PERE
LE R. P. I. HERREN,
Prouincial de la Compagnie de IESVS, en la Prouince du Pays-bas.

MONSIEVR ET R. PERE

Ie sçay que vous auez autāt de courtoisie que de bonté; & que l'ingratitude ne peut loger en vne ame si belle que la vostre, & beaucoup moins en mon endroit, qui n'ay iamais eu l'honneur de vous rendre aucun seruice. A quoy donc ces remerciments de V. R. puis que vous ne m'estes de rien redeuable? Si i'ay r'apporté quelque soing en la Traduction de la saincte & exemplaire vie du B. P. GASPAR, ie n'ay faict autre chose, que ce à quoy tous bons & pieux Chrestiens sont obligés; qui est de contribuer

LETTRE MISSIVE

au publicq, ce qui est de leur pouuoir, pour l'edification & instruction commune des ames deuotes. Et ie l'ay faict d'autant plus volontier que i'en auoy esté prié par les Reuerends Peres de vostre venerable & religieuse Compagnie, que ie puis plus admirer qu'assés louër. Mais mon R. P. quel prodige d'humilité est-ce là? Vous me remerciés du bien que i'ay reçeu de vous: car qui a plus proufité que moy en ceste Traduction? Bon Dieu! qu'ay-ie veu, mais plustost que n'ay-ie veu? Il n'y a rien de beau, rare, estimable, & parfaict, que ie n'ay peu contempler en ce voyage. Il n'y a or, argent, pierres precieuses, richesses, voire thresors aucuns, que ie n'aye descouuert en ce monde nouueau: où? non au sein de la mer, dans le ventre de la terre, sur le chef des montaignes; où donc? en la vie, actions, mœurs, en l'ame diuine du tout diuin GASPAR. Pauure Zelande, & du tout pauure, puis que destituee de richesses spirituelles; que seruent tant de nauires, peines, hazards ou tu exposes ta vie? quelle vtilité te reuient de trauerser les mers, surmonter les tempestes, courir d'vn monde à l'autre pour des mollnës, du bresil, espiceries, mines, pierreries, soyes, & semblables; mais pour dire vray des allechements de gueulle,

des

des foibles parures d'vn sale corps, ou vn peu de terre, de poussiere, d'escume, de boüe, d'ordure, que l'auarice, vanité, & friandise, te faict estimer? Prouince deplorable, à quoy tant de trauaux, pour auec tant de despens & desplaisirs acheter vn rien des estrangers? voila ton GASPAR, qui sans argent, sans or, sans change, & sans prix aucun te donnera des vrayes richesses, des thresors inestimables, si seulement tu les veux receuoir: charge autant que ton vaisseau peut porter, ton cœur desirer, ton esprit comprendre; charge hardiment, que crains-tu. Ce sont richesses que la mer ne peut engloutir, le pirate emmener, le brigand rauir, le feu consumer, la fortune changer, ny la mort mesme faire laisser. Ce sont thresors que n'estant de terre tu ne seras contraint d'abandonner à la terre, ains que comme celestes tu porteras aux cieux infiniement riche & eternellement heureux. Et mesme sans t'exposer aux perils de si longues nauigations; peuple endormy ouure les yeux, & regarde quelle marchandise, & quels biens inestimables GASPAR ton GASPAR t'enuoye depuis les Indes iusqu'à ta porte. Ce sont les vrayes richesses de l'Orient. Achete, ains prens seulement auec bōne intētion d'en faire ton proufit,
auec

auec vn petit grain de bonne foy ; & puis si tu veux reuendre ceste denrée, ou gaingner au change, tu n'as qu'à là porter aux portes de Paradis, quant tu feras voille en l'autre monde; & tu verras auec combien d'vsure ton emploitte t'enrichira. Bon peuple (si tu retenois la Foy de tes Peres) tourne les yeux non sur l'esclat des rubis, diamans, escarboucles de l'vn & l'autre perou; mais sur le brillant Oriental des vertus de GASPAR, & ils seront dessillés & deliurés des tenebres obscures qui te font errer parmy les sables, escueils, & gouffres pernicieux d'vne doctrine nouuelle, te trainant au naufrage mortel, qui est ineuitable à tous ceux qui hors de l'Eglise, vont flottans sur l'Ocean inconstant de leurs opinions. Puis donc que tu sambles né pour la nauigation, embarque toy sur la mer calme d'vne conscience Chrestienne, entre en la nef de l'Eglise Catholique, sauue toy dans l'Arche de Noë, dans la nacelle de S. Pierre, & tu seras asseuré. Prens la foy pour anchre, l'esperance pour voille, la charité pour gouuernail, & ceste mesme charité te conduira aux isles vrayemēt fortunées, au Paradis des anges, au port desirable du salut eternel, lors que tu auras calé les voiles, & fiché l'anchre à la porte des cieux. Il n'est besoing

soing en ce voyage de cadran, n'y de boussolle. Tu ne peux errer si tu prens GASPAR pour guide : il sera ton ourse, & ton phare, tant que tu sois paruenu à l'Orient celeste, où tous les mortels doiuent dresser leur course, & arrester leurs desirs.

Mais mon R. P. voyés comme, sans y penser, ie me trouue voguãt sur la mer abondante des merites, pieté, doctrine, zele & saincteté de vostre GASPAR, emporté que ie suis par la force de ses vertus, & le desir que i'ay que nos Pays-bas, & principalement la patrie de cest homme de Dieu, fissent quelque proufit en ceste nauigation. Ie reuiens donc à mon propos, pour vous dire, qu'en la lecture de ceste histoire ie n'ay peu assés admirer la bonté infinie & singuliere prouidence de Dieu, qui de tout temps, lors que son Eglise a esté attaquée, tousiours suscite des forts Athletes, pour terrasser ses ennemis. On n'a iamais veu paroistre leurs troupes, pour furieuses qu'elles soient estées, qu'aussi tost elles ne se soient trouué en teste des guerriers inuincibles, souldoyés du Dieu viuant. Iamais ils ne se sont emparés, d'aucun fort en son Eglise, que mille autres ne soient esté gaignés soubs les estandarts & la conduite du grand Dieu des batailles, & pour

ne

SERVANT D'AVANT-PROPOS.

ne recourir aux siecles passés, considerons vn peu le present, & nous verrons manifestement qu'en cest âge corrompu où l'on voit les fantasies des hommes vouloir s'introduire au throsne sacré de la religion; Dieu a excité l'ordre de ceste religieuse compagnie, pour soubs les enseignes du bon IESVS seruir de deffense à la foy, & estre comme le bouclier de l'Eglise Catholique, contre les opinions erronnées de ceux qui n'abayent qu'à sa ruine. Ce n'est pas que ie veuille desrober à tant d'autres saincts ordres la gloire qu'ils ont merités, & meritent encor tous les iours, combattant vaillamment soubs vn mesme chef, les ennemis communs de l'Eglise, preschant, enseignant, seignant de leur sang, & seellant du Martyre la verité de leur doctrine. L'odeur de leurs louanges ayant remply la terre & penetré iusques au siege du souuerain, embaumera à iamais toute l'estenduë des cieux, & sera en memoire eternelle deuant les ames iustes. Les belles actions d'vn membre de l'Eglise n'obscurcissent en rien les faicts heroïques de l'autre, & bien que leurs fonctions soyent differentes, elles reüssissent neantmoins à l'vtilité & conseruation de tout le corps, & à la gloire immortelle du mesme chef. Reseruant donc à tant de valeureux

† † cham-

champions l'honneur deu à leurs merites; ie
dis encor qu'il samble que cest ordre soit esté
expressément institué par la diuine prouidence,
pour estouffer entierement tant de semences
d'iuraye & Zizanie que le diable a de nostre
temps semé en la vigne du Seigneur. Cest
esprit de seduction a dressé maintenant touts
ses efforts à nostre perte; mais la foy de sainct
Pierre ne defaudra iamais, elle sera iusqu'à la
consommation des siecles continuée en ses successeurs, & fidellement enseignée à ses enfans.
L'oracle de verité nous en a donné l'asseurance. Nostre croyance donc est bien fondée. Et
qui plus trauaille que ces bõs Peres à la main-
tenir, & espandre partouts les coings du monde? si bien qu'on peut dire auec verité d'eux,
ce que iustement a esté publié des Apostres &
disciples: In omnem terram exiuit sonus
eorum. Ce vray Apostre de l'Orient le B.
GASPAR, ce vray soleil du midy, en donne
assez ample tesmoignage, qui sorty de noz
Prouinces Belgiques, est allé porter la lumiere
de l'Euangile aux Indes, en Perse, Afrique,
Carmanie, Turquie, Arabie, Abissins, &
aux terres & nations plus esloignées. Et tandis que l'Heresie a pris vne foible racine dans
vne petite Islette sa patrie, voila ses successeurs,
qui

SERVANT D'AVANT-PROPOS.

qui suiuant le chemin qu'il leur a frayé, acquierent des mondes entiers à Dieu, & à l'Eglise Catholique sa chere espouse. Et c'est icy que ie ne me puis tenir de feliciter cest ordre, ma patrie, & toute la Chrestienté : voire aussi qu'il me soit permis feliciter nostre famille, d'auoir produit des guerriers que voz chefs ont iugé dignes d'estre employés, tant en ceste deffense, qu'en ceste conqueste, trois freres : Elie, le P. Iean, & le R. P. Nicolas Trigault, Autheur de la presente Histoire, & par l'entremise duquel le B. GASPAR est venu reuoir les Belges ses Patriottes, tandis qu'imitant les vertus de son predecesseur, il entre aussi en partage de ses peines & trauaux, en ce nouueau monde, où il mesprise toute sorte de perils, & la mort mesme, si souuent offerte à ses yeux, pour augmenter l'heritage du Seigneur. Or Monsieur, si ceste Traduction n'esgalle l'elegance, la doctrine & facilité de son style, ie vous supplie m'en excuser, tant pour le merite de l'Autheur, qu'il seroit difficile de seconder, comme pour le peu de loisir que me donne le seruice que ie doibs à nostre tres-excellent & tres-illustre Prince, mon tres-debonnaire Seigneur & maistre : outre le deuoir de ma charge & profession

†† 2   qui

LETTRE MISSIVE

qui m'obligent au publicq. Ioint que le sujet de ceste Histoire est fort different de ceux que i'ay à traicter iournellement. Vous pouuant asseurer, que ie n'ay donné à cest ouurage, que les heures de reste que i'ay peu desrober aux chemins, & aux occupations d'vn voyage de six semaines que S. Excellence a faict (comme ie croy que vous en estes assés informé.) I'auois receu le Latin des mains du R. P. Iean Trigault, auec promesse de le faire traduire à quelqu'vn de mes amis. Or ie suis plus mon amy qu'homme du monde. Et comme ie pris vn plaisir singulier de le lire, ie voulus aussi me reseruer le proufit des enseignements que ie pouuois prendre à le traduire, plustost que le remettre à vn autre. Quoy qu'il en soit, ie vous supplie l'aggréer, puis que ce sont trois freres, tous trois enfants tres-obeyssants de vostre famille, & mes tres-chers Cousins, qui sont cause que ie l'ay reuestu à la Françoise, pour le rendre aussi cogneu du commun peuple, comme des doctes. Cependant, ainsi qu'en la perfection de la Triade, se retrouue vne parfaicte vnité, ie prieray Dieu que ces trois freres, parfaictement vnis de courage, d'ame & de volonté, puissent continuer pour la querelle de Dieu, leurs religieux labeurs, &

vna-

SERVANT D'AVANT-PROPOS.

vnanimement cōbatre & mourir vainqueurs pour la deffense de la liberté Catholique & Romaine : Et apres m'estre de tout mon cœur recommandé à vos sainctes prieres, ie finiray auec ce souhait, qui finit vne des Epistres de nostre Autheur : O vtinam moriatur anima mea morte iustorum & fiant nouissima mea, horum similia ! *Ie suis*

MONSIEVR, *& Reuerend Pere,*

Vostre tres-humble & obeyssant seruiteur
D. F. DE RIQVEBOVRG-TRIGAVLT.

De Bruxelles, ce 26. Mars 1614.

APPROBATION.

CEs trois Liures de la vie du R. P. GASPAR BARZEE de la Compagnie de IESVS, Composés en Latin par R. P. Nicolas Trigault de la mesme Compagnie, sont fidelement translatés en François, & ne contiennent aucune chose contraire à la Foy Catholique, ny aux bónes mœurs, ains beaucoup de bonnes instructions. Fait à Douay, le 3. iour d'Octobre, l'an 1614.

*George Colveneere Docteur &
Professeur en la S. Theologie,
Censeur des Liures en l'Uni-
uersité de Douay.*

PATRI GASPARI BARZÆO.

I GASPAR patrios reuise Belgas,
    Eoo rediens ab orbe diues,
    Diues his opibus negotiator
    Quas IESV Socij petunt ab India.
I GASPAR patrios reuise Belgas,
    Sed tui memor vsque Belga Belgæ
    Audax qui nimium negotiator
    Indas ambit opes tuo fauore.
I GASPAR patrios reuise Belgas
    Quos desiderium tui fatigat,
    Ex me, in graue sit, fac vt salutes
    Ac dicas, redeo rogante Belga.
I GASPAR patrios reuise Belgas:
    Sed quo consilio scies, vt illuc
    Gratus veneris, atque plurimorum
    Vota exceperis Indiam rogantum.
I GASPAR patrios reuise Belgas,
    Votis Xauerij, tuis, tuorum
    Satisfeceris Indicæ daturus
    Cultores segeti, atque Lusitanis.
I GASPAR patrios reuise Belgas,
    Si cui non satis est in hoc libello
    Pictum tam male GASPAREM videre,
    Indiam petat, attamen rogatus.
Sic GASPAR patrios reuise Belgas.

                        NICOLAVS TRIGAVLT.

AV PERE GASPAR BARZEE.

GASPAR allez reuoir voſtre chere patrie,
   Reuenant riche d'Orient,
   Negotiateur opulent
   Des threſors que va recercher
   Aux Indes, ſans craindre la mer,
   Du bon IESVS la Compagnie.
GASPAR allez reuoir voſtre chere patrie,
   Mais Belge, vous reſouuenant
   De voſtre Belge, deſirant
   (Trop hardy negotiateur)
   Acquerir par voſtre faueur
   D'Inde la richeſſe infinie.
GASPAR allez reuoir voſtre chere patrie,
   Et les Belges, pleins de deſir
   De vous voir à eux reuenir;
   Et s'il ne vous eſt trop peſant,
   Saluëz-les pour moy; diſant:
   Ie viens, quant vn Belge m'en prie.
GASPAR allez reuoir voſtre chere patrie,
   Mais vous ſçaurés à quel propos,
   Quant là bien-venu, à repos
   Vous receurés les vœux des cœurs,
   Et les ſouhaits de pluſieurs
   Pour paſſer aux Indes leur vie.
GASPAR allez reuoir voſtre chere patrie,
   Vous ſatisferés aux plaiſirs
   De Xauier, & à voz deſirs,
   Des voſtres, & des Portugais,
   Donnant des hommes frais & gais
   A la moiſſon d'Inde florie.
GASPAR allez reuoir voſtre chere patrie,
   Allés, & ſi quelqu'vn ſe plaint
   De voir GASPAR ſi mal dépeint
   En ce liuret, que nonobſtant
   Il vienne aux Indes, maintenant
   Que ie l'appelle, & le conuie.
GASPAR allez ainſi reuoir voſtre patrie.

Extraict du Priuilege.

IE foubfigné Prouincial de la Compagnie de IESVS en la Prouince du Pays-bas, fuiuant le Priuilege donné à ladite Compagnie par leurs Altezes Sereniſſimes du 10. de Septembre 1612. par lequel il eſt deffendu à tous Libraires & Imprimeurs, d'Imprimer, ou faire Imprimer, ſans congé des ſuperieurs de ladite Compagnie, les liures faits par ceux d'icelle Compagnie. Permet à Noël Wardauoir Marchand Libraire & Imprimeur en la Ville de Douay, d'Imprimer ou faire Imprimer la vie du P. GASPAR BARZEE Zelandois, de la Compagnie de IESVS, & compagnon du B. P. Xauier aux Indes, &c. Traduicte du Latin du P. NICOLAS TRIGAVLT de la meſme Compagnie, Par D. F. D. R. T. Et ce iuſques au terme de ſix ans. Fait à Douay, ce 4. de Iuillet 1614.

IEAN HERREN.

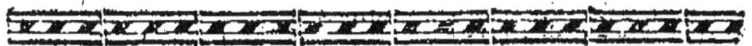

LA

LA VIE
DE GASPAR
BARZEE
BELGE,

De la Compagnie de IESVS,

ET COMPAGNON DV B. XAVIER
AVX INDES ORIENTALES.

CHAPITRE I.

Des parens de GASPAR, *& de ce qu'il fit deuant qu'entrer en la Compagnie.*

E Pays des Belges diuisé en 17. Prouinces, a entre autres la Zelade, jadis habitée des peuples Mattiates (selon l'opinion des plus doctes) partie en plusieurs Isles. L'vne d'icelles dicte Goës, du nom d'vne ville qu'elle

A   con-

contient, eſt la Patrie de GASPAR; où il a eu ſes parens, à la verité honneſtes: mais pauures & Plebeïés, que la vraie nobleſ-ſe du fils, acquiſe par vertu, a eſleuez. On dit que ſon pere s'appelloit François, & ſa mere Agnes. Ce que ie croy eſtre cau-ſe, qu'en Portugal GASPAR eſtoit appel-lé François, ayant, ſelon la couſtume de ſa nation, emprunté pour ſurnom le nom de ſon pere, comme moins eſtranger, & plus familier aux oreilles des Portugais qu'vn autre.

La condition de la fortune, où verita-blement la modeſtie du perſonnage nous ont rendu incognu l'an de ſa naiſſance, ſa ieuneſſe, & quaſi tout ſon âge, excepté ce peu de dernieres années, pendant leſquels il a du tout paru, & reluy au monde: car il a eſté l'vn de ceux, deſquels les lettres ſa-crées diſent : Il te ſera eſleué ſur la veſ-prée, comme vne lumiere reſplendiſſante du midy, tout au côtraire de ceux, auſquels le Soleil ſe couche en plein iour. Nous auõs toutesfois entendu qu'iceluy, apres auoir apris en Zelande les premiers rudi-més de Grammaire, s'ē alla en la treſ-re-nommée & treſ-ancienne Vniuerſité de

Lou-

Louuain, située en Brabant, Duché des Belges, & la Capitale d'iceluy; où ayant paracheué son cours en Philosophie, & esté promeu à la maistrise des arts liberaux au college qu'on appelle du Chasteau, il se mit à estudier en Theologie: où il fit vn tel fruict, que ses sermons & les responses données, touchant les cas de conscience, le tesmoignent, si ce n'est que nous veuillons croire auec plusieurs (ce qu'il faudra debatre autre part) que la science luy a esté diuinement inspirée.

De là diuers accidens & diuers voyages l'apporterent en Portugal. Or on ne sçait pas bien de quelles fortunes il a esté trauersé, toutesfois il y en a qui croyent qu'il a porté les armes soubs l'Empereur Charles cinquiesme, & qu'en fin deuenu sage, par les maux qui font trouuer la guerre amere à ceux qui les ont experimenté, il renonça premierement à la guerre, & puis au monde. S'ils ont vn autheur suffisant de ceste opinion i'en doute: Neantmoins ceste croyance n'est pas prouenuë de rien; veu qu'aux lettres des Indes autresfois imprimées à Louuain l'an 1566. on trouue le mesme aux mar-

A 2 ges

ges des epiſtres enuoyées d'Ormus, eſcrit & adiouſté, comme l'on croit, d'vne main fidelle. Mais nous n'auons que faire de nous tant peiner apres l'incertain. Cela eſt aſſeuré qu'auparauant qu'il ſe donnaſt du tout au ſeruice de Dieu, il a demeuré en Portugal aupres d'vn gentil-homme (c'eſtoit Don Sebaſtian de Moraëz, commis des Finances du Roy en Portugal) par l'eſpace de douze ans, hóme, entre les ſiens, autresfois en reputatió de grande integrité, & lequel d'autant qu'il auoit pris vne femme yſſuë du ſang Belgien, receut facilement GASPAR en ſa famille, quant ne fut eſté que pour complaire à ſa femme.

Ce gentil-homme, apres que la renómée des faits admirables de GASPAR, eut ramené ſon nom en Europe, auoit accouſtumé de raconter ce faict de ſoy-meſme. Il ſembla à ſon maiſtre auoir cómis ie ne ſçay quelle faute, c'eſt pourquoy il l'iniuria aſſez paſſionnément, & adiouſtant les coups aux parolles, traiƈta mal GASPAR, GASPAR pour lors ne diƈt mot, comme il eſtoit d'vn naturel doux & modeſte. Et auſſi failloit-il bien
que

que celuy se teut, qui auoit resolu de reprendre son maistre de son courroux, de peur qu'il ne sembla reprendre auec colere la colere d'autruy. Quelques heures estoient ja passées, & Gaspar prenoit soigneusement garde à son homme, duquel aussi tost qu'il apperçeut l'ire vn peu attiedie, il s'approche, & tenant le mesme baston en main l'offre à son maistre, prenés (dit-il) mon maistre, maintenant ce baston, & à present que vous estes appaisé, & sans passiō punissés le coulpable, ie ne suis pas celuy qui voudrois offenser, & n'estre pas puny. Mais ie vous prie, quand vne autrefois vous voudrés chastier vos seruiteurs, & domestiques, ne prenés pas cōseil de vostre colere. Auec ces parolles il laissa só maistre plain de honte, & d'admiration.

Chapitre II.

Gaspar *faict son entrée en la Compagnie de* Iesvs.

LE conseil de la diuine sagesse enseigna Gaspar, de changer en mieux, la necessité de seruir, que la condition de la naissance luy auoit imposée. Et à la verité, si seruir Dieu est regner, par son entrée en la Cōpagnie de IESVS, il a chāgé la seruitude en vn Royaume. Et pleut à Dieu que ceux-là vescussent, qui l'ont reçeu en la Cōpagnie. Ie ne doute certe pas, que ce ne soit par vne singuliere prouidence, qu'vn si grand personnage, vne si grande lumiere di-je de l'Orient, a esté appellé du bon Dieu des tenebres d'Ægypte à la terre saincte. C'est chose du tout croyable, qu'il a esté porté par l'exemple & la conuersation du Pere Simon Roderic, à passer du soldoiemēt du mōde aux enseignes de Iesus Christ. Car cestuy-cy s'en allant le bien-heureux Xauier aux Indes, & l'ayant le Roy Iean troisiesme demandé, auec permission du bien-heureux Ignace (duquel il auoit esté des neuf premiers associez) estoit demeuré en Portugal, où il estoit estimé de singuliere vertu, tant pour la bonne vie, comme pour auoir refusé l'Euesché de Conymbre, qui luy auoit esté offert par la volonté absoluë du Roy. Parquoy estant esmeu par vne si grande humilité, de cest hōme, desirant l'imiter, il requist ardemment

ment d'eſtre admis en la Compagnie, ce qu'ayant obtenu, il arriua à Conymbre l'an quatrieſme de la fondation du College Royal de ceſte ville, 1546. de noſtre ſalut, & le ſixieſme de la Confirmation par Paul III. le 20. d'Apuril, cecy eſt tiré des liures du Nouitiat, auquel auſſi on trouue quelques liures marqués ſelō noſtre couſtume, qu'il y a laiſſé en dō. D'où il paroiſt, que s'il auoit quelque temps de reſte de ſes ſeruices domeſtiques, il auoit acouſtumé de l'employer à l'eſtude.

Deſlors meſme le nombre de ceux de noſtre Compagnie en ce lieu n'eſtoit pas petit: car GASPAR eſt couché le 127. de ce College, biē que quelques vns d'iceux s'en fuſſent allés aux Indes, & en autres lieux de la vigne du Seigneur, & quelques vns peut eſtre eſtoiēt retournées en arriere: & ainſi on dict qu'il en reſta là enuiron cent. Le Pere Simon encor qu'il demeuraſt à Lysbōne, en Cour, & ce pour l'inſtitution du Prince Iean, en laquelle, le Roy le demandant fort affectionnément, & par l'authorité du bien-heureux Ignace, (qui auoit eſtimé qu'on ne deuoit

uoit refuser cela à vn Roy qui meritoit beaucoup) il auoit esté subrogé en la place du P. Iean Soarez, qui auoit obtenu l'Euesché de Conymbre. Neantmoins de là il visitoit les siens, & quasi tous les iours solemnels. En ce temps le zele estoit si ardant, les exemples de vertu si frequens, le desir ou debat (afin que ie parle proprement) de se mortifier dedans & dehors la maison, si grand, qu'il sembloit que la maison mesme bruslast du feu des vertus, & de l'amour diuin. Ie pourrois peut estre en ce subiect sans importunité m'esgarer vn peu, & porter mon discours à quelques autres particularités, n'estoit qu'il seroit outre nostre dessein, & bien qu'il fut esté hors de propos, ie l'eusse fait toutesfois, si les annales de la tressaincte & tres-anciéne Prouince de Portugal que nous auons icy en main, pour estre vn iour mises en lumiere, ne retiroient amplement, & expressement toutes ces choses dignes d'vne eternelle memoire, des tenebres de l'oubly. Ce mesme an donc, qui estoit le 1546. enuiron le Noël, affin qu'il donnast vn peu de recreation à ses nouices, & qu'il accreust

leurs

leurs defirs enflammez du falut du prochain, affin auffi qu'il les efprouua, il vint à Conymbre, & pour le dernier, il auoit si biē faict, qu'il ne les furprint pas au defpourueu; car il auoit enuoyé à Lyfbōne à chacū sō axiome de l'amour diuin pour en difcourir en fa prefence, & leur auoit donné permiffion de recetcher & demāder de luy ce qu'il leur plairoit. Ils fatisfirent tous à cecy, & les demandes & les refponfes font couchées aux memoires de ce lieu, ie n'y trouue toutesfois riē de Gaspar; mais de combien il s'efleua par deffus fes compaignons; on le peut iuger & cognoiftre par vne femblable efpreuue.

Il y a en noftre Compagnie, à l'imitation de l'Hierarchie Ecclefiaftique, qui eft vne armée de bataillons bien rengée, diuers ordres & degrés. Les Peres profez venerables en vertu, & doctrine, qui outre les trois vœus religieux, ayant faict le quatriefme au fouuerain Pontife, s'offrent de s'expofer à toutes fortes de perils, pour la caufe de l'Eglife, tiennent le premier rang, le fecond ceux qui les aident, tant au temporel, comme au fpirituel;

tuel; & pource sont-ils appellés Coadjuteurs; comme il est amplement declaré aux constitutiōs, & lettres Apostoliques. Or le Pere Simon qui formoit ses disciples à la vertu & à la regle de la Compagnie, commanda à chacun d'eux, qu'apres auoir par prieres diligemment recommandé cest affaire à Dieu, & exactement examiné les raisons, qu'ils eussent à luy bailler par escrit le iugemēt qu'ils faisoient du degré, & de l'ordre auquel pour la plus grāde gloire du Seigneur ils estoient propres, & auoient de l'inclination. Plusieurs respondirēt diuersement, proposant ce qui leur sembloit estre plus vil, & plus abiect: Mais GASPAR respondit comme il s'ensuit: selon que le plus fidelement qu'il m'a esté possible, j'ay traduict du langage Portugais. Ie ne suis pas entrée en religion pour estre seruy, mais pour seruir; encor moins suis-ie venu cercher des delices, mais IESVS-CHRIST Crucifié, & pour le suiure en saincte pauureté, chasteté, & obeyssance, comme j'ay cy deuant promis: & pour-ce ie dis, & fais vœu, que ie suis prest, & me remets entierement entre les
mains

mains de V. R. pour seruir les Peres profez de la Compagnie de IESVS, d'adiuteur, cuisinier, balieur de la maison, pouruoyeur, valet de pied, où laquays (car il le dict ainsi) pour porter lettres ou autres semblables mandemens, par mer & par terre, en quelque lieu qu'ils m'enuoyent pour le plus grand seruice de Dieu, soit aux terres des Chrestiens, soit des Sarrasins, Turcs, ou Gentils. Et pource ie me remets encor entre les mains de V. R. au nom de nostre Seigneur, pour seruir non elle seulle, mais le moindre que ce soit de nostre Compagnie, en quelque vile chose que ce soit, à la maison, & aux champs, à tous prochains sēblablement, pour le seruice diuin, sans aucune exception : aux ladres, aux pestiferés, à ceux qui sont entachez de chancres, & autres maladies, aux hospitaux, de quelque maladie que ce soit, & tant contagieuse puisse elle estre. Bref ie m'offre à toute sorte de voyages, en toutes terres les plus reculées aux Indes, aux Abyssins &c. en habit pauure, deschiré, auec faim, auec soif, au froid, au chaud, à la pluye, à la neige, & en toute autre pauureté, selon
que

que V. R. ou quelque autre que ce soit en son nom, me commandera. Ie suiuray l'Aigneau en quelque part qu'il aille, estât (ainsi que luy mesme a souffert) armé de mesmes pensées. Ie ne desire pas d'estre profez, & ie n'ay neātmoins pour ce subiect aucune propre volonté, reseruant tousiours le bon plaisir de IESVS-CHRIST & de V. V. R. R. si elles me commandent quelque chose. Ie promets generallement toutes ces choses, & fais vœu deuant nostre Seigneur, & la glorieuse Vierge sa Mere, que ie les obserueray perpetuellement & le plus absolument que ie pourray : ce que ie tiés aussi vaillable & asseuré, que si c'estoit vn vœu solemnel. Et pour ce ie prie tous les habitans des cieux, qu'il leur plaise m'impetrer la grace, & la force, de pouuoir parfaitement accomplir toutes ces choses cōme ie desire iusques à la mort, voire la mort de la Croix. Et ainsi ie me rends en perpetuelle seruitude entre les mains de V. R. comme en celle de IESVS-CHRIST, pour disposer & faire de moy ce qu'elle trouuera meilleur, pour son honneur & gloire. Iusqu'à present

GASPAR

Gaspar estoit ainsi pesé en la balance de l'obedience: de sorte qu'on pourroit douter de quelle part il pancheroit, si ce n'est, peut estre, de celle que par l'instinct de nostre nature corrompuë nous auons le plus en horreur, affin que par apres il s'arrestast en l'egalité dorée d'vn vray obeissant: lesquelles siēnes parolles, comme sacrées, craignant les prophaner, i'ay laissé en leur naiueté, me resouuenant du Prouerbe : qu'il ne faut pas blanchir l'yuoire auec l'ancre.

Mais il n'a pas esté autre d'effect que de parolles: s'estant tousiours occupé autant qu'il luy a esté permis, aux charges plus basses & aux offices plus vils. Estant à Conymbre, maistre aux arts, & Theologien, il se comportoit en sorte, qu'on l'estimoit communément fort grossier & mal-habille aux choses plus gentilles; il estoit souuent en la cuisine, au refectoir, mais principalement bien long-temps compagnon du cousturier; dés-lors, iettant desia les hauts fondemens de son edifice spirituel. Or combien purement & sainctement il a vescu toutes ces deux années qu'il a demeuré à Conymbre, on
le peut

le peut cognoistre à ce qu'il se lamente à bon escient, d'y auoir perdu le temps auprès des malades, l'ayant mal employé deuisant auec eux, & fauorisant en cela trop à son contentement. Ainsi sçauent les hommes tout-saincts auec vne viuacité admirable des yeux spirituels, trouuer parmy leurs vertus & sainctes œuures, quelque chose à reprendre. Mais voyons maintenant par quel admirable moyen, Dieu a posé ceste lumiere, mise sous le boisseau, lors qu'elle desire le plus d'estre cachée sur le chandelier de l'Eglise.

Chapitre III.

GASPAR reçoit l'ordre sacré de Prestrise.

PArmy les exercices du religieux Nouitiat, que le Pere Simon ordonnoit aux siens, il y en auoit vn autre, de tout temps estimé, de grande consequence en la Compagnie, & en toute religion bien establie: c'est à sçauoir, d'ouurir entierement son cœur au Superieur, & luy descouurir ce qu'on a bien ou mal fait, auec tou-

toutes les suggestions de l'ennemy, pour à quoy les mieux accoustumer, il permettoit aussi quelquefois, & les incitoit de le faire ouuertement en presence les vns des autres, sçachant bien que l'ennemy estant descouuert s'enfuit, duquel les artifices ne sont autres, que tels qu'on les doit attendre du Prince des tenebres, à sçauoir couuerts & cachez. Or cela se practiquoit vn iour serieusement en la presence du Pere Simon. Chacun pour soy s'accusoit soy-mesme, ou pour trouuer le remede à ses vices, ou pour prendre quelque chastiment de soy-mesme par la honte: quant voicy nostre GASPAR qui se iettant aux pieds du Pere Simon, luy dict qu'il estoit tourmenté d'vne grãde & importune tentation du diable, duquel il estoit sollicité de vouloir prescher. Ceste chose esmeut tous les autres, mais à rire; car à qui eut-il semblé que ce grossier GASPAR, homme estranger, & & encor enfant en la langue Portugaise, (or que le reste ne manqua) eut peu estre agité de ceste tentation? il sembloit à GASPAR, aussi bien qu'aux autres, que ceste tentation n'estoit pas supportable,

ble, toutesfois qu'elle le pouuoit aisément rejetter.

Mais la prouidence de celuy qui dispose toutes choses doucement, est du tout admirable, veu que par ce moyen il s'est faict, qu'il a esté esleué des occupations plus basses (ce qui eut peu sembler estre autrement) aux plus hautes. L'opinion du Pere Simon, d'autant qu'il ne paroissoit autre chose en l'homme, fut semblable à celle de Gaspar, & de tous les autres. Parquoy pour appliquer vne medecine à son mal, à fin qu'il esgorgeast Goliat de sa propre espée, il essaya d'estouffer ceste enuie de prescher, en preschant. Incontinent il commande que Gaspar monte sur le premier banc, & qu'il discourre de ce que bon luy semblera. Et luy estât humble, & ne refusant aucune sorte de remede, entreprend tout de bon à discourir, mais si mal, que la predication ne sembloit estre tolerable à aucun, veu qu'il beguayoit à chaque propos, faute de sçauoir parler Portugais, de plus, il estoit si mal proportionné de corps & de bouche, qu'on iugeoit qu'à grand peine pourroit-il iamais proufiter.

Le

Le Pere Simon luy demandant ce qu'il luy sembloit de soy-mesme, il respondit librement, encor qu'il eut plusieurs fois discouru auec semblable ou pire euenement, qu'il ne desesperoit pas d'estre vn iour Predicateur. Ceste chose sembla estrange à ceux qui estoient biē informés de son humilité. Mais le Pere Simon, d'autant que c'est chose seure, que les Recteurs au gouuernement de ceux qui leur sont sous-mis quant il est besoin, sont inspiré de Dieu, iugeant qu'il y auoit quelque chose de diuin & caché, appelle l'homme à soy : & l'ayant trouué plus docte qu'il n'auoit creu, luy commande de se deffaire de ses offices domestiques, s'appliquer aux estudes, & de se preparer pour receuoir bien tost les sainctes ordres. GASPAR s'esmerueilla de ceste ordonnance, mais comme il estoit fait pour obeyr, il n'osa seulement contredire. Huict mois s'estant ja escoulez depuis son entrée en la Compagnie, à l'issuë de la nuict mesme du Noël, il celebra sa premiere, voire ses trois premieres messes. Deux autres, le Pere Benoist Fernandez, & le Pere Louys de Leram, depuis

B   Recteur

Recteur du College de Conymbre, firent le mesme à leur grand contentement, & resiouyssance de tous les autres. Le dernier, encor maintenant que i'escris cecy, vit à Pernambusco au Bresil. Le Pere Simon ne luy permit pas long temps iouyr du repos du Nouitiat: la vertu de l'homme, & le defaut des ouuriers le tirerent bien-tost en campaigne: & certes il semble qu'auec le charactere, la grace aussi de pouuoir bien s'acquitter de son denoir, luy fut donnée, car ses sermons se faisoient plus heureusement, & ce qui manquoit, estoit aisément recompensé par vn grand zele des ames. A quelle eloquence & quel pouuoir de bien dire, il est monté auec ces siens commencements, on le cognoistra cy apres.

Chapitre IIII.

Il est designé pour l'Inde Orientale.

Deux villes de Portugal, la seconde année apres qu'il eut pris l'ordre de Prestrise, gousterent les premices de ce grand esprit, la ville de Figueiro & Pedroga,

Pedroga, esloignées de Conymbre de quatre ou cincq lieuës, & à gauche de ceux qui vont de là à Lisbone. Le Pere Simon auoit là enuoyé GASPAR, selon l'institut de nostre Compagnie, & en ce lieu il commença à expliquer les principaux points de la doctrine Chrestienne, à prescher, à ouyr les Confessions, en quoy il a tellement apres esté excellent, & faict vn si grand fruict, que la memoire en est encor restée en la bouche des hommes iusques au temps present, pendant que GASPAR fructifie en ce lieu, Dieu qui auoit destiné autre-part vne si grande lumiere, & qui l'auoit reserué pour cultiuer des ames plus rudes, mit en volonté aux Superieurs de l'enuoyer, à la premiere flotte qui passeroit, aux Indes auec quelques autres, par ainsi il fut trouué bon de le retirer de ceste occupation, en laquelle luy fut substitué le Pere Louys Gonzales, qui depuis a esté Precepteur du Roy Sebastian, homme de singuliere vertu, & principalement grād, à cause de sa modestie & du mespris de soy-mesme. Car ayant par le commandement du Pere Simon exercé la charge de

B 2 Re-

Recteur à Conymbre, il l'auoit tref-volontier changée à l'office de cuifinier, & l'auoit defia exercé long temps fans s'y efpargner; & auec vn tref-grand contentement d'efprit, quand de rechef on l'appella pour fucceder à GASPAR. Iceluy, s'en allant vers GASPAR, le rencontra en chemin qu'il reuenoit de Figueiro, & s'en alloit à Pedroga. Il luy annonce qu'il falloit retourner à la maifon; & luy foudain: Pourquoy mon Pere? Mais quand il entendit qu'il eftoit appellé aux Indes, d'abord il fut eftonné, puis s'eftant remis, il commence à treffaillir de ioye, à fe ietter en terre, à rendre premierement à Dieu des graces immortelles; puis fe tournant vers le Pere, il rendit au porteur de fi bônes nouuelles, tous les remerciemens qu'il peut, faifant paction auec luy, que tous les merites du refte de leur vie, par la meilleure raifon que faire fe pourroit, fuffent entre eux communs: Apres il pourfuit fon chemin en-commencé en la compagnie du Pere Louys Gonzales, pour paracheuer deuant fon retour, ce qu'il auoit pour lors en main.

Et c'eft merueille que de ce pas il ne s'é retour-

retourna à la maison, pour faire part de ceste ioye qu'il ne pouuoit contenir en l'ame aux autres freres, qui l'en eussent congratulé, mais sans doute l'esperance proche des fruicts qu'il deuoit recueillir du prochain, moderoit les mouuemens de cest esprit remply de ioye & de contentement. Si tost qu'il fut arriué à Pedroga, il sonne d'vne cloche d'airain le sermon, auquel il discourut auec telle ardeur, qu'il est croyable que peut faire vn homme ainsi esmeu. Car la grace diuine a quelquesfois des efforts si grands, principalement si elle nous appelle à des choses difficiles, qu'elle rauit quasi l'hôme hors de soy-mesme. Quant à moy certes i'aimerois mieux esprouuer ce que GASPAR ressentit, que d'ombrager les mouuemés de só ame auec ces grossieres lignes. Il luy sembloit desia qu'il estoit aux Indes, qu'il preschoit les Brachmanes, ou au milieu du Iapon, ou de la Chyne, ou entre les Abyssins, lesquelles Prouinces il auoit desia passé long-temps conquises par l'esperance de la conuersion. Sur la fin de sa predication, il s'offrit à ses auditeurs, pour purger leurs pechez

chez par le Sacrement de Penitence, que cela seroit le tref-doux salaire de ses labeurs, & la recompense de celuy qui s'en alloit, que de rendre à vn chacū la pureté de son ame, par la force des Sacrements; soudain du pulpitre il s'en va à la chaire destinée à cest effect, pour ouyr ceux qui se presenteroient & aussi tost (tant auoit esté grande l'emotion excitée en l'ame des auditeurs) le voila de tous costés enuironné d'vne enceinte agreable de penitens. Et les vns suruenants successiuement aux autres, il passe tout le reste du iour, auec toute la nuict suiuante, iusques aux dix heures du iour d'apres, auec vne continuelle presse de confessants, sans se ressouuenir ny du menger, ny du dormir. Car il demeura ainsi durant quasi tout ces 18. ou quasi vingt heures, sans se leuer vne seule fois, & sans permettre à ses yeux de sommeiller; de sorte, que bien qu'il fut venu le iour de deuant à pied, qu'il eut auec grande affection presché, il demeura sans prendre aucune refection, iusques aux dix heures du iour suyuant, qu'il se leua pour aller dire son office, celebrer la S. Messe, & distribuer le pain celeste

à ses

à ses penitens. Par ces choses il esprou-
uoit sa patience, & se preparoit deslors à
l'auance pour ces grands labeurs des
Indes. De là ayant recommandé tout ce
qui restoit de faire au Pere Louys Gonzales, ayant la pensée du tout portee aux
Indes, apres auoir mis en ceste mission
depuis le huictiesme de Ianuier, vn mois
& dix iours, le dixhuictiesme de Feburier,
il reuient à Conymbre, où il ne dóna pas
moins de tesmoignages d'vne ame trans-
portée de resiouyssance, si ce n'est qu'ayant desia anticipé le goust de la ioye, luy,
ny les autres ne trouuoient pas la chose
si nouuelle. Deux iours apres, qui estoit
le 20. de Feburier, s'estant retiré de Conymbre, & non sans larmes des chers
freres, il arriua auec ses compagnons à
Lysbone, (car autres quatres, Balthasar
Gagus, Baretus, Emanuël Vaaz, & Louys
Froëz les attendoyent desia en ce lieu)
à sainct Anthoine; qui estoit pour lors la
maison de la Compagnie, que nous apel-
lons residence, mais maintenant c'est vn
College: où pendant qu'ils attendent le
tẽps de la nauigation, auec son zéle il ré-
plit tous les nostres d'vne esperãce, qu'vn

grand'laboureur de la vigne du Seigneur nauigeoit aux Indes.

CHAPITRE. V.

Gaspar s'en va aux Indes.

GASPAR ayant à commencer ceste folle, (comme quelques vns appellent) nauigation aux Indes, il appreste auec grand soing sa prouision Nauale, en la maison sainct Anthoine; non pas celle qui sert à la necessité du corps, (car le soing pouruoyant des Recteurs deliure les leurs de ceste peine) mais celuy qui s'acquiert & qui dure par les frequentes oraisons & les autres exercices de pieté. Apres donc s'estre suffisammét-muny de celuy-là, il sort de Lysbone enuironné d'vne douce Compagnie des Peres. Il est plus aisé d'apprendre ce qui a esté dict ou pensé du long de ce chemin, iusques aux nauires, par l'experience, que par l'eloquence. C'estoit deslors chose solénelle d'accompagner ces genereux citoyens de tout le monde, comme iadis les Chrestiés sainct Paul, iusqu'au bord du riuage, &
là fle-

la fleschiffant les genouls en terre, inuoquer le secours de Dieu, de la Vierge, & des saincts. Hors de Lysbone ville marchande la plus fameuse de tout le móde, y a vn lieu nómé Beleem, où Bethleem, Abbaye tres-celebre des Peres de l'ordre S. Hierosme, memoire tant de la magnificence que de la pieté des Roys de Portugal : & monument de ce grand Emanüel, qui le premier auoit estendu les lógues mains des Roys iusqu'aux Indes. Icy s'estant separez d'vn costé auec des sainctes larmes de ioye, de l'autre auec les pleurs d'vne saincte enuie, souhaittant vn heureux voyage à ceux qui deuoient partir, & ayant donné le dernier adieu à leurs familiers amis, & à l'Europe, ils sautent sur leurs nauires, & tournent les voiles & les courages vers les vrayes richesses de l'Orient, & ce d'autant plus alegremét, qu'ils s'apperçoiuét qu'il les faut recercher auec vne infinité de perils.

Il y auoit deux nauires apprestez pour ce voyage, dont l'Admiralle se nommoit de sainct Pierre, & l'autre Galice. Or dix de la Compagnie (qui n'estoit pas en ce

B 5 temps

temps-là vn petit secours pour les Indes) estant my-partis en nombre esgal, chacū monte sur son vaisseau. Le Pere GASPAR auec le Pere Melchior Gonzales, le Pere Balthasar Gagus, Iehan Fernādez & Gilles Barret, entrerent en l'Admiralle. Et en l'autre passerent le Pere Anthoine Gomez, Paul Delualle, François Fernandez, Emanüel Vaaz, & Louys Froëz. Le Pere Louys Gonzales eut commandement de presider en la premiere ; & en l'autre le Pere Antoine Gomez. Or tādis qu'ils attendēt, qu'ils leuēt les ancres, & tendent les voilles, i'estime qu'il faut cōtenter les yeux des regardans, & ie croy aussi qu'il faut faire que les compagnons de GASPAR soyent cognus : & d'autant que tout ce qui se dira de toute la nauigation, se dira de GASPAR en sorte, qu'il sera commun à tous les compagnons du mesme nauire : il faut entendre aussi de l'autre sinon les mesmes choses, pour le moins les semblables. Du Pere Anthoine Gomez il en faudra necessairement parler en vn aultre endroict. Ie mets seulement icy pour aduis, qu'il estoit Docteur Theologien en ceste tres-renōmée
Sorbonne

Sorbōne de Paris deuant qu'il entrast en la Compagnie, & qui maintenant s'en alloit aux Indes, pour exercer l'office de Recteur à Goa. Le Pere Melchior Gōzales, est celuy qui apres auoir tres-bien administré les affaires du Christianisme aux Indes, à Boccaim, peu de temps apres succeda à GASPAR en la place de Prefect Prouincial, iusques à ce qu'il s'achemina au Iapō. Balthasar Gagus a esté tref renōmé pour auoir excellemment bien faict au Iapon. Iean Fernandés compaignon du biē-heureux Xauier en ce mesme lieu, encor qu'il fut coadiuteur aux choses tēporelles, y a neantmoins faict vn grand auancement par ses predications. Baretus, Emanüel Vaaz, & François Fernandés ont fort & ferme trauaillé aux Indes, mais ils font demeurés moins cognus que tous les autres, aux moniments des annales; Paul del Valle appellé du bienheureux Xauier tesmoing suffissant, hōme de grande vertu, apres auoir surmonté beaucoup de trauaux au Promontoire de Comorin y est mort martyr. Louys Froëz a esté, non seulemēt l'Apostre du Iapō, mais encor Historien insigne, & le

premier

premier de ce temps, comme chacun peut cognoiſtre par les lettres. Mais retournōs à GASPAR, & ſuyuons le demeurant, & partant auec le bon Dieu le dixſeptieſme de Mars l'an 1548.

Il faut que l'homme qui a de grandes choſes à faire, ſe deffie autant de ſes propres forces, comme il ſe confie en la faueur diuine : & auſſi GASPAR le croyoit ainſi, lequel entrant au nauire, & voyant vn grand nombre de gentil-hommes, ſe mit à penſer qu'il n'eſtoit pas poſſible qu'il fit quelque fruict parmy eux. Mais apres ſe conſolant ſoy-meſme, & mettant ſon eſperance au Seigneur : Dieu, dict-il (à la prouidence duquel il remettoit toute choſe) ſçait bien ce qu'il faict. A grand peine auoiēt-ils tendus les voilles, & encor preſque à leur veüe eſtoit la Portugal, qu'entrant imprudemment dās les eſcueils, ils furent bien proche d'vn naufrage, duquel Dieu, par ſa benignité, les retira. Le iour d'apres qu'ils eurent eſchappé ce peril, le General Iean de Mendoza, duquel peu apres nous parlerons d'auantage, faiſant là monſtre de ſes ſoldats, les Peres l'allerent prier qu'il luy

pleut

pleut leur permettre de reciter tous les
iours publiquement les Letanies des
Saincts, de prescher, & d'enseigner la doctrine Chrestienne, ce que tant s'en faut
qu'il fit difficulté de leur accorder entierement, que encor il le permit à son tresgrand contentement & de tous les autres: Or cependant qu'ils vouloient partager ces charges entre eux, pour aduancer la pieté Chrestienne, parmy des gens
de marine, voyla subitement que tout retombe sur vn seul GASPAR: car tous les
autres, tourmentez, mal-menez du vomissement coustumier sur la mer, durant
quelques iours auoiët eux-mesmes aussi
besoin d'ayde. Le seul GASPAR donc entreprend d'auoir soing de tout, & n'ayant
personne pour apprester le manger, il
fallut qu'il reprit cest office qu'il auoit
souuent exercé à Conymbre.

Il n'y a qu'vn Fouier commun en tout
le nauire, duquel il faut s'approcher en
presence de tous: & d'autant que toute la
racaille des esclaues a accoustumé de
s'assembler là, les seruiteurs & valets mesurant GASPAR à leur aulne, sans auoir
esgard aux saincts ordres, le gaussoient &
le trai-

le traictoient du tout insolemment ; Car le sainct Pere qui s'estoit accoustumé au mespris de soy-mesme, se comportoit en sorte, qu'il sembloit deuoir estre meprisé de tout le monde, & ainsi ils luy cachoient où desroboient son pot, ou ils le rompoient ou le versoient : & quelquefois il croyoit auoir esté fauorablement traicté, quand il eschappoit les coups de poing de ceste ordure d'hommes. Il eut bien peu, s'il eut voulu, par l'authorité du general arrester l'insolence de ces hommes du tout insupportables : mais ayant ouy discourir plusieurs autres fois de la patiëce, & de la submissiō de soy-mesme, il monstroit dés-lors, premierement par exemple, ce qu'il deuoit par apres enseigner de parolles. Et veritablement (ce que ces premieres lumieres de la Compagnie preuoyoient) il semble que Dieu ne face des grandes choses, que par ceux qui ont commencé par les plus viles & les plus petites: ayant Dieu esleu les foibles du monde pour cōbattre les forts:& les choses plus abiectes & contēptibles, à fin que toute chair ne se glorifie deuant iceluy. Vn gētil-homme Henry Macedo

pre-

prenoit garde quelquefois à ces actions: & comme la vertu ne peut estre cachée, ayant compassion de ses trauaux, attendant mesmement de cest homme des choses plus grandes, que celles qui sont cachées en la cuisine, commanda à quelqu'vn de ses seruiteurs d'apprester la viãde aux Peres.

GASPAR, pour cela ne demeuroit pas oysif, mais il commença de changer son trauail à vn autre. Car depuis ce tẽps là, chasque iour de feste preschant des œuures de misericorde, il preparoit ses auditeurs à vne chose qui deuoit estre necessaire, durant toute la nauigation & les iours ouuriers, le plus souuent pour s'accõmoder à la capacité des plus grossiers, luy & tous les autres s'occupoient dés que leur santé leur permit à ouyr les confessions ; & à la verité le suject ne manquoit pas, tel qu'à accoustumé d'apporter le nombre des femmes qui estoit porté en vn mesme nauire : de sorte qu'auec le consentement du General ils iugeoient tous, que si on prenoit terre en quelque lieu, il falloit là laisser ceste assemblée, de peur que les bons & entiers, meslez parmy my les meschãs, en cette mer dãgereuse, n'esprouuassent la vengeance diuine. A ces offices spirituels ils ioignent aussi le secours temporel, soit aux pauures, soit aux malades. Par ainsi leur prouisiõ, bien que petite, iusques aux Indes, a tousiours esté cõmune auec les pauures; & (ce qui est tres-merueilleux) ne manqua iamais: pluftost elle pouuoit sembler estre ac-creuë. Ce que sans les Peres mesmes, vn certain personnage auec beaucoup d'autres, qui escriuit des lettres touchant ce subject, en Portugal, admiroit. Celuy-là fut receu en nostre Compagnie à Goa du Pere Xauier, ayant, durant toute la nauigation, estant esmeu par l'exemple des Peres, en seruant à bon escient aux malades, donné vne bonne preuue de soy-mesme: & l'vn de ceux, qui en ceste grãde estendüe de mer, GASPAR auoit poussé dans la nasse de la religion, desquels il faudra dire quelque chose cy dessoubs.

Vn vent fauorable porta GASPAR occupé à ces choses, iusques aux confins de la Guinée, sans trop frequentes bonaces, qui neantmoins sont coustumierement tres-fascheuses en ces édroits, encor que
peut-

peut-estre il s'en prenoit moins de garde, estant occupé à d'autres choses. Ce-pendant par ces deuoirs de pieté & de charité, les nostres, mais principalement Gaspar, auoyent commēcé d'estre fort honnorez, le mespris s'estant changé en reuerēce, de laquelle on a recueilly le fruict qui a accoustumé de s'en ensuiure. Car ces seruices (comme il dit) ont tellement adoucy des hommes, auparauant indomptables, qu'ils offroient liberalement tout le leur aux Peres, ou aux pauures, par leurs mains, les interrogeoient souuent de ce qui touchoit leurs ames, & en tous differens se rapportoient à luy. Et le General mesme fit comme les autres: Car aiāt long tēps pris garde à Gaspar, qui aiant acheué de prescher, descendoit iusques aux choses les plus basses, pour le seruice des malades, premierement il fut saisy d'admiration, en apres, il se resolut de se descouurir au sainct homme: l'aiant donc appellé à soy dans sa chambre, il le prie pour l'amour de Dieu, qu'il ne desdaigna pas de traicter plus familierement auec luy: qu'il desiroit de dōner le temps qu'il auoit accoustumé de mal emploier

C en

en autres choses, aux discours spirituels. GASPAR adoucit tellement ce louable personnage de son agreable conuersation, qu'il estoit desia tout de GASPAR, & d'vn esprit entierement satisfaict, dependoit du tout de sa bouche; ores expliquant vn Pseaume, ores traictant de quelque autre semblable matiere conuenable à l'humeur du personnage. Le General donc s'adonna à purger souuẽt ses pechez, & assister aux pauures, & à traicter benignement auec tous: en fin il vint iusqu'à là, que de ne rien faire que par l'aduis de GASPAR, auquel desia souuẽt, (tãt il honoroit l'esprit de l'hõme de Dieu esloigné de toute ambitiõ) il auoit offert le gouuernement de tout le nauire. Parquoy quand il iugea estre à propos, il se resolut d'instruire cest homme à la pieté par les pieuses meditations de nostre cõpagnie: & d'autant que cela sembloit suffire, il le dressa aux exercices de la premiere sepmaine, qui cõsistent à l'expiation des pechés, & à la meditation des quatre fins de l'homme. Or de ce recueil d'esprit il proufita tellement, qu'il sembloit estre tout autre qu'auparauant, si

bien

bien qu'eſtant vn iour ſoigneux de ſon ſalut, il demanda à GASPAR comme il ſe pourroit faire qu'il euitaſt la mort eternelle, ſans la rigueur d'aucune penitēce accompaigné de tant de valets, & au milieu de tāt de bāquets, veu qu'il voioit que luy, & ſes compaignons, affin d'acquerir ceſte meſme gloire qu'il eſperoit, trauailloient tant, & enduroient tant de peines, ſoit de la puanteur, ſoit des ſaletez au ſeruice des malades. Mais GASPAR l'enſeigna qu'il ne manquoit pas en ceſte maniere de vie d'excellentes occaſions pour bien meriter de Dieu, & des hommes, deſquelles s'il vſoit, il ne manqueroit de bien pouruoir à ſon ſalut; parquoy ſuiuant le conſeil de GASPAR, il commença de conduire en ſorte ceſte trouppe naualle, qu'il ſēbloit que ceſt amas d'hommes fut vne famille bien reglée, tant ſont proufitables à l'vn & à l'autre les bonnes mœurs, & les exemples de ceux qui tiennent le Gouuernail.

C 2   CHA-

CHAPITRE VI.

Aiant surmonté deux tempestes GASPAR *arriue au Mozambic.*

APRES auoir passé les tres-fascheuses bonaces de la Guinée, ceux qui vont aux Indes coustumierement apprehendent extremement la rage du Promontoire tempesteux comme il fut esté appellé, luy ayant premierement imposé ce nom Barthelemy Dias, si Iean second, ce grand espion de l'Orient, n'eut mieux aimé qu'il fut appellé le cap de bonne esperance. Et aussi la crainte de ceste nauigation ne fut pas vaine : desia ayant destourné leur course du midy, ils tiroient vers l'Orient, quant voicy vne grande tempeste qui s'esleue, de laquelle GASPAR se seruant à propos (bien que les vents fussent bruiants de tous costés) ne laissa de prescher quelquefois, selon que l'occasion s'ē offroit, auec vne grãde vtilité. Car sur ces parolles en vn semblable suiect : *Propter me exorta est hæc tempestas; proijcite me in mare*. Ceste tempeste s'est esmeuë à cause de moy, iettés

moy

moy dans la mer: Il reprit aigremēt tous ceux, desquels peut estre les pechés auoyent prouoqué & irrité les vents & la mer, lesquels pechés s'ils desiroient le calme & la trāquilité, il falloit de la sentine de l'ame les ietter au fond d'vne mer de larmes, & les nettoier & lauer auec les pleurs salutaires d'vne ame penitente. D'auantage il remonstra particulieremēt quel estoit en vn tel temps le deuoir d'vn chacun, tant à l'endroit de soy-mesme, qu'à l'endroict de la diuinité offensée, & aussi quelle estoit la charge de chafque particulier, en ce commun peril, pour le salut de tous, de peur que parauenture la paresse de quelques vns cōspirant auec les vents, & la mer, n'auança le danger de tous les autres. Il pria en apres vn chacun que dissimulant leur crainte, il laissassent toutes les folles & inutiles crieries, ains que paisibles ils implorassēt en eux-mesmes le secours diuin de Dieu scrutateur des cœurs; de peur que les vns donnant crainte aux autres, tous ensemble, ne procurassent à tous en general vn plus grand dommage.

 Ces aduertissemens de GASPAR ne furent

furent pas seulemēt propres & salutaires au mal presēt, mais encore ils preparerēt les courages des nauigeans à vne prochaine tempeste beaucoup plus grande & dangereuse. Car ceste-cy, comme elle estoit violente, par ce qu'elle ne fut pas longue, estoit tolerable : car tout ce qui est de peu de durée, encor qu'il soit tresgrand, se supporte doucement. Mais à grand peine reprenoient-ils haleine de celle-là, quād vn certain iour (des vingt, durant lesquels ils trauaillerēt pour passer le promontoire) enuiron la nuict vn autre orage se renouuelle, & comme la recheut aux maladies : ainsi le peril de ceste renaissante tempeste fut plus grād & dangereux, par lequel portés à vne mort asseurée, ils estoient poussé dans vn certain escueil (il l'appelle Epicten) n'eut esté qu'aiant preueu le dāger, ils en sortirent du tout miraculeusement. Ce ne fut toutesfois pas la fin du peril, mais le commencement : car la mer commēca à s'esmouuoir de telle sorte par l'espace de trois iours entiers, que ceux qui sōt accoustumés à la marine asseuroyēt n'auoir iamais veu ny esprouué chose semblable;

& en

& en apres vne vague se iettãt de trauers, sauta auec vn grãd effort dans le nauire, dont on receut tant d'eau, que tous desia pensoyent estre noyés. Or ceste crainte contraignit vn des nauigeãs d'aller vers GASPAR pour se preparer par le Sacrement de penitence à mourir, lequel en ceste esmotion estant appuyé sur la saillie, il l'ouyt briefuemẽt, selon que le peril le permettoit; duquel apres il apprit que c'estoit faict du vaisseau, si Dieu surmontant l'ordre de nature, ne donnoit du secours. Ce qu'ayant entendu, sans seulement en aduertir ses compagnõs, de peur que d'auẽture la crainte du mal prochain n'en troubla quelqu'un, il mõte en haut, affin que s'il falloit mourir, il ne mourut pas autrement que tenant pied ferme, & debout au milieu du combat, & qu'il presenta vne autre butte finalle, ou vn aultre port de salut, à ceux qui estoyent desia proches du naufrage.

Ils estoient tous plus semblables à morts qu'à vifs, arrestez en l'attente redoutable de la mort. GASPAR ayant repoussé la crainte les enhorte tous d'auoir bon courage, lequel aussi tost qu'ils

eurent

eurent ouy, ils courent à luy comme à vne anchre facrée : & comme c'eſt choſe ordinaire à ceux qui ſe voyent proche de la mort, d'embraſſer fermement ce qu'vne fois ils ont ſaiſy, ainſi ils s'arreſtent tous à l'entour de GASPAR, comme s'ils euſſent deu retrouuer en luy, le ſalut, duquel on deſeſperoit. Et auſſi ne manqua-il pas à ſoy-meſme, ny à l'opinion que tous les autres auoient conceuë de luy : car ayant promptement conſacré de l'eau benite, auec les ceremonies vſitées, oppoſant l'eau à l'eau, il expia la mer furieuſe, & qui eſtoit quaſi comme agitée des demons ; en apres ayant recours aux prieres, iceluy conduiſant les autres, ils inuoquerent tous le ſecours de Dieu & des SS. par les Pſeaumes qu'on appelle penitentiels, & les Litanies. Ceſte choſe r'aſſeura plus les courages des hommes, diſſipez par la crainte, que non pas la mer : Car ne laiſſant pour cela moins la tempeſte de continuer, ils reprindrent cœur, & furent rendus plus forts à ſupporter ceſte orage.

La multitude eſtant ja appaiſée, le General pria GASPAR de venir vers luy, &
vers

vers les autres qui estoiēt au gouuernail; d'où en apres il renforça les courages des autres de parolles, & son corps de viande. Car la plus grande & plus redoutable partie du naufrage estoit encor à souffrir; parce que ce qui a esté cōté iusques à presēt arriua de iour: mais ce qui suit suruint de nuict, pēdāt laquelle, les tenebres d'elles-mesmes terribles, desrobent le conseil au iugement, & les choses qui peuuent seruir d'ayde & de secours aux yeux. La mer creuse donc s'enfla, & s'irrita iusqués à là, que GASPAR, homme courageux ne doute point d'asseurer que les hommes ne peuuent rien voir de si terrible, si vous exceptés ceux, qui cōme auec vne continuelle tempeste, sont en perpetuel debat auec ces eternelles gesnes, & tourmens des enfers. Le reste des freres passa toute ceste nuict tressainctement, & tres-constammēt en oraison, GASPAR là passa en action: laquelle action toutesfois on peut aisément colliger (par les lettres enuoyées aux cōfreres de la Compagnie) auoir esté vne tres-profonde cōtemplation des choses diuines. Quant à moy (dict-il) i'ay ceste nuict penetré

C 5   beau-

beaucoup de secrets du Seigneur, & ie ne desirerois pas vne autre fois aux meditations de la mort, ou de l'enfer, esprouuer vn plus grand ressentiment en l'ame. De quel ressentiment de pieté pensons-nous donc qu'ait esté remply celuy qui a satisfait aux desirs si embrasez & aux vœux d'icelle. Or pendant ce temps, il faisoit cecy auec vn grand soin, il repoussoit les flots venans de trauers, auec vne triple croix, ioingnant aux signes sacrés des parolles sacrées: IESVS-CHRIST vit, IESVS-CHRIST regne, IESVS-CHRIST commande, IESVS-CHRIST nous defend de tout mal. Et les tourbillons & flots des eaues meslez par les vēts en apres estoiēt si grands, qu'il fallut necessairement que GASPAR admonesta le Gouuerneur, qu'il se gardast bien, en augmentant la crainte des autres, de monstrer d'auoir peur: car il l'auoit veu quasi quitter la place à vne ondée suruenante, & peu s'en falloit, ietter bas les armes naualles ensemble. auec le courage, d'autant qu'icelle occupāt la nauire comme vaincuë & forcée, estoit desia paruenuë iusques à la Citadelle; c'est à dire, iusques à

ceux

GASPAR BARZEE. 43
ceux qui estoient au gouuernail. Mais toutesfois ce fut icy le dernier acte de ceste tragedie, car peu à peu la mer commença à s'appaiser, les vents à s'arrester, tout le monde à se resiouyr & rendre graces à Dieu, mais recueillons le reste des beaux faicts de GASPAR, comme des tables restées du naufrage.

Se seruant à propos de ceste occasion, il fit que toutes les femmes (comme il les appelle, moy ie les nōmerois mieux putains) se reconciliassent & retournassent en grace auec Dieu, desquelles l'vne plus opiniastre, & plus impudente que toutes les autres, en fin se rédit vaincuë. GASPAR auoit parauāt souuēt prié celle-là qu'elle desista de faire coustume de pecher, & qu'elle confessa ses pechés, mais il ne l'auoit iamais sçeu induire à ce faire. Au cōtraire, s'estant vn iour d'vne bouche lasciue debatuë à belles iniures auec luy, à grand peine auoit elle peu retenir ses mains violētes, de se prēdre à luy à belles oncles. Mais s'estāt approché delle pendant ce temps, au moins maintenant (dit il) d'autāt que durāt ceste tempeste nous courrons tous presentement fortune de
la vie

la vie, deuant que tu fois precipitée dans les enfers, fais ce que ie t'ay tant de fois en vain conseillé: elle à qui la peur, pluſtoſt que GASPAR, perſuada de ce faire, le fit toutesfois: & on arracha d'vn mauuais creancier, ce qui ſe pouuoit. Maintenant donc le vent, qui eſtoit r'entré en bonne intelligẽce auec noſtre nauire, la pouſſoit, luy donnant en pouppe; mais le peril fut quaſi auſſi grand, pendant qu'il eſtoit fauorable, comme la crainte, lors de ſa furie. Car aiant deuant eux veu de loing les feux de l'iſle de ſainct Laurent, ils craignirẽt que par l'approche de la terre, ou du gué, ou d'vn eſcueil ils ne retombaſſent encor au danger de la mort, qu'ils auoient deſia euitée. Le Gouuerneur croioit que ce feu fut vne eſtoille, mais le maiſtre du nauire, que la peur rẽdoit diligent, & pouruoyant, Dieu le ſtimulant interieurement, ayant ietté la ſonde, trouua que le nauire eſtoit arreſté à vn eſcueil: il fut fort important au ſalut commun de l'auoir ſondé: car ils n'eſtoient pas eſloignés d'vn quart d'heure de la mort, lequel paſſé, le nauire eſtant pouſſé par la force des vents droict dans

les

les syrtes sabloneux eut esté rompu en pieces, & tous fussent tombés en la mer: parquoy chāgeāt subitemēt leur course, pendant que tout estoit encor entier, ils prennēt vne route plus seure: mais encor ne furent-ils alors asseurés, vne nuë opposite leur cachant & couurant des isles, esquelles l'autre iour vn nauire estoit pery, dans lesquelles ils se fussent porté tout droict, si maintenant ayant esté rendus plus auisez par tāt de perils, ils n'eussent du haut du nauire, iugé par le chocq des flots, ce qui en estoit. Delà, ayant passé tant de trauaux, & de dangers, le seiziesme de Iuillet d'vne course fauorable ils arriuerent au Mozambic: n'ayant perdu, ce que vous admirerés, en vn si long voyage, & parmy tant de hazards, ce qui est tres-rare, pas vne seulle personne: ce que certes plusieurs des nauigeans, & sur tout les autres, ce grand admirateur & imitateur de GASPAR, (duquel j'ay parlé) ont r'apporté au soing, qu'i celuy & les autres prindrent pour soulager les malades.

CHA-

CHAPITRE VII.

Au Mozambic il prend soing auec ses compagnons des malades.

LE nauire estoit abordé au Mosambic, (qui est souuent fort propre & commode à ceux qui nauigent aux Indes pour se rafraischir) à dessein d'y affermir & renforcer ce que la tempeste auoit esbranlé pour apres parfaire ce qui restoit de chemin. Ie ne m'arreste pas à descrire les lieux, qui necessairement sont nommés, & ie le fay exprés, d'autāt que ce chemin a esté souuēt hanté, & il semble que nostre Turselinus, en la vie du Pere Xauier a abondamment satisfait à cela. Parauant donc que tous descendissent en terre, retraicte aggreable aux nauigeans, GASPAR iugeant assez par le nombre des malades, des trauaux, tant siens que de ses compagnons, delibera au dernier sermon qu'il fit au nauire de solliciter les autres a en prendre leur part. Parquoy remonstrant la presente & commune necessité, il les prie tous, que chacun secoure les mala-

malades de ce qui luy sera possible : que la pauureté du lieu est cogneuë, que quasi tout ce qui est requis, pour le soulagement de ceux qui sont affligez de maladie y manquoit, en apres, qu'à la façon des pauures ils demanderoient l'aumosne pour les malades. Ce que ne se fit pas sans proufit, on distribua des conserues, des dragées, & semblables confitures, en outre de la farine, des legumes, & quelques autres choses qui ne se retrouuent en ce pays-là, de plus, vne somme d'argēt d'enuiron cincq escus d'or, qui n'estoit pas vn petit secours en ces lieux, estant presque la prouision du voyage faillie dans le nauire, & plusieurs autres choses furent encor par-apres portées par les nauigeans dans la maladerie. Nos compagnons, tellement quellemēt proueus de ce secours, emportent enuirō six vingt malades en la maison hospitaliere. Ferdinand Sosa, Capitaine de la Citadelle Portugaise, vint au deuant des descendans en terre, qui apres auoir courtoisemēt salüé les Peres, auoit deliberé de les emmener en sa maison, mais iceux l'ayant humblement remercié, choisirent plustost, & prefererent la malade-

maladerie ou maison-Dieu, comme ils appelloient. Parquoy, les ayant luy-mesme conduits en ce lieu, il les recommanda tres-soigneusement à ceux qui estoiét commis pour le soing de l'Hospital, & leur commanda, que selon leur volonté, toutes choses fussent liberalement distribuées aux malades. Là aussi se trouua le Vicaire du lieu, qui admonesta amiablement les Peres resolus de demeurer là, d'euiter diligemment la respiration des malades, de peur que par ensemble ils ne prinssent quelque maladie contagieuse, ce qu'il racótoit estre arriué quelques années auparauant à Xauier en ce lieu mesme, d'autát que là il ne manquoit aucune sorte de contagion. Mais nonobstát tout cela, ayát Dieu pour protecteur, ils commencent asseurez à penser les malades, & ayant desparty la charge à chacun d'eux, le seul Gaspar prenoit soin de tout. Gagus & Fernandés seruoient les malades de viandes apprestées, selon l'ordonnance du medecin, & le Pere Gonzales les seruoit des friandises & delicatesses spirituelles. Gaspar estoit despensier, Gaspar estoit cuisinier, Gaspar estoit Predicadicateur. Et il faifoit auec beaucoup d'vtilité les fermons qu'il meditoit parmy les marmites ; on eut dict qu'ils eftoient parfaictement affaifonnez & appreftez au mefme fouïer auquel il cuifoit fes viandes : mais pluftoft au feu de l'amour diuin, duquel eftant enflambé, il enuoyoit le mefme dans les poictrines des hômes, dures & engourdies de froid. Ainfi luy & fes compagnons eftoient tres-occupés à diuers feruices à l'endroit du prochain : car maintenant ils alloient de porte en porte quefter de l'eau (de laquelle ils auoient grand faute) au nom de Dieu, tantoft ils oingnoient les mourants d'huile facré, enfeueliffoient les morts, partageoient & diftribuoient les veftements des defuncts aux pauures; & toutesfois ils ne manquoient pas aux fains, defquels le nombre de ceux qui fe vouloient confeffer eftoit fi grand, qu'à ce feul fujet il s'efiouyt en foy-mefme, & en Dieu, de ce qu'il ne luy fut pas poffible fatisfaire à tous. Ils difputerent auffi là fouuent & ferieufement auec vn certain noble Sarrazin de ceux qu'ils appellent Xeque, & il fe rendit fouuent eftant conuaincu par

D la

la verité de noſtre foy, mais retenu par les ceps d'orés de l'auarice, & les liens venteux de l'honneur, il ne peut eſtre induit à embraſſer ce qu'il approuuoit.

Telle eſtoit durant ſeize iours qu'on arreſta là, la vie de ceux de la Compagnie, pleine de labeurs, & ſi exempte de repos, que le Pere Gonzales a eſcrit, que pendant tout ce temps luy & ſes cõpagnons ne dormirent ne iour ne nuict; tant eſtoit bref l'eſpace qui reſtoit pour le repos, qu'on le peut appeller nul. Ils iouyſſoient neãtmoins tous d'vne entiere ſanté; d'autant que penſant les corps, & purgeant les ames des prochains, ils regardoient le ſouuerain remunerateur, & ils voyoient & embraſſoient le meſme en iceux, (comme GASPAR fait mentiõ en ſes lettres) auec vne ioye & vne conſolation celeſte. C'eſtoit choſe vulgaire entre eux tous de dire que les Peres eſtoient cõpoſés d'vne autre matiere, qui employoient en vn plus grãd trauail ſi peu de temps qui leur reſtoit pour le repos ; & neantmoins les forces ſembloient leur croiſtre auec la peine. Mais ſans doute (comme dit S. Bernard) ceux qui l'eſprouuent à regret
voyent

voyent bien les croix, mais ils ne peuuent voir les onctions.

Cependant tandis que le reste reprend haleine au Mozambic, on veit arriuer vn autre nauire escarté par la tempeste, les Peres accourent, pensant que c'estoit la Gallega, dans laquelle les autres estoient portés; mais certes il y eut plus d'esperāce que d'effect, vcu que le nauire nõmé Gallega, de la course duquel nous parlerons d'auantage plus bas, n'aborda que le cinquiesme iour d'apres. Or cestui-cy nommé du S. Esprit, portoit deux religieux de la famille de S. Dominique, que nos Peres ayant embrassés, comme s'ils fussent esté des leurs, receurēt pour compagnons de leurs labeurs : GASPAR escrit aussi que les malades & les nostres receurent beaucoup de secours d'iceux, auec vne singuliere vertu de ces Peres, & l'approbation d'vn chacun. Le nauire estant refaict il falloit partir, & toutesfois il y auoit encor plus de cent malades tenans le lict: qui ayans entendu qu'on s'apprestoit au départ, prient GASPAR, (qu'ils sçauoient auoir tout pouuoir enuers les principaux) & le conjurent au

nom de Dieu de ne les laisser despourueus de tout secours humain. Qu'il sçauoit bien que l'eau defailloit, qu'il n'y
auoit plus d'argent en l'espargne de la
maladerie, qu'il ne restoit plus en la puissance du cõmis de Sofa qu'vn seul chãp
de palmiers, qui estoit vn petit secours,
qu'on pouuoit vendre, & bien que l'argent ne manqua seul, que le pain mesme
propre pour la nourriture des sains, beaucoup moins des malades ne se trouuoit
là : car le pain n'estoit autre que comme
de millet, (ils l'appellent Mocate.) Il
n'estoit pas besoing, pour attendrir le
cœur de GASPAR, de tant de raisons
que l'ingenieuse & bien-disante necessité
ramassoit. Parquoy il s'en va trouuer les
commis des nauires, (il y a apparence
que plusieurs autres nauires par eux ren-
contrées en ce lieu, nauigerent ensemble
aux Indes) & les asseure que ny luy ny
les siens ne partiront qu'auec les malades. Il ne fut pas difficile de persuader
aux esprits ja pre-occupez de la saincteté
du personnage ce qu'il vouloit : Parquoy
ils respondent qu'il peut disposer d'eux,
qu'il distribuë les malades aux nauires
com-

comme il luy plaira, qu'ils l'auront fort
agreable, & le tiendront à honneur. Emanuel de Mendoſa General de cinq nauires, voulut qu'on luy en donna vingt des
plus abandōnez, GASPAR qui ne vouloit eſtre deuancé en voulut pour ſoy &
pour les ſiens trente des plus pauures, leſquels ayant tous mis dans l'eſquif il recommanda fort particulierement à ceux
de ſa troupe. Il y en eut fort peu deſquels
la ſanté & la vie eut aſſeurément cedé à
la mer, qui furent laiſſé en l'hoſpital des
malades. Ceux-là eſtoient ſept ou huict,
deſquels la Gallega venant par apres, &
ayant là ſejourné ſix iours, emmena auec
ſoy ceux qui peurent eſtre emportez. Parquoy le premier d'Aouſt on part du Moſambic, pour les Indes. Or GASPAR
& ſes cōpagnons nourrirent leurs trente
pauures malades iuſqu'aux Indes auec vn
ſoing & vne liberalité merueilleuſe; &
chacun s'eſtonnant, l'opinion qui eſtoit
vulgaire entre les voyageurs au cōmencement de la nauigation, touchant l'augmentation & accroiſt des viures qu'ils auoient en main, ſe renouuella. Pendant
ce voyage ils furent quaſi tous guaris, &

D 3   peu

peu du tout furent desirez, encor ceux-là moururent auec vne esperance si certaine de leur salut, qu'on ne peut pas bonnement dire les auoir perdus.

Chapitre VIII.

Gaspar auec ses compagnons arriue à Goa.

Noz Peres par-firent le chemin du Mosambic à Goa (qui est quasi de neuf cent lieuës) d'vne course fauorable, & sans aucun peril digne de memoire, estant assiduellement occupez aux œuures de la pieté, & le second ou troisiesme iour de Septembre auec vne tresgrande resiouyssance d'vn chacun arriuerent au port de Goa. On peut aisémēt conjecturer par le precedent, combien grande fut la ioye de GASPAR: car auec quel & combien de contentement pensons nous que marchoit celuy qui tressailloit de ioye quant on l'eut designé pour aller aux Indes, lors qu'il fut arriué aux mesmes Indes? En ce temps-là estoit à Goa le B. Xauier, où il estoit retourné pour faire les apprests de l'expedition du

Ia-

Iapon, afin d'y penser apres auoir recueilly vne tres-grande moisson de diuerses parties des Indes ; & desia il auoit ses pensées à Commorin, où comme Pere vigilant il deuoit reuoir ceux qu'il auoit engendré en IESVS-CHRIST. Mais ayant tout à poinct esté aduerty du nouueau secours de ses cõpagnons, par quelques vns qui auoient laissé le nauire au Mosambic, preuenant leur voyage de peu de iours, il resolut d'attẽdre leur arriuée, tant pour les voir, cõme pour contenter son esprit ; demandant des nouuelles de l'estat de la Compagnie en l'Europe. Lesquels aussi tost qu'il entendit estre arriuez, attendant que (selon la coustume, ayant appresté ce qui estoit requis) il leur seroit permis de descendre, il enuoya quelqu'vn pour les saluër tres-amiablement en son nom, & pour recréer ceux qui estoient lassez d'vne si longue nauigation, de ce qu'on auoit enuoyé du College, & qu'on auoit iugé estre commode; & ensemble leur mãda qu'aussi tost qu'ils pourroient, ils vinssent au College, pour se ruër aux embrassements de FRANÇOIS, qui desiroit extremement leur veüe, & il

ne

ne falloit pas beaucoup preſſer ceux qui eſtoient aſſez incitez du deſir de mettre pied à terre, & de voir François. Ils arriuerent donc le 4. de Septembre au College, qui eſt appellé du nom de S. Paul: dans lequel meſurõs pluſtoſt les deuoirs d'vne mutuelle reſiouyſſance, & les reſſentimens des ames par la contemplation de l'eſprit, que par les parolles: Car à quel propos entreprendrons nous d'expliquer ce que ceux-là nient de pouuoir faire qui l'ont eux-meſme reſſenty? Car GASPAR parle ainſi: Veritablement freres tres-chers, il ne ſe peut dire combien d'allegreſſe nous auõs reſſenty dans l'ame, ny la charité de François ſe peut aſſez exprimer. Ce tumulte de charité (afin que ie parle ainſi) qui s'eſtoit eſmeu parmy les offices d'vne reciproque coniouyſſance, en rafraichiſſant le corps des Peres, & des Freres, eſtant vn peu appaiſé; le Pere François ſe prepare pour ouyr l'eſtat de la Compagnie en Europe. Il s'informoit de pluſieurs choſes, du B. Ignace, du Pere Simon, des autres Peres, des Colleges, du nombre des confreres, mais ſur tout il s'enqueſtoit de la vertu

&

& du fruict qu'ils faisoient.

Et afin qu'on entende mieux la douceur de ce deuis, ie diray ce que Paul del Valle venant auec l'autre nauire r'apportoit de son pour-parler auec le B. Xauier. Iceluy apres estre arriué, estant enuoyé auec des lettres à Xauier en Commorin, où il s'estoit ja acheminé, escrit en ceste sorte de son abordée auec le B. Xauier, qu'il trouua à Cochin reuenant de Commorin : Mais qui pourra declarer combien de clarté mon ame a receuë en ce rencontre ? qui dira iamais cela qu'auec des foibles parolles ? Cestuy-là est vn vray seruiteur de Dieu ; ie n'ay iamais iusqu'à present veu personne semblable à luy, il enflamme les hommes du desir de seruir Dieu, non seulement par ses discours, mais par sa seule veuë. Sa bouche ne cesse iamais de proferer ces parolles : Benist soit IESVS-CHRIST, & auec tant d'ardeur & d'amour de Dieu qu'il remplit de flãmes diuines ceux qui traictent auec luy. Nous auons esté ensemble cinq iours, desquels nous ne sçaurions excepter vingt heures, que nous ne soyons tousiours esté ensemble, il n'est iamais saoul de s'informer des compaignons de la Societé, du Prouincial, (le Pere Simon Roderic) mais principalement du Pere Ignace. Ces iours estant passez, il s'achemina à Goa, & moy à Commorin. Voila ce que dit Paul : Si ce second deuis a esté si long & si gratieux, quel pensons nous que soit esté ce premier auec GASPAR, & les autres n'ayāt encor alors parlé de rien ? mais venons à attaindre briefuement l'autre nauire, & ses fortunes, comme nous auons promis.

CHAPITRE IX.
L'autre Nauire arriue aussi à Goa.

LEs Nauires qui auoient leué les anchres ensemble, n'auoient pas vogué ensemble : mais les vents estans contraires & differens, l'vn laissa bien tost l'autre. Le départ se fit à l'endroit des isles de Canarie, & ceux qui estoient en l'autre nauire voyant qu'on auoit allumé du feu au vaisseau, on ne sçait si c'estoit à cause du peril, ou pour seruir d'addresse pour se rejoindre derechef: & principalement les Peres, furent saisis d'vne grande tristesse.
Mais

Mais ayãt touſiours eu le vent fauorable,
d'vne nauigatiõ heureuſe, (comme eſcrit
Paul del Valle és narrations de ſon voyage, au Pere Louys Gram Recteur de
Conymbre) iuſqu'au Cap de bõne Eſperance, ils y arriuerent, & iuſtement, ce
qui arriue rarement, ſur la fin de May,
d'vne courſe du tout legere. Mais le mal-
heur du Pilote les deçeut: Car aucun des
trois principaux commis du nauire n'e-
ſtoit iuſqu'au preſent venu aux Indes a-
uec ceſte authorité, & ainſi ils chancelle-
rent en prenant l'eſleuation du Pole; &
comme ils penſoient n'eſtre eſloignez de
terre que de deux cẽt lieuës, ils en eſtoiẽt
eſloignez de plus de mille lieuës. Parquoy voulant retourner au chemin duquel ils s'eſtoient eſgarez, le vent ſembla
fauoriſer leur faute, de ſorte qu'en l'eſpace de trente iours ils firent mille lieuës &
d'auãtage: de là ayant paſſé le Cap, comme ils ſe fuſſent encor vn peu eſgarez, ils
reuindrent au chemin, la bonace ne les
ayant retenus que quatre iours. Et iuſques à preſent ce fut ſans mal-heur, mais
le iour de deuant qu'ils arriuaſſent au
Moſambic, ils firent quaſi naufrage au
port,

port, n'eſtant eſloignez d'iceluy que de ſept lieuës, & eſtant à l'anchre, d'autant que le Patron craignoit que l'eau ne vint à faillir; & non en vain, car deſia le nauire eſtoit arreſté à vn eſcueil, que le Patron ayãt ietté la ſonde n'auoit apperçeu, par-ce que la marée eſtoit pleine: mais icelle ſe baiſſant peu à peu enuiron les quatre heures de nuict, le vaiſſeau hurte ſubitement contre l'eſcueil. Et ce premier effort n'eſpouuanta guere ceux qui en ignoroient la cauſe: car eſtant vn des canons tombé ils r'apporterent à ceſt accident la cauſe de l'eſbranlement du nauire: mais quant le vaiſſeau vint à choquer pour la deuxieſme fois, pluſieurs eſpouuantez commencerent à ſoupçonner ce qui en eſtoit. Cependãt ceux qui commandoient au nauire ſondoient diligemment de quelle part la mer eſtoit plus profonde, afin que le iour ſuiuant ils ſe retiraſſent par ceſt endroict: ce que faiſant vn des mariniers qui n'eſtoit pas fort loing de la logette des Peres, aſſeura que le vaiſſeau eſtoit à ſec; lequel comme le Pilote dementoit vilainement, Dieu permit pour appaiſer ceſte querelle, que le
na-

nauire heurta alors pour la troisiesme fois de telle sorte, que le gouuernail entier sortit des gonds & des crags qui le retenoient. Alors se tournant de la querelle au soing de leur salut, ils accoururẽt tous au timon : mais par vn autre effort il fut tout à faict secoüé; la barque chargée trembla toute, & presque tous furent espouuãtez de l'image presente de la mort: car elle s'estoit froissée auec tel effort, & si grand bruit, comme si quelque tour fut tombée en ruine quant & quant. Alors le Pere Antoine Gomez produit auec vne singuliere deuotiõ vn Crane sacré-sainct des compagnes de saincte Vrsule, qu'il emportoit de l'Europe à Goa, & enhorta vn chacun d'implorer le secours diuin, par l'intercession de ceste Aduocate; de l'vne des mains tenant le gage sacré, de l'autre les encourageant tous à l'esperance de leur salut : lors plusieurs ayans allumé des cierges, enuironnans le Pere, chacũ d'eux faisoit les prieres & les vœux que la necessité, grande aide de la pieté, luy mettoit en auant. En fin le Nauire ayant choqué & hurté pour la cinquiesme fois, il sortit miraculeusement des gués;

gués; ie dis miraculeufement : car il prit fa route entre-deux efcueils de chafque cofté, eftant conduict du tout diuinement, car le paffage eftoit fi eftroit, qu'à grand' peine pouuoit-il côtenir les deux coftez du vaiffeau. Par ainfi le nauire fans fecours d'aucun mortel, s'abaiffa de forte de l'vn des coftez, que iuftement l'eau l'abordoit, fans qu'il puifa neantmoins; & ainfi foufleué de l'autre cofté il fembloit fe preffer en foy-mefme pour faciliter le paffage; & ainfi il efchappa de forte, que cefte barque (ce qu'on a feint d'Argo) fembloit eftre animée. Mais ce n'eft pas encor la fin des miracles, il reftoit d'auoir foing du gouuernail, que n'ayant peu par aucun artifice remettre en fon lieu, & defefperant quafi de pouuoir prendre port; Sus courage (dict le Pere Gomez) effayez-le auffi pour cefte derniere fois au nom de cefte Vierge, que fi femblablement par ce moyen vous ne le pouuez remettre, ce fera à elle de nous conduire auffi fans gouuernail en vn port affeuré. Il eut dict, & iceux pluftoft pour obeyr que pour efperance d'en venir à bout, s'efforçerent enfemble de le remet-

mettre, & le firent sans grand' peine, sentant aisément qu'vne force plus qu'humaine s'estoit iointe à leurs efforts. De là le lendemain, qui estoit le 6. d'Aoust, ils arriuerent ioyeux au Mosambic, le cinquiesme iour d'apres que leurs compagnons en estoient partis, & soudain les confreres d'vne mesme discipline se trãsporterent auec mesme soing & mesme trauail en la maladerie ; & le 12. d'Aoust ils des-anchrerent pour tirer vers Goa, ayant porté dans leurs nauires tant leurs malades que les autres, qui depuis le depart de l'autre vaisseau donnoient quelque espoir de supporter la mer. Durant ce chemin il fut combattu non auec les escueils, ny auec la mer, mais auec la faim & le defaut des viures, pressés à la verité d'vn mal lent, mais incurable. Les Peres certainement (afin que ie me taise des autres) la prouision desquels auoit esté commune aux malades, & aux pauures, en furent là reduits, qu'il leur fallut en racheter à prix d'argent. Il seruit bien à tous d'arriuer à temps au port, car si à leur retardement fussent estez adjoustez seulement quinze ou seize iours, c'estoit
fai&t

faict de la vie de tous. Ils furent donc amenez à Goa pour reprendre haleine de ces maux le 8. ou 9. d'Octobre. Ils ne trouuerent pas là François, car il estoit desia allé à Commorin : toutesfois ils furent si bien reçeus des autres, qu'il leur estoit aisé de soulager le desir de voir Xauier, qu'ils attendoient dans peu de iours.

CHAPITRE X.

Plusieurs de ceux qui estoient venus dans le nauire de GASPAR *prierent d'estre reçeus en la Compagnie.*

NOVS auons suiuy GASPAR descendu en terre auec ses cōpagnons iusqu'au College : maintenant il faut cy apres dire ce qu'il entreprit & mit à fin à Goa & autre part pour la gloire de Dieu. Mais deuant que de commencer, il faut conclure ceste nauigation par vne acclamation, & vn chant de marine du tout admirable, non tant de parolles & sentences que d'effects. Et quant à moy en verité quand ie l'ay leu i'ay esté tout estonné, & croyant que c'estoit chose
pres-

presque incroyable, i'en ay faict vne exacte recerche; & ie fusse esté marry de le r'apporter, (d'autant qu'il eut peu sembler que ie desguisois la verité, principalement à ceux qui n'estiment les autres que par eux-mesme) si le Pere Melchior Gonsalues, qui presidoit au mesme nauire, n'eut raconté la chose de poinct en poinct. C'est à sçauoir, vne si grande conuersion de gentil-hommes, que la fleur de la noblesse, esmeuë principalement par l'exemple de GASPAR, (la vertu duquel sans doute a esclairé par dessus tous les autres) estoit du tout portée à desirer la compagnie de ces Peres; parquoy les Peres venans au College, venoient plein d'allegresse, portant leurs jauelles de moisson: & sans cestuy dont nous auons parlé cy dessus, Louys Gonsalues, (ou d'vn autre nom Mendés) qu'il paroist en la lettre par luy escrite en Portugal, auoir non seulement demandé, mais aussi obtenu l'entrée en la Compagnie. Ceux-cy demāderent aussi d'y estre reçeus; s'ils ont eu leur desir, d'autant qu'il n'en est fait mention aux lettres des Peres, ie le passeray soubs silence. Et pre-
E   miere-

mierement le capitaine general du mesme nauire, c'est sans doute Iean de Mendosa, ce disciple de GASPAR en la pieté Chrestienne, duquel a esté souuent autresfois parlé: encor vn autre gouuerneur de la premiere citadelle de toutes les Indes, qui est ainsi descrit par Gonsalue, pour estre peut estre plus cogneu par sa charge, que par son nom. Le troisiesme estoit vn Docteur en l'vn & l'autre Droict, lequel pour faire cognoistre aux Portugais, il escrit auoir esté compagnon du Pere Vrbain. Le quatriesme fut celuy qui estoit Secretaire de quelqu'vn (du gouuerneur cōme i'estime) & qui estoit excellent tant és bonnes lettres qu'en vertu. Il adiousta à ceux-cy le fils de la sœur du Baron d'Aluito, nōmé Didague Lobo. Le mesme aussi faict mention du fils du general des prisons d'Afrique, qui par d'autres lettres de GASPAR paroist estre venu à fin de ses souhaits, auec plusieurs autres qu'il nomme. A ceux-cy il adiouste trois autres gentils-hōmes, sans les autres de plus basse condition, neantmoins officiers de Roy, & tous capables de s'acquitter des charges de la Compagnie.

gnie. Ceux-là lors que le Pere Melchior escriuoit cecy, s'occupoient dans la maison és exercices spirituels du B.P. Ignace, afin d'examiner plus diligemment leur vocation. Ie n'ay peu sçauoir asseurémẽt si tous ceux-là ont esté reçeus en la Compagnie; & cela n'importe pas de beaucoup : c'est assez pour la loüange de GASPAR & de ses compagnons, qu'ils l'ayent demandé, encor que pour iustes causes quelques vns d'iceux (ce qui semble plus vrai-semblable) ne l'ayent peu obtenir. Et certes nous ne deuons pas nous estonner du changement de mœurs en ce menu peuple de marine, dont est cy dessus parlé, veu que l'eschange des hommes nobles, accoustumez de viure delicieusement, & selon leur volonté, pour abandonner tout,& suiure les enseignes de IESVS-CHRIST, a esté si grand, non sans l'estonnement de tous, & sans doute, auec vne tres-grande resiouyssance de Xauier.

E 2 CHA-

CHAPITRE XI.

Gaspar *commence de trauailler à Goa auec beaucoup de fruict.*

Xavier ne manqua pas au souhait de Gaspar, enflambé du desir de labourer en la vigne du Seigneur : car il ne faisoit que d'arriuer, quand il l'aduertit de preparer vn sermõ pour le quatriesme iour d'apres sa venuë, afin principalemẽt d'esprouuer en presence celuy duquel par le r'apport des autres il auoit ouy tant de choses : & d'autant qu'il se hastoit de passer à Commorin, il ne luy peut accorder vn plus long temps pour se reposer, depuis la nauigation. Ce iour estoit aux Indes dedié à la natiuité de la mere de Dieu, vray prognosticq pour vn si grand trompette de la parolle de Dieu, commençant à la bonne heure soubs la faueur de la vierge Marie. Le sermon se deuoit faire en la maison sainct Paul de nostre Cõpagnie, & ie ne sçay pourquoy, François aduertit premieremẽt Gaspar de parler haut : peut estre par ce qu'vn homme qui s'estimoit si peu, ne sembloit

pas

pas pouuoir monter sans honte en la plus fameuse chaise des Indes. Le iour arriua, il prescha, & auec quel succés ? entendons-le de lui-mesme, qui braue trompette de ses loüanges a voulu que la coniouyssance de sa premiere predicatiō soit esté commune à l'Asie & à l'Europe : car il escrit en Portugal qu'il a presché de telle façon, qu'vn grand personnage de noz Peres ne fit pas de difficulté de dire à quelqu'vn : Pourquoy nous enuoye-on de l'Europe ce venin ? & cela n'est assez : mais craignāt peut estre que ce tesmoing ne semblast estre peu sage, il a aussi r'apporté que Xauier reprouua son sermon, auquel il dit aussi n'auoir pas satisfait ; parquoy s'en allant il ordōna qu'il s'exerceroit tous les iours aux heures nocturnes si long temps la voix, qu'il auroit appris de parler plus haut : car durant la predication, qui estoit plus frequentée à cause de la renommée que l'homme de Dieu auoit acquise au nauire, plusieurs ne le peurent entendre.

Certainement tout autre se fut teu, ou se fut excusé sur la honte, ou sur quelque autre pretexte : mais voila par quels deuoirs

uoirs heroïques de vertus, & principalement d'vn esprit humilié il se preparoit le chemin à toutes grandes entreprises. Il n'y a aucun de ceux de la Compagnie qui fasse mention auec mespris de ce sermon que luy, mais ils n'en font pas seulement mention ; encor qu'en ce temps à peine aucun escriuoit des Indes, qu'il ne se souuint honnorablement de GASPAR. Parquoy faisons comparaison de sa premiere predicatiõ en Europe sur le bancq de la maison, auec sa premiere en Asie, nous verrons que celle-là a esté receuë auec des risées, & ceste-cy quasi auec des detestations, laquelle neantmoins apres, (Dieu en estant autheur) les hommes ont tant approuuée. Mais veritablement Dieu voulut aduertir GASPAR, qu'en vn si grand applaudissement qu'il reçeut apres, il se souuint tousiours de ses premieres predications, & enseigner les autres qu'il ne falloit establir le fruict des sermons en l'approbation des auditeurs. Parquoy GASPAR fit diligemment ce que le B. Xauier auoit commandé, iusqu'à ce que selon le iugement des autres Peres il sembloit pouuoir contenter vn

cha-

chacun. Mais il faudra en son lieu parler tout exprés du fruict de ses predications à Goa.

Ce n'estoit assez à GASPAR (que les Peres qui escriuoient des Indes, le plus souuent appelloient infatigable) de faire les predications ordinaires de la sepmaine ; outre cela il faisoit à la maison trois leçons, & icelles si differentes, qu'elles n'eussent peu se ioindre par aücun autre moyen que par le feu de la charité. Il faisoit tous les iours vne leçon de Grammaire, vne autre de Philosophie, finalement la troisiesme du liure des Prouerbes. Cependant peu de tẽps apres Xauier s'achemine à Commorin, apres auoir quelque peu differé ce voyage, ayant estably pour soubs-Recteur le Pere Antoine Lancelot, attendant que le Pere Antoine Gomez Recteur designé arriueroit : qui estant comme nous auons dict, arriué enuiron le commencement d'Octobre, les Peres luy ayant selon l'ordonnance du B. Xauier, remis le soing du College, reçeut son office ; & comme il estoit docte & eloquent, esmeut fort vn chacun par ses predications, & donna or-

dre

dre que ce Crane de l'vne de la compagnie des onze mille vierges porté auec ceremonie folemnelle en noftre maifon, fut orné & honoré. La pieté du peuple croiffoit tous les iours, laquelle chacun faifoit paroiftre autant qu'il luy eftoit poffible, & auec la pieté les labeurs des Peres auffi s'augmentoient. On ne pouuoit voir la fin de ceux qui fe côfeffoient, de forte que la multitude du peuple & de toute qualité ne manquoit aucunement à leur zele prefque infiny. Mais fur tout le trauail de GASPAR en tous autres deuoirs & principalement au foing de la predication eftoit infatigable, auquel maintenant mon fujet me r'appelle.

CHAPITRE XII.

Des predications de GASPAR, *& du fruict d'icelles.*

GASPAR ne s'eftonna pas de l'euenement infortuné de fa premiere predication, mais au contraire cela feruit pour de tant plus l'encourager : car il eftima pouuoir eftre affeurément efleué à la charge honorable de predicateur,

lors

lors qu'elle ne luy acquerroit point de gloire & de loüanges, ains du mespris & du blasme. Mais certes il arriua du tout contre son opinion; car selon la sentence du Sauueur, il falloit que celuy qui s'humilioit en tant de façons, fut esleué par les mesmes degrez. Parquoy il cōmença de prescher, mais non pas maintenant comme il souloit auec crainte, mais auec vne si grande liberté d'esprit, iointe à vne modestie Chrestienne, qu'il estoit en admiratiō à tous ceux qui l'auoient cogneu auparauant, & iugeoient aisément par ceste mesme eloquence qu'il y auoit en luy quelque chose de diuin. Cest homme estranger haranguoit en langue Portugaise si eloquemment & elegāment, qu'il n'auoit aucun accent estranger, ou contraire à la proprieté du langage du pays; ce qui est d'autant plus admirable, qu'estant en Portugal il parloit de telle maniere qu'on ne voyoit seulement en luy aucune esperāce d'apprendre ce langage: mais celuy qui a départy le don des langues aux Apostres, auoit dōné l'eloquence Chrestienne à cest homme vraiement Apostolique, laquelle toutesfois i'aime

E 5 mieux

mieux mesurer par le fruict & la conuersion des ames, que par figures ou ornement de langage, en quoy noz Orateurs sacrez (bien que quant au caquet ils cedent à l'antiquité babillarde) ont tresbien surmonté tous les autres.

Il seroit difficile, & peut estre ne se pourroit seulement raconter ce que GASPAR persuada aux siés par ses predications: les pechez qui par la licence des mœurs se commettoient en publicq, les iuremens, les haines, les fraudes, furét tellement reprimez, qu'il r'embarra tous ces vices iusques dans les cachots de la maison, & en bannit aussi plusieurs: d'où proceda que les restitutions des biés mal acquis estoiét iournalieres, les disciplines & chastimens volontaires coustumiers, & le soing de prier Dieu en plusieurs vulgaire. Les prisons aussi qui le plus souuent enserrent des hommes meschãs, furent tellement par luy reiglées, que c'estoit chose ordinaire à la lie du peuple de nettoyer souuent les taches de son ame par la saincte confession, inuoquer tous les saincts par le recit iournalier des Letanies, parler de choses honnestes,

nestes, s'abstenir des deshonnestes,& des
iuremens. Ceste cõfession en peu de téps
arracha des œuures iustes des iniustes,
mesme en proposant la peine aux delin-
quans, & le salaire à ceux qui vseroient
de bonnes remonstrances; deux choses
certainement par lesquelles toute republique est maintenuë. Et ce n'estoit pas
icy du fruict de ses seules predications;
toute sa vie,ses discours, ses conferences,
comme ne respirants que la pieté, prof-
fitoient aussi beaucoup au salut du prochain. Il estoit de ceux-là que N. B. P.
desiroit,qui edifient tousiours,& ne des-
molissent iamais: il estoit di-je composé
de telles mœurs, qu'il y auoit autant
d'exemple en ses faicts, comme de doctrine en ses parolles.

Il auoit vn iour assisté à vn homme riche, lequel estoit prest de rendre l'ame;il
commença là à discourir auec vn si grand
zele & ardeur d'esprit si vehement du
mespris des richesses,lesquelles il y a peu
de gens qui souuent ne mesprisent à ceste
heure-là de bon cœur, qu'vn autre aussi
fort riche qui auoit esté present le suiuit
comme il sortoit, dés lors affectionné à
ses

ses richesses de mesme que GASPAR: car n'ayant pas d'heritier, il voulut tout remettre en sa disposition, ne se reseruant que le soing de faire son salut, & d'acquerir des vraies richesses par les bonnes œuures. Parquoy ayant mis en bon estat ce personnage auec sa femme, il le commit au soing des pauures, vsant de sorte de sa liberalité, toutesfois qu'il en laissoit la distribution à la volonté du donneur. Et cestui-cy s'acquita tresbien de sa charge, en deschargeāt peu à peu ses richesses és mains des pauures, & des malades, & les ēnuoyant deuant au lieu où semblablement il aspiroit. Il y auoit d'ordinaire quelqu'vn qui accompagnoit GASPAR descendant de la chaire, comme pour luy offrir les decimes en faueur de sa predication : car volontiers quelqu'vn ou plusieurs se iettoient à ses pieds, pour dire ou faire ce que le Seigneur leur auoit inspiré par le sermon de GASPAR.

Ainsi vn certain diuinemēt esmeu ayāt appellé GASPAR à soy, se prosterna auec des tres-humbles prieres à ses pieds, luy disant : voila mes biens, tant de mille escuz, mes maisons, mes nauires, mes esclaues ;

claues ; bref voicy mon ame mesme, ie remets tout à vostre volonté & disposition, afin que celle-cy, par quel moyen que ce soit, en fin soit sauuée : les richesses soient renduës & perissent pour moy, de peur que ie ne perisse moy-mesme; ce corps soit tourmenté & chastié; qu'on prouuoye seulemēt au salut de mō ame : bruslez, decoupez, ie ne redoute aucune sorte de remede, tant rigoureux soit il, pourueu qu'il me soit à iamais pardonné. Vn autre quasi semblable à celuy-là adjousta encor, qu'il desiroit preparer son ame à la purgation des pechez par quelque amere medecine de penitence, laquelle estant presentée par GASPAR, il n'aualla pas seulement, mais encor y adjousta tant du sien, que le medecin y ordonna de la mediocrité, craignant que ce qui estoit preparé pour la santé, pris immoderémēt, ne tourna à ruine. Mais le mouuemēt d'vn autre est plus admirable, & d'autant plus grand, que par vn desir d'apprendre ayant subitement passé les rudimens de ceste vie Chrestienne, qui consistent en l'extirpation des vices, il aspira quant & quant au comble d'icelle.

Ce-

Celui-là comme il estoit noble de race, estoit aussi d'vn courage fort genereux, & auoit par rencontre ouy GASPAR discourant de l'amour diuin à l'endroit des mortels ; quant soudain son ame par les discours de GASPAR enflammez de charité, prit vn tel embrazement, que tout bruslant d'iceluy il s'en vint droit à GASPAR, pour luy demãder combien Dieu donnoit d'amour à vn hõme mortel desireux d'aimer : auquel cõme il eut par les sainctes escritures remonstré les Magdaleines, les Pierres, & semblables prodiges d'amour ; cest homme attaché aux loix du mariage resolut de cercher & executer de toute sa puissance ce qui seruoit à cest amour, & non content de son salut, il desiroit le mesme à sa famille, qui suiuant l'exemple du maistre vint deposer vers GASPAR les pechez de la vie precedente ; & quant à son regard à grand' peine peut-il estre empesché par l'authorité du seul GASPAR de faire quelques offices publicqs de la demission Chrestienne, qui n'estoient pas conuenables à la dignité d'vn tel personnage, veu qu'il disoit que c'estoit encor peu pour obtenir

nir l'amour de Dieu, fi vn homme faifoit des chofes indecentes felon l'eftime des hommes, & fi on le iugeoit fol & troublé de cerueau. Ces fruicts & autres femblables fuiuoient noftre predicateur auec vn grand contentement d'efprit, qui certes eftoient en fi grand nombre, qu'il eft impoffible de les rapporter tous l'vn apres l'autre, tefmoing lui-mefme. Et afin que quelqu'vn attribuant plus que de raifon à l'induftrie humaine, ne defere ces effects admirables des fermós à vne longue preparation de GASPAR, il ne fera pas hors de propos de voir combien fouuent, voire comme quafi toufiours il eftoit occupé en predications. Ce luy eftoit chofe ordinaire de prefcher toutes les fepmaines cinq ou fix fois, fouuent auffi d'auantage, & quelquesfois tous les iours entiers fe paffoient en fermons differents, fuccedans mutuellement les vns aux autres, en diuerfes Eglifes, aux prifons, & auffi à la nobleffe mefme au Palais du vice-Roy, apres le repas; dont s'enfuiuoit vn grand fruict. A cecy furuenoient quafi les continuelles confeffions des penitens, les queftions & demandes de ceux

qui

qui se cōseilloient des cas de conscience, les visites des malades aux hospitaux, & autres presque innōbrables occupations, que c'est chose estrange qu'vn hōme seul ait esté suffisant à tant d'affaires. Mais veritablemēt c'est merueille combien peut la vertu & l'industrie voire d'vn homme seul, qui par les allechemens sensuels du corps ne se retire iamais de la grace de Dieu, ayant mesmement Dieu pour adju-
-teur.

Chapitre XIII.

La conuersion d'vn certain des premiers Brachmanes.

CE qui a esté dit iusqu'à present se faisoit auec les Portugais où les nouueaux Chrestiens: mais afin aussi qu'il meritast des Gentils, Dieu luy suscita ceste occasion. GASPAR, comme i'ay dit, estoit souuent aux prisons, & discouroit aux prisonniers ; entre lesquels par fortune estoit alors vn des premiers Brachmanes nommé Locu, de si grāde renommée parmy les siens, qu'on le nombroit entre les Princes de sa secte. Cestui-cy
secret-

secrettement escoutoit GASPAR quãd
il preschoit les Chrestiẽs. Parquoy ayant
opinion (comme il estoit vray) que cest
homme estoit separé de nostre religion,
il resolut de l'accoster, & le trouua enuironné de plusieurs Brachmanes, ausquels
s'estoit associé le fils d'vn autre principal
personnage nõmé Crisna ; alors GASPAR
se sentit estre diuinement excité à procurer leur salut : & ayant pris occasion sur
le sujet de leurs discours, on disputa long
temps de l'erreur des Brachmanes, & de
la secte des Gentils ; on prouua aussi ce
qu'ils desiroient leur estre confirmé touchant nostre foy ; par des comparaisons
propres, & des raisons tirées de la nature.
En fin ayant estez souuent conuaincus,
GASPAR les admoneste de prier Dieu
Pere de verité, que sa saincte volõté fusse
les illuminer ; il adiousta ensemble quelques poincts qu'ils deuoient secrettemẽt
examiner en eux-mesme. Ce fils de Crisna
ieune homme insolent, se mocqua de pri-
me-abord d'aucunes choses ; mais Locu
se monstra plus traictable, & preparé à
receuoir la verité : car deux iours apres il
enuoya au Recteur dire qu'il desiroit se

F faire

faire Chreſtien. A ce r'apport les Peres furent eſtonnez que ceſt homme vaincu au premier abord, s'euſt ainſi rendu à la verité : & auant toute choſe aiant rendu graces à Dieu, ils le luy recommandent, priant pour ſa cõſtance. Delà le Recteur s'en va le trouuer auec GASPAR, auſquels luy congratulant de ſa conuerſion, Locu reſpondit qu'il craignoit fort que quelqu'vn n'eut penſé qu'il eut voulu procurer ſa liberté par vne feinte & diſſimulée religion ; partãt qu'il deſiroit premierement, que gardant droict & iuſtice, on n'eut aucun eſgard à ſa conuerſion ; puis aiant ainſi parlé, il demanda le bapteſme, eſtant maintenãt aſſeuré (ce diſoit-il) qu'il n'y auoit que ceſte ſeule voye pour paruenir au ſalut, qui deuoit eſtre preferé à toute autre choſe.

Les Peres aiant loüé & confirmé le perſonnage en ſon deſſein, s'en vont vers le vice-Roy, & obtiennent aiſément du meſme d'emmener ce priſonnier auec toute liberté dans leur College, pour l'inſtruire aux myſteres Chreſtiens ; où le huictieſme iour apres y eſtre venu il auoit dés ores tant proufité, qu'il ſembloit pouuoir

uoir eſtre baptiſé. Cependant par l'aduis de GASPAR le Recteur auoit mandé à trois autres Peres du Collegé, ayant aſſigné à chacũ vn coadjuteur de leurs nourriſſons du pays, qu'ils trauaillaſſent à la conuerſion des Gentils; & entre ceux qui de ceſte peſche ont eſté pouſſez dans les rets, eſtoit vn nepueu de ce Locu, fils de ſa ſœur, & vn autre certain perſonnage des principaux d'entre eux. En fin apres qu'il eut ſemblé eſtre aſſez inſtruict, on trouua bon de le lauer des eaux ſalutaires du bapteſme, en la maiſon de S. Paul, auec les ceremonies ſolemnelles, enſemble auec ſa femme qui ores ſuiuoit volontairement l'authorité de ſon mary. On eſtima qu'il eſtoit important à la dignité de la religion Chreſtienne que ceſte ſolemnité ſe fit auec le plus grand appareil que faire ſe pourroit; partant l'Eueſque ne permit pas qu'il fut baptiſé par vn autre que par lui-meſme: & le vice-Roy fit tres-volontier le deuoir de Parrain (comme on appelle). Or toute la nobleſſe eſtant arriuée en noſtre Egliſe auec l'Eueſque & le vice-Roy, accompaignant d'vn chant celebre la predication conue-

nable

nable au sujet, au grand contentement de tous, mais principalement de celuy qu'on baptisoit. Il fut reçeu en la famille de Iesus-Christ, ensemble auec sa femme, & le fils de sa sœur. Ils nommerent (afin qu'on ne chāgea pas beaucoup le premier nom) Locu Luc, sa fēme Elizabeth, son nepueu Antoine. Ce qu'estant ainsi acheué, le vice-Roy & toute la noblesse auec plusieurs Brachmanes accōpaignerent d'vne pompe de caualerie les nouueaux Chrestiens, montez sur des braues cheuaux, à la maison de Roderic Gonsales personnage des premiers entre les Portugais. Cependant tout le monde tesmoignoit la ioye publique par le solemnel son des cloches, & par le bruit des canons, aiant parsemé les ruës de rameaux de palme; ce qui dura huict iours entiers pour la recommandation de nostre foy.

Le vice-Roy en apres (d'autant que le Roy de Portugal plus desireux d'estendre la foy, que ses limites, vouloit qu'on traicta ainsi les nouueaux conuertis) le mit en pleine liberté, l'aiant premierement comblé de beaucoup d'honneur, & d'immunitez; & le declara grand Tanadar,

dar, qui eſtoit la premiere dignité entre les ſiens. Pluſieurs ont attribué la conuerſion de ceſt homme à ſa liberalité enuers les pauures : car deuant qu'auoir embraſſé la foy, comme il eſtoit fort riche, & poſſedoit plus de ſix cent pardes de rentes annuelles, auſſi eſtoit-il quaſi prodigue, & liberal meſme enuers les Portugais. Par ſa conuerſion on a pris grande eſperance que toute ceſte iſle ſera bien toſt Chreſtienne : & certes pluſieurs des naturels du Pays diſoient, que les enfans ſuiuroient bien toſt l'exẽple du pere, tant il eſtoit eſtimé entre eux. Quant à luy, non cõtent de ſon ſalut, il diſoit ſouuent, qu'il en ameneroit plus à la foy Chreſtienne, qu'il n'auoit de poils au corps, Et l'euenement n'a pas trompé noſtre eſperance. Il n'y auoit iamais depuis ce tẽps faute de Catechumenes, deſquels ſouuent pluſieurs eſtoient arrouſez des eaux ſacrées du bapteſme.

Chapitre XIIII.
Le voyage de Gaspar *en Chalé.*

Cependant que par les ſueurs de Gaspar & de ſes compagnons

les affaires des Chreſtiẽs s'auancent ainſi à Goa, on apporte des triſtes nouuelles de la glorieuſe, mais cruelle mort du B. Xauier en Commorin : & les tourmens particulierement ſpecifiez y faiſoient adiouſter foy. Ce qu'eſtant entendu, tout à coup les pleurs & les pleintes furent ſi grandes à Goa, qu'elles ne fuſſent eſté telles pour la perte du commun Pere de tous. Ceſt accident monſtra plus qu'aucune autre choſe quelle eſtime les hõmes faiſoient du B. Xauier. On commença ſoudain à publier & faire cognoiſtre des œuures admirables que chacun auoit veu ou entendu de teſmoings dignes de foy : & ſe diſoit par tout qu'il falloit racheter ſon corps, gage futur de ſainĉteté aux Indes vniuerſelles, à quelque prix que ce fut ; & ſe trouua tel, qui eſtoit reſolu de deſpendre cinq mille ducats pour ceſt effect. Mais l'arriuée de deux Peres venans de ces lieux-là, ſçauoir le Pere Cyprian, & le Pere Emanuel Moralez) aſſoupit bien toſt ce bruit. Ceux-cy racontoient toutes autres nouuelles de Frãçois, qu'il eſtoit en Commorin, & auoit eſté reçeu des Chreſtiẽs auec tant d'appareil, qu'ils

ſem-

sembloient auoir voulu expreſſémēt imiter en le receuant l'entrée du Seigneur en la ſaincte cité de Ieruſalem ; aiant prodiguement eſpars des rameaux & eſtendu leurs veſtemens par les chemins qu'il deuoit paſſer. Et d'autant que ſeulement il n'eſtoit pas monté ſur vn aſne, ains marchoit à pied, l'aiant eſleué ſur leurs eſpaules, quelque reſiſtence qu'il ſçeut faire, le porterent en la ſaincte maiſon. Ces nouuelles comblerent vn chacū d'vne grand' ioye, & furent tres-agreables à toute la cité. Mais quād peu de temps apres reuenant de là, il le virent à Goa, lors il fut reçeu tout de meſme que ſi Dieu l'eut reſſuſcité pour le bien du publicq. Cependant tandis qu'il eſtoit encor abſent, affin que nous retournions à GASPAR, ſon Recteur l'auoit enuoié en vn Fort des Portugais nommé Chalé aux frontieres des Malabares, non loing de Calecut, afin de cercher là vn lieu propre pour vn College, tant pour inſtruire ceux qui ſeroient nouuellement admis en la Compagnie, comme pour eſtre fort propre pour aider ceux qui habitent és limites Malabariennes. L'occaſion de tenter ceſte entrepriſe

F 4   plu-

pluftoft que de la conduire à fin, s'eſtoit offerte telle que s'enſuit. Le Pere Antoine Gomez Recteur de Goa, par la priere du vice-Roy & de l'Eueſque s'eſtoit tranſporté vers le Roy de Tanor, qui auoit reçeu les principes de noſtre foy, pour l'inſtruire plus amplement aux myſteres ſacrez d'icelle. En ce chemin qui eſtoit par la frontiere des Malabares, pluſieurs auoient demandé beaucoup de Peres de noſtre Cōpagnie; mais ne pouuant ſatisfaire à tous, à cauſe du petit nombre des noſtres, le Recteur auoit trouué bō de baſtir vn College en Chalé, lieu tres-commode pour faire des courſes par tous les Malabares, pour en iceluy inſtruire les nouices tant aux perfections de l'eſprit, cōme aux lettres. Ce que voulant executer, il y enuoye GASPAR deſia aſſez cogneu & renommé par ſes predications, auec pouuoir d'ordonner & diſpoſer ſelon qu'il iugeroit eſtre à propos. GASPAR vint là, & outre les autres fruicts qu'il fit parmy les ſoldats Portugais, dans peu de temps il achemina ce deſſein ſi auant, qu'il ſembloit ſe pouuoir maintenant aſſez heureuſement cōmencer.

cer. Il auoit defia preparé vne maifon &
vn iardin proche de la riuiere, & iceluy
fermé de murailles, d'autant que ce lieu
eftoit tres-plaifant, & eftimé en vn air
fort bon, & fain. Il auoit encor impetré
pour aumofne 70. pardes de rentes tous
les ans. Mais cependant qu'il auance diligemmēt ceft affaire comme le Recteur
luy auoit commandé, Xauier furuint à
Goa, reuenant de Commorin : qui apres
auoir meurément confideré cefte entreprife, voyant qu'il y auoit encor faute
d'ouuriers, la iugea hors de faifon. Parquoy GASPAR qui eftoit auffi prompt
à laiffer, que diligent à executer (fi ainfi
on luy commandoit) vn affaire, foudain
quitta tout, prefque conduict à fa fin ; &
laiffant fon œuure imparfaict, retourna à
Goa auec le B. Xauier. De forte que s'il
reftoit à GASPAR quelque defir d'acheuer cefte entreprife, il le recompenfa
facilement par la compagnie du B. Pere.
Ce deffein eftant empefché, on tourna fes
penfées aux lieux voifins plus renommés,
qui donnoient efperance d'vne plus belle
& abondante moiffon.

F 5   CHA-

CHAPITRE XV.

GASPAR *ayant refusé la charge de Recteur, est enuoyé à Ormus.*

LE B. Xauier auoit desia entendu beaucoup de choses de GASPAR, & aussi, comme il estoit tres-subtil à recognoistre les perfections des autres, l'aiāt l'autre iour cogneu par son voiage, il auoit admiré le sainct homme, & en son ame le destinoit deslors à toute grāde charge. Or il auoit iusqu'à present quasi prouueu aux lieux plus importans des Indes. Mais le soing d'Ormus le trauailloit encor, auquel estant vn port & marché quasi despourueu de toute chose spirituelle, on n'auoit pas encor donné ordre; d'autant qu'il s'estoit reserué ceste charge. Le B. Xauier estoit de ces capitaines, qui non seulement n'enchargeoit à ses soldats plus de trauail, qu'il n'en prenoit pour soy-mesme: mais qui (comme Lucanus dit de Caton) pouuoit dire faites essay de vos perils par les miés. Car il auoit accoustumé de monstrer le chemin aux autres à tout ce qui estoit difficile,

cile, & fonder à l'auance tous les commencemens plus perilleux. Or ce qui luy faifoit rôpre ce fien deffein en la miffion Ormufienne, eftoit la penfée genereufe de la miffion du Iapon, & de la Chine, lefquels deux Royaumes il auoit defia deuoré en fon efperance & defir. Parquoy il prenoit garde à tous, pour voir qui de toute la compagnie pourroit promettre tant de force d'efprit & de corps qu'il eftoit neceffaire en cefte entreprife. Le Peré Antoine Gomez Recteur de Goa eftoit pour lors fameux predicateur. Parquoy il auoit refolu de l'enuoyer où à Die (vn autre Fort des Portugais, qui auoit affez befoing de fecours fpirituel) où à Ormus. Il auoit defigné GASPAR, qu'il fçauoit auoir fejourné iufqu'à prefent à Goa auec tant de fruict, pour Recteur du College. Et il efcrit cecy du voyage de Cochin (que i'ay dit cy deuãt) au Peré Simon. Parquoy eftant arriué à Goa auec GASPAR, il entreprend de mettre en effect ce qu'il auoit projecté; & aiant appellé GASPAR, il luy declare ce qu'il auoit refolu de luy ; ce qui luy arriua fi inopinement & à l'impourueu,

que

que d'eſtonnement il ne ſçauoit que reſpondre : en fin s'eſtant remis, ceſt homme tref-deſireux d'obeyr le refuſa de ſorte, comme ſi de ce ſeul ſujet eut depédu ſon ſalut eternel. Et auſſi quant il eſcrit de cecy, vſant d'vne merueilleuſe metaphore il dit ainſi : Le Pere François m'a voulu poſer ſur les aiſles de l'affliction, me donnant plus de charge que ie n'en pouuois ſupporter, luy à qui ie ſemblois pouuoir endurer tout. Voyla tu vois vn homme de tout poinct formé à la regle de noſtre Compagnie, qui auſſi par vn vœu particulier bannit toute ambitió de l'eſcolle de l'humilité. Xauier s'apperçeut facilement du troublement de ſon eſprit, & eſmeu comme il ſembloit par les raiſons de GASPAR, il differa pluſtoſt qu'il ne laiſſa ceſte reſolution. Alors GASPAR comme ayant obtenu trefues, commença fort & ferme à negotier auec Dieu, à ce qu'il luy pleut renuerſer ce deſſein ; mais il ne peut tant faire, que ce qu'il deſiroit le moins ne fut vn peu de téps en meſme eſtat : il fit toutesfois que peu de iours aprés Xauier le deliura de ceſte charge. Car Dieu, par le le conseil Eternel de sa Diuinité l'auoit destiné pour Ormus, au grand biende ceste cité. Mais luy destournant le succés de ce faict autre part, escrit ainsi : Partant ie me suis excusé vers le Seigneur, & à l'endroit du Pere François si long tēps, qu'il a recogneu la foiblesse de mes forces, & a osté le ioug duquel i'estois entierement accablé; toutesfois il n'arriua pas ainsi. Car Xauier ne le deliura pas de ceste crainte, pour se defier de ses forces; mais plustost admirant le personnage, il le iugea premieremēt digne de la mission d'Ormus, quand il eut faict vn tel essay de la profonde humilité de son ame, lequel peut estre auparauant, pour ne luy estre assés cogneu, il iugeoit ne deuoir estre opprimé d'vne si grande charge qu'estoit celle du Royaume d'Ormus. Car ce n'estoit pas moins, ains beaucoup plus d'aller à Ormus que de demeurer à Goa; adoucir des hommes du tout effrenés, que gouuerner des freres tres-saints. Mais en verité, il y a quelque chose en l'honneur que tous les saincts fuyent ; & en la croix & au trauail qu'ils embrassent. Maintenant GASPAR exempté

de

de ceste peur, auoit toutes ses pensées à commencer le voyage du Iapon auec Xauier, & Xauier aussi ne desiroit pas moins cela mesme que Gaspar : peut estre panchans tous deux au desir d'vne mesme chose par la sympathie de leurs mœurs. Mais ainsi que les hommes se sont en vain efforcé de destourner le voyage de Xauier aux Indes; de mesme aussi il falloit que la volonté de Dieu fut faite de Gaspar; laquelle celuy descouure aux Recteurs, pour le bien de leurs subiets, qui a dit : *Qui vos audit, me audit*; qui vous escoute, il m'escoute. Parquoy Xauier ayant appellé à soy Gaspar plein d'esperance du voyage du Iapon, luy parle ainsi : I'auois deliberé, mō Pere, ores de vous establir sur-intendant de nos confreres, ores de vous emmener auec moy au Iapon ; mais ie cognois qu'il n'y a rien de tout cela agreable à Dieu, par le conseil duquel (que selon mon auis vous prendrés pour diuin) vous estes appellé à Ormus; mais toutesfois non que pour cela ie desire que vous mettiés en oubly le voyage du Iapon. I'y vay à la verité maintenant auec peu de com-

Luc. 10.

compagnie, mais fi Dieu remplit nos filets, i'en donneray auis aux confreres, affin qu'ils viennent au fecours, defquels affeurez vous que vous ferez le premier. Cependant vous vous exercerez à l'auance par les labeurs d'Ormus pour les combats du Iapon, & vous adoucirés le defir du Iapon par vne miffion fi importante, que i'eftime plus que le Iapon mefme.

Il eut en ces nouuelles dequoy s'attrifter, mais il n'y trouua rien à refufer, d'autant qu'il eftoit appellé non aux honneurs, mais aux labeurs. Parquoy ayant reçeu commandement de fe preparer au voyage, foudain il commença à fe porter de cœur & d'ame, d'Ormus en la Carmanie, Perfe, Armenie, & parmy tous les amas des Sarrazins, & fe promettre plus affeurément d'iceux tout ce qui fe pouuoit efperer du Iapon. Mais vn feul foucy, fçauoir de l'obedience, tenoit GASPAR en peine, ayant ja fes efprits occupés d'Ormus vers les Sarrazins. Parquoy luy qui defiroit fi ardemment d'obeyr, affin qu'il n'entreprit rien de fon propre mouuement, demande à
Fran-

François, que si d'auéture quelque flotte naualle, ou quelque armée des Portugais alloit de là en Asie, ou en Afrique, lesquels il peut accōpaigner, s'il iugeoit qu'alors il le pourroit faire pour la gloire de Dieu. Le B. Xauier cogneut aussi tost, iugeant de GASPAR par soy-mesme, que ceste demande procedoit d'vn desir affectionné du martyre : parquoy il luy commande estroctement, & en vertu (comme on dict) de saincte obedience, encor mesme que le Recteur de Goa, ou le Vicaire, ou quelque autre que ce soit, luy en donna licence, qu'il n'eut pour quelque euenement que ce fut, à sortir de l'Isle de trois ans entiers, sans son exprés commandement. Icy GASPAR resta estonné, & se submettant à l'obedience, reçeut ce commandement comme s'il fut esté relegué pour trois ans en vne tres-estroite prison. Car vne si petite Isle n'estoit qu'vn tres-petit serrail, à vn courage si grand & genereux. Il le supporta neantmoins, sçachant bien qu'obeyssance vaut mieux que sacrifice. Mais le B. Xauier ne donna pas ceste seule instruction à GASPAR ; il auoit ainsi

accou-

accoustumé de prouuoir ceux qu'il enuoyoit arriere de foy d'aduertiffemens
falutaires, comme de contre-poifons
contre le venin des vices; lefquels bien
qu'ils foient dignes de toute memoire,
nous delaiffons, d'autant qu'ils font efté
racontez par Horace Turfellin.

Chapitre XVI.

Ce que Gaspar *a fait au voyage d'Ormus.*

AVANT que GASPAR partit de Goa, il s'en va trouuer l'Euefque, affin que par fon heureufe benediction le voyage fut bien commencé. Lors l'Euefque fort ioyeux qu'on enuoya quelqu'vn à Ormus pour fecourir la cité, & encor plus de ce qu'on enuoyoit GASPAR, fçachant affés de quelle au-thorité il auoit befoing pour ceft effect, partage auec luy fa puiffance, telle qu'il l'auoit receuë du fouuerain Euefque de Rome, fans en excepter du tout rien; il adioufte quant & quãt des lettres pleines de recommandation & d'authorité, par lefquelles il mandoit qu'ils euffent tous

à le

à le receuoir auec autant d'honneur, que si c'estoit sa propre personne. Ce qui a souuent seruy à GASPAR en vne tresmeschante cité; encor que pour le regard de l'honneur, il le modera tellement par sa modestie, qu'il ne permit iamais que les Ecclesiastiques luy cedassent en rien; se seruant tousiours d'iceux pour le secours des ames, & non pour sa gloire propre. Sur la fin donc de May de l'année 1549. GASPAR auec son compaignon Raimond Pereira s'achemine de Goa à Ormus, huict iours seulement deuant que le B. Xauier s'en alla au Iapon, enuiron demy an aprés son abord à Goa. Au nauire se ressouuenant des preceptes de Xauier, & de son deuoir; les iours de feste il preschoit les nauigeans, tous les iours aussi il expliquoit les articles de la doctrine Chrestienne aux esclaues, & aux enfans, recitoit publiquement les Letanies, chacun luy respondant; & les Samedis on adioustoit aux Letanies à l'honneur de la Mere de Dieu le *Salue Regina*. Mais le Ieudy de la grande sepmaine (comme on dict) sur le soir, la priere ordonnée pour les penitens qui se fouëttoient,

toient, efmouuoit tous les catholiques à pieté, & les Sarrazins & Gētils qui eftoiēt là prefens à eftonnement. Et auſſi ce ne fut pas ſans proufiter auec eux: car quelques vns furent conuertis, & baptiſés; quant aux catholiques felō la couſtume, ils effacerent quafi tous leurs pechés par le Sacrement de penitence. Et d'autant que c'eſt choſe chreſtienne & religieuſe de faire & ſouffrir beaucoup, la moiſſon n'eſtoit pas moindre pour patir que pour agir. La nauigation en deux mois fut en tout de cinq cēt lieuës, pendant leſquels il y eut beaucoup d'incōmodité pour la faim & la ſoif, & beaucoup de peril à l'endroit de la mer de Mecque: mais toutesfois ayāt Dieu pour guide ils paruindrēt ſains & ſaufs au port. Ce fut à Calaiate, au frōtieres maritimes de l'Arabie heureuſe, ou les dattes ne leur manquerent pas, & à deux lieuës de là eſtoit vne riuiere, qui donna prouiſion d'eauë douce.

Ce lieu frequenté des Arabes donna enuie à Raimond Pereira d'y demeurer: ce qu'ayant communiqué à GASPAR, & demandé licence pour ce faire, GASpar le refufa, d'autant que ceſte ardeur & ce boüillāt deſir reſſentoit (comme il dit) ſon nouice; à ceſte occaſion, du depuis en vne certaine epiſtre il fait vne diſgreſſion, & nous auertit, qu'eſgarez par vn eſprit eſtranger, nous prenions garde de ne vouloir plus ſçauoir que la volonté de nos ſuperieurs. Car les noſtres dés leur entrée en la Compagnie, comme en toute Religion floriſſante, ſont ainſi inſtruits, affin qu'ils s'offrent aux Recteurs comme des cires molles, des corps morts, & des baſtons de vieillard, affin que par ce moien renonçant à leur propre deſir, ils acquierent plus aſſeurément la volonté diuine.

Partant encor de là ils vindrent à Maſquate, autre port de la meſme frontiere. Ce port eſtoit comme vn aſyle d'hommes tres-meſchans, où des Indes accouroyent tous les eſgouts des homicides, & ſemblables criminels. GASPAR trouuant icy le repos d'vn iour, croiant qu'il ne falloit demeurer oiſif, par la priere du lieutenant de ceſte frontiere fit vne predication aux Portugais, qui auoyent diſpoſé pour ceſt effect, ſelon

lon que le temps leur permettoit, des rameaux d'arbres pour faire ombrage. Et il s'en trouua là, qui à l'accouſtumée, cóme il deſcendoit de chaiſe, ne manquerẽt pas de le prier de vouloir preſter l'oreille à ceux qui ſe vouloient confeſſer; leſquels il oüit benignement, & guerit des vlceres inueterés de pluſieurs années: & le nombre de ceux qui deſiroyent ſe confeſſer fut ſi grand, que le lieutenant obtint par prieres du Pilote de GASPAR d'arreſter encor vn iour. C'eſt merueille aprés combiẽ GASPAR s'eſtimoit heureux & ſe reſiouyſſoit auec Dieu, combiẽ ſans fin il rẽdoit graces au Seigneur pour eſtre arriué à ce port ainſi deſgarny de toute prouiſion celeſte, où ſi à propos il pouuoit ſe ſeruir de la puiſſance que l'Eueſque luy auoit donnée. Icy le General auoit conuié GASPAR en ſa galere; mais afin que laiſſant ſon Patron, il ne ſembla cercher vne plus graſſe cuiſine, il aima mieux demeurer en la barque. Pour fin, concluons ceſte nauigation par le beau fruict qu'il a icy en paſſant ſemé à Maſquate, qui bien qu'il ne ſoit venu à maturité que par aprés, me ſemble

G 3 neant-

neantmoins plus à propos deuoir estre icy produit.

Il y auoit vn homme à Masquate que GASPAR auoit bien ouy en cõfession, mais pour iustes causes non absout. Et bien que le coulpable les ait par aprés declarés, il n'est pourtant pas besoing d'en faire le recit. GASPAR luy commanda de s'occuper tous les iours à certains exercices, par lesquels, & principalement par la meditation de la mort il proufita si bien dans peu de temps, que cest homme guerrier, & fort riche, desira estre enrollé en la Societé, & estre compaignõ inseparable de GASPAR, comme S. Luc de S. Paul. Il pouuoit luy estre vtile, premierement pour la cognoissance des langues, & puis pour la grandeur de son courage, duquel poussé, il disoit souuent qu'il se laisseroit mesme de bon cœur griller & rostir auec GASPAR. Voyez ce que peut la vertu aux cœurs des hommes: car, tout ce que les personnages doüez de telles vertus disent, Dieu aidant aux essais de ses seruiteurs, demeure profondement imprimé dans les tables de chair du cœur, non

auec

auec de l'encre, mais comme parle l'Apoſtre, par la force de l'eſprit de Dieu viuant. GASPAR aiant entendu cecy, inſtruit ce perſonnage en l'inſtitution de noſtre Societé, & depuis l'ayant par lettres appellé de là à Ormus, le renuoya au College de S. Paul à Goa. Or ceſte hiſtoire meritāt d'eſtre puiſée de ſa meſme ſource, nous renuoyons le lecteur aux lettres qu'il en a eſcrit luy-meſme. Aiant en ceſte maniere effectué tout cecy à Maſquat le troiſieſme iour, il leua les ancres & arriua (comme i'ay dit) aprés deux mois paſſés depuis ſon depart de Goa, à Ormus.

Fin du premier Liure.

LIVRE DEVXIESME
DE LA VIE DV P. GASPAR BARZEE BELGE.

CAPITRE I.
Description de l'Isle d'Ormus.

NOVS auós iusqu'à present descript les escarmouches & legers assauts de GASPAR, maintenant en ce liure nous raporterons ses batailles rengées, & iustes combats, non seulement auec les diables, & toute sorte de vices, mais encor auec la mesme nature. Et il faut premierement parler de ce dernier, afin que la nature du lieu, comme la carrierre ou GASPAR fait sa course, nous estãt cogneuë, la vertu de l'excellent Athlete vienne à reluire & esclater aux yeux d'vn chacun.

Ormus est vne Isle, & la mesme vne ville,

ville, & vn abord tres-fameux de toutes marchandises. On dit que l'Isle (que les habitans du pays d'vn autre nom appellent Gerum) située au destroict du gouffre Persique, & au vingt & septiesme de l'eleuatiõ du Pole, est distāte de l'Arabie heureuse douze lieuës, du continent de Perse deux, & de quatre de la Prouince de Caramanie. Elle obeyssoit anciennement à la Caramanie, & on en voit encor des marques en la Metropolitaine nommée Ormus, maintenāt elle a son Roy, & iceluy non de peu de puissance, soit pour la possession de l'Isle, ou des lieux circõuoisins. Elle est petite, & n'a pas du tout quatre lieuës de circuit. Et certes ie ne sçay si en toute l'estenduë de la terre il se pourroit trouuer vne ville, en laquelle (l'art surmontant la nature) les richesses soyent ainsi iointes à la pauureté, l'abondance à la sterilité, & la commodité auec l'incommodité. Les plus grandes commodités sont celles cy : deux ports desquels on porte toutes les autres commodités en la ville; l'vn à l'Orient, l'autre à l'Occident; que la nature a fait de chaque costé auec vn abry tres-commode,

G 5   pour

pour donner retraicte asseurée aux vaisseaux chargez abordant de toutes les côtrées du môde. A ceste occasion il a esté faict là vn marché de toutes les marchãdises qu'on apporte ou de l'Orient, ou de l'Occident, voire mesme du midy, comme de l'Armenie, de la Perse, & Parthie. Et pource y à-il vne diuersité merueilleuse de gens, & telle, qu'elle ne se voit peut estre plus grande en aucun lieu du monde. Plusieurs Européens, Russiens, Polonois, Hongres, Venitiens, Portugais; de l'Asie des Turcs, Sarrazins, Armeniens, Arabes, Indois; de l'Afrique des Abyssins, & tous ceux qui habitent enuiron la mer rouge. De tous ceux-là viennent les richesses & tresors quasi incroiables des marchans; & de ces richesses l'ornement admirable de la ville; tellement que les habitans du lieu ont acoustumé de se glorifier (& non sans cause, selon le iugement des estrangers) que si le monde estoit vn anneau, qu'Ormus en seroit la pierre precieuse. De l'abondãce de ces mesmes richesses viennent les delices aux allechemés de gueule, & autres ornements; bref encor qu'il n'y ait rien
en ce

en ce lieu, on peut neantmoins dire que rien n'y defaut.

La nature eſtāt là quaſi en perpetuelle diſſention auec l'art, a recompenſé à peu prés d'autant de maux, ces ornemēs quaſi de toutes les villes que l'induſtrie a ramaſſés à Ormus. La chaleur en premier lieu y eſt ſi vehemēte que tout y ſemble bruſler; elle n'eſt en aucun autre endroit ſi grande, non pas meſme ſoubs l'Equateur; ce que certes peut ſembler eſtrāge, veu que ceſt Iſle eſt ſituée hors des Tropiques ſoubs la Zone temperée. Ils en attribuēt la cauſe, par ce qu'ils n'en trouuent pas de meilleure, à vne ſeichereſſe incroyable de la terre, encor qu'il ſoit plus aiſé de perſuader que la ſechereſſe vienne pluſtoſt de la chaleur, que la chaleur de la ſechereſſe. La ſiccité donc eſt auſſi grāde, qu'eſt celle de pur ſel & ſoulphre, deſquels deux toute l'Iſle peut ſembler eſtre compoſée. GASPAR aſſeure que les riuieres meſmes, l'eſté s'vniſſent en ſel, comme en glace l'hyuer en la Zelande & Hollande; de là il ſe faict des mōceaux de ſel, auſquels, ſi vous en oſtez quelques vns, il en reuient ſoudain d'autres.

tres. L'Acrimonie de ce sel est si grande, qu'il rôge à peu prés toute la chair qui en est salée, & il n'y a pas moindre abōdance de soulphre. On dict qu'autresfois elle a bruslé & ars sept ans entiers, & on dict n'y a pas long temps vne montaigne y auoir esté enflāmée. Auiourd'huy le sommet des monts de couleur de feu, ou ressemblant à la chaux, semble confirmer cest embrazement. A l'ardeur presque intolerable prouenant (comme iay dict) de ceste siccité l'art a accoustumé de remedier tellement quellement, en ceste façon. Dans les premieres sales des maisons on faict des bains d'eau froide; estāt dans iceux comme dans des coutils liquides iusques au col, & faisant de necessité delices, il y passent toute la nuict, tant pour temperer l'ardeur extreme, cōme pour prouoquer le sommeil. Alors que les tremblements de terre suruiennent à ces incommodités, lors principalement ils representēt les enfers. Ils sont fort grands & frequents, & dans peu de mois que GASPAR sejourna là au cōmencement, l'Isle trembla espouuantablement huict ou neuf fois.

De

De toutes ces causes prouient vne sterilité si grande de toutes choses, que si vous dictes que tout ce qui est necessaire pour l'entretien de la vie humaine defaut là, vous l'exprimerés mieux que de nier qu'on puisse là trouuer des herbes, arbres, oiseaux, eau potable; tant s'en faut qu'il y ait du vin, des bleds, des bestes sauuages, & autre chose semblable. Tout cela est quasi apporté de dehors, si ce n'est qu'ils attédēt vn peu de pluye des nuës auares, laquelle ils reçoiuent dans leurs cisternes, & gardent plus curieusement, que ne font les Portugais le vin dans les tonneaux. Tout cela pourroit suffire à desoler vne ville pour frequentée qu'elle fut. Mais ceste auarice ingenieuse qui n'est pas moins puissante à peupler, qu'à destruire les cités, a apporté aux miserables mortels ou le remede, ou le mespris de tous ces maux. Pour la fin ie ne puis oublier vne chose du tout admirable en cest Isle. Il y a peu de palmiers en vn petit coing de l'Isle ou le sel n'a encor pris entrée. Ces arbres portent du fruit qui ne meurit du tout point, s'il n'est touché du rameau d'vn autre palmier,

mier, mais sterile, ce qu'estant oublié les fruits tombent deuant qu'estre paruenus à leur maturité; de sorte certainement qu'en son espece ceste cy peut estre estimée la verge de Mydas.

Chapitre II.

Gaspar *entre en Ormus.*

Gaspar vint en ceste ville enflāmé d'vn plus grand feu que celuy duquel la ville brusloit aux plus grandes ardeurs du soleil irrité. Parquoy non autrement qu'il se fait ordinairement de la lumiere, le moindre embrasement faisoit place au plus grand. Aussi tost que le nauire vint en veuë de la cité, on entendit quant & quant qu'vn Pere de la Compagnie de Iesus, ou comme disent les Portugais, (d'vn nō certes pieux & gratieux) vn Apostre approchoit; Il y auoit des gēs disposés au port, pour donner auis au vicaire & aux autres de son arriuée. Car Iean Albuquerque Euesque de Goa, & tres-amy de la Compagnie, & sur tous de Gaspar, l'auoit preuenu par dès lettres enuoyées en ce lieu, par lesquelles le
loüant

loüant pour sa doctrine & eloquence, & ce qui est l'ornement de tous les deux, pour l'integrité de sa vie, il mandoit que GASPAR fut reçeu non autrement que si ce fut esté luy mesme. Parquoy deuant qu'ils descendissent au port, deux barques auec grand effort des galiots, (vous eussiés dict qu'ils combatoient pour le prix de la vistesse) volloient vers le nauire arresté au canal. Dans l'vne Tritanus Dorta capitaine des gardes du Roy d'Ormus, amy des Portugais, enuoyoit à GASPAR vn somptueux banquet ; dans l'autre estoit porté le Vicaire auec tout le clergé pour saluër GASPAR : si tost que GASPAR l'eut veu auec son compagnõ fleschissant le genoüil il luy baise la main droite qu'il auoit saisie. La modestie du Pere fut remarquée non sans admiration, qui encor qu'il vint auec tãt d'authorité de l'Euesque, portoit neantmoins tant d'honneur au Vicaire. Apres l'ayant reçeu dans sa barque, il le mena à trauers de la ville en la citadelle des Portugais, au gouuerneur, (c'estoit lors Emanuel de Lima, du depuis grãd admirateur de GASPAR) quasi auec vne pompe solemnelle

lemnelle de fupplians, accompagné de tout le clergé. Il fut reçeu d'iceluy, & felon la courtoifie d'Emanuel, & felon la volonté de l'Euefque. Ayans puis acheué les deuoirs de biẽ-venuë, on commença de traiter de la demeure de GASPAR, & le gouuerneur & le Vicaire commencerent à difputer officieufement chacũ d'iceux debatant à qui auroit GASPAR pour hofte. Mais GASPAR aiant humblement remercié l'vn & l'autre appaifa ce different; difant que quand ainfi faire fe pouuoit, la maifon des Peres de la Cõpagnie eftoit la maladerie; que ce feroit auffi la fiéne, qu'il n'y auoit point de fort plus propre pour vaincre les vices, & pour fe garder. Cela fembla du commencement indigne ; mais la conftance du Pere combatit auec les deuoirs & officieufes courtoifies des hõmes tref-amis iufqu'à emporter la victoire. Parquoy le lẽdemain (car à force d'importunes prieres, on obtint de luy la premiere nuict) eftant emmené à l'hofpital par le vicaire, il remplit tous les bons d'eftonnement & d'efperance, qu'il eftoit venu vn homme qui par la fainéteté de fa vie r'appelleroit

roit la cité abandonnée & defefperée au chemin de falut.

CHAPITRE III.
En quel eftat GASPAR *trouua la ville d'Ormus.*

LEs cōmencemēs rapportés auec leur fin declarent à peu pres les defauts & l'auancement des chofes. Parquoy afin qu'on puiffe voir combien GASPAR a proufité à Ormus, il faut dire en quel eftat il trouua la ville. Et peut eftre il ne fembloit pas auoir moins fait que celuy qui mourant laiffa autant d'infidelles, qu'il côtoit de fidelles quand il fut faict Euefque. Or nous auons defcrit au premier chapitre la ville, nous auons referué les mœurs pour ceft endroit. Ce qui a efté à prefent dict d'Ormus, (fans qu'aucun en parle d'auantage) monftre quafi affés ce que j'en diray. Car vn vil amas d'hommes n'a pas accouftumé d'eftre fans vn amas de fectes; ny l'abondance des delices, fans abondance de vices; ny les tas de richeffes, fans auarice, & iniuftice. Mais toutesfois à Ormus non feulement

H regor-

regorgeoit tout ce qu'ordinairement se retrouue autre part, mais encor y regnoit vne certaine insolente inoüye & incroiable (ie n'adiouste rien) liberté de pecher. Veu mesme que la coustume de mal faire auoit osté aux vices leur difformité, & leur nom ordinaire. Le Roy d'Ormus estoit en ce temps ieune, & tributaire du Roy de Portugal Iean troisiesme, & fort amy des Portugais, qui pour garder le leur, & exempter leur commerce de toutes iniures, auoient, partie bon gré, partie mal-gré les Roys voisins & souuēt vaincus, basty vn fort ja passé long tēps. Et auoient en iceluy vne garnison de sept cent hommes, la plus part de leur natiō. Le peuple subiect au Roy, comme i'ay dict, diuersement ramassé, auoit premierement introduit vne grande varieté de sectes. Car non seulement chacun viuoit là selon sa fantasie; mais encor chasque superstitiō estoit publiquement honorée & reuerée de ses ceremonies. Les Gentils du pays, & les estrangers, chacun en diuerse façon honorant les songes de leurs Dieux, auoient le Lundy pour feste. Toute la ville puoit de l'ordure des Iuifs;

entre

entre iceux estoient les restes de la captiuité de Babilone,(car Babilone qu'ils appellét auiourd'huy Bagnadad,n'en estoit pas fort esloignée) & les fugitifs d'Europe; à iceux estoit permis leur sacré Sabath. Le Vendredy, qu'on passoit en crieries enragées, auoit pleu aux Turcs, & à tout l'esgout des Sarrazins & Mahometans, les resueries desquels estoiēt tenuës pour Oracles. Bref il y auoit fort peu de Chrestiens d'effect, encor que plusieurs de nom; & iceux ou Grecs, ou Armeniés; des Abyssins aussi ; & des Heretiques Polonois, Russiens, Hongres, lesquels bien qu'ils fussent tous differés d'opinion & de teste, vouloient neantmoins estre estimés Chrestiens. Or ceux-là n'obseruoient aucun iour de feste, si ce n'estoit le seul Dimanche. En apres y auoit peu de Portugais, & quelques autres, ou Italiens, ou Allemans, si vous exceptés la foy, de riē quasi meilleurs que les autres: encor qu'en la Foy ils ne sçauoient ce qu'ils croyoient;& en cela aussi pires que tout le reste, qu'il n'y auoit cult d'aucune secte plus mesprisé & auily, (ô douleur!) que le vray seruice de IESVS-CHRIST.

CHRIST. Les mariages, ou les paillardises qui se cōmettoient indistinctement par tout auec les femmes Sarrazines, faisoient que la negligence insurportable des parens auoit attiré les enfans plus semblables aux meres qu'aux peres, à des mœurs estrangers : le gain qui prouiēt d'vsure, estoit d'vn homme d'affaire, & bon mesnager ; tout espece de luxure s'y voyoit ; vous diriez que c'estoit la Ponyropolis du Roy Philippe, en laquelle il auoit commādé estre renfermé tout ce qu'il y auoit au monde de vice, & de meschanceté. Certainement GASPAR ose asseurer qu'il n'y a, ou qu'il n'y eut iamais nation plus desesperée, en laquelle tous monstres d'horribles crimes se fussent ainsi r'assemblez ; dequoy ie ne dis rien d'auantage : car la maladie se manifestera à ceux qui liront plus bas, par les remedes appliqués à la guerison. Quel courage pensés vous qu'eut icy nostre GASPAR ? il luy arriua de mesme que quand il fut entré au nauire des Indes; vne certaine desfiance saisit son esprit, & vn desespoir de pouuoir rien proufiter. Car ce luy estoit chose ordinaire entrepreprenant quelque grande chose pour la gloire de Dieu, de commencer tousiours par la défiance de soy-mesme, qui d'autant plus qu'elle descendra dans l'abysme de la cognoissance de soy-mesme, esleuera d'autãt plus haut le courage capable de tout faire au nom de Dieu, qui le renforce. Parquoy il ne luy restoit quasi plus de courage si ce n'est, pour les larmes, auec lesquelles il déploroit tant de maux. Parquoy se tournant vers Dieu auec des grandes pluies de larmes, il pesoit le mespris de Dieu, & les iniures de sa Deité offensée. Apres pour punir & à l'exemple de IESVS-CHRIST, rendre ce qu'il n'auoit pas desrobé, il commença seuerement à vser de cruauté à l'endroit de soy-mesme, se battant de verges, vestant le cilice, ieusnãt, veillant, & par toute autre sorte d'austerité; à quoy entremeslãt des parolles pleines d'amour, il taschoit d'impetrer amiablement de la Diuinité offensée du secours pour soy & de la misericorde pour les autres. C'estoient là les armes, c'estoient les exercices de nostre champion qui deuoit bien tost marcher en bataille, qui aussi tost qu'il se sentit armé

H 3

mé de la vertu d'enhaut, maintenant autant courageux que l'autre iour craintif, desfioit hardiment au combat toutes les troupes d'enfer, & les armées des vices. Mais sçachant bien que l'ordre est le maistre des entreprises, il eut soing principalement de ne rien faire confusément. Ce qui est d'autant plus admirable en ceste ardeur & en ceste diuersité de vices, pendant laquelle tout autre, emporté de violence, eut peu faire tout, & ne parfaire rien. Il y auoit comme i'ay dit à Ormus diuersité de sectes, il resolut pour faire plus grand despit au diable d'attaquer chacune d'icelle le iour de sa feste. Parquoy il assigna le Lundy aux Gentils; le Vendredy aux Sarrazins; le Samedy aux Iuifs, & le Dimanche & autres iours aux Chrestiens, & principalement aux Portugais, qui auoient esté recommandés par François. Nous suiuans les mesmes traces, tiendrōs le mesme ordre en disant, qu'il a tenu en faisant. Nous dirons aussi ce qu'il a faict auec chacun d'eux, & ce qu'il a auancé. Et premierement certes nous poursuiurōs ce qui a esté accomply auec les Chrestiens, comme ceux desquels

quels GASPAR a eu le premier soing. Et d'autant que ce traicté est assez long, il sera divisé selon la disposition du mesme GASPAR : car bien qu'il attaqua generalemẽt tous les vices, neantmoins cõme ayant à se battre en duel, il les cõbattoit chacun separément.

CHAPITRE IV,

Il instruict les habitans de la ville abysmés dans l'ignorance des choses divines.

PARMY les autres maux de la cité, l'ignorance des choses divines d'auenture estoit aussi tres-grossiere à Ormus. Car encor qu'il y eut quelques Prestres, ceux-là toutesfois n'estoient pas plus sçauans que les autres, ou tels qu'ils estoient ne pouuoient endurer le trauail en ceste ville, où il falloit tant souffrir d'incommodité, qu'il sembloit que c'estoit plus qu'assés de patir, sans agir. Il faut adiouster que quelques-vns d'iceux auec les richesses auoient rejetté le soing de leur salut, & à plus forte raison celuy des autres. Il est bien vray que nul autre predicateur de la parolle de Dieu

Dieu n'auoit deuant GASPAR monté en chaise pour la troisiesme fois. D'où procedoit qu'auec les broüillars des sectes de ces gens s'estoient meslées & coulées de si espaisses tenebres, que vulgairement les Chrestiens mesme estoient esblouys à la splendeur de la croix, (que depuis les Sarrazins ne pouuoient seulement supporter des yeux). Parquoy les disciples de la croix auoient publiquemēt honte de leur maistre crucifié, & tenoient à des-hōneur ce que les Sarrazins & Iuifs à chaque propos mettoiēt en auant pour iniure; & maintenant s'ils eussent peu, ils eussent nié IESVS-CHRIST, (que l'Apostre coghoissoit seul crucifié) auoir esté attaché à la croix. Ce que GASPAR ayant recité, non sans douleur, il s'escrit ainsi: mais quāt à moy, qu'il ne m'aduienne de me glorifier, si ce n'est en la croix de nostre Sauueur IESVS-CHRIST. Or deuant qu'il conduict le peuple Chrestien de ces tenebres en la terre de Gessen, où estoit la lumiere, voyant combien il auroit vn cruel combat auec ce Pharaon infernal, il commença par où Xauier auoit accoustumé de faire & d'enseigner.

feigner. Car fe retenāt les premiers iours dans la maladerie, il ioignoit le mefpris & la demiſſion de foy-mefme, auec vne infigne charité. Il feruoit en l'hofpital aux malades, dreſſoit les licts, balioit les chambres, lauoit les linges, & defcendoit à toute chofe vile & abiecte.

En apres comme deuenu plus hardy, il s'en alloit aux prifons publiques; il faifoit cecy, & non autre chofe durant quelques iours, n'eſt qu'il ne laiſſoit pas le foing de la priere, dont nous auons parlé cy deſſus. En quoy certes il femble auoir imité ceux qui entreprennēt d'aſſieger quelque ville. Car iceux ayant commencé leurs gabions hors de la portée du canon, ils les tournent & roulent ainfi, iufqu'à ce qu'ils s'aprochent des foreteſſes des ennemis. Maintenant donc GASPAR fe couurant de fa modeſtie, comme foubs le filéce de la nuict auançoit les gabions, quand il fonne la trompette; mais du tout admirable! vne clochette feruit à ceſt homme de trompette. Car d'vn deſſein iufqu'à lors inoüy en ceſte cité, il marche par les ruës, & d'vn appeau merueilleux faict election des enfans, & des

plus

plus grossiers, pour combattre l'ignorance mesme, & toutesfois non sans exemple de la mesme sapience, appellant à soy les Apostres ignorans à vne mesme intention. On court soudainement comme à quelque spectacle ridicule & pueril. Alors le pere, partie par douces parolles, partie par petits presens, appriuoise les enfans, & leur fait quitter la honte, pour parler. Apres il leur enseigne à faire le signe de la croix; & leur monstrant comme il faut faire, il les prie de se seigner tous; il loüe leur esprit; puis entreprenant leur apprendre l'oraison Dominicale, la salutation angelique, le symbole de la foy, les commandemens de Dieu & de l'Eglise, & affin qu'il leur ostast la fascherie d'apprēdre par le plaisir, il commēce à chanter le premier d'vn air facile, commandant aux autres de le suiure. Bref le sainct Pere s'addonnoit à bon escient à cecy, & autres semblables occupations, que la charité, l'humilité, & le sainct esprit luy inspiroit. Et il n'est pas aisé de croire combien de grandes choses il a conduictes à fin par ceste poignée d'enfans, ou quel accés il s'est par
ce

ce moyen facilité vers les plus grands.

Ceste chose a surpassé l'esperance non seulemēt des autres, qui n'eussent iamais attendu vn si grand arbre, d'vn si petit grain de moustarde, mais aussi celle de GASPAR. En verité, Dieu tout puissant & tout bon, a tousiours fauorisé & aidé à l'instruction de ces ames grossieres: mais à Ormus il luy a donné tant de lumiere & de splendeur, que les nuées pestilentes des coustumes profanes qui dés long tēps auoient enueloppé la cité, ont esté aisément dissipées au leuer de ce soleil : car ces enfans, le chant aidant leur memoire, ou les incitant d'apprendre, n'apprindrent pas plus volontairement qu'heureusement les mysteres de nostre foy, & les commandemens de nostre loy. Et deslors les chansons profanes commencerent à se changer en hymnes sacrés & pieux en tous lieux par la ville, aux maisons, aux salles, & places publiques, au lieu des parjures & blasphemes. Car l'institution quotienne de GASPAR auoit tellement diuulgué la chose, qu'il acheua dans peu de iours, ce qu'à grand' peine il auoit esperé pouuoir

par-

parfaire en vne année. Pleut à Dieu que les villes Catholiques fissent leur proufit par tout d'vn exemple si salutaire! on pourroit esperer autant de changement de mœurs, comme par les sales chansons, & les parolles que l'Apostre ne vouloit pas seulement estre nommées entre les Chrestiens, on voit de corruption, au grand regret de toutes gens de bien. Et le fruit ne s'arresta pas aux enfans qui sont la pepiniere de la republique. GASPAR les ayant instruits, de disciples estant deuenu Docteurs, ils enseignoient leurs seruiteurs, voire leurs parens mesme, qui auoient maintenant honte de leur ignorãce. Celuy qui auoit fait quelque chose de semblable attendoit quelque recompense, & qui plus est de la loüange qui de soy-mesme est vn grand salaire. Le mesme prix estoit ordóné à cestuy qui reprenoit celuy qui iuroit, ou pechoit par quelque autre moyen que ce fut publiquement. Tout cecy eut tant de pouuoir en peu de temps, que des nouueaux auditeurs de la doctrine Chrestienne, se ioignoient aux anciens. Les Peres attirez par leurs fils receuoient leur part de la
con-

coniouyssance, par la ioye de leurs enfans honorés de loüanges ou de quelque prix, & maintenant personne n'auoit honte d'estre endoctriné en mesme escole auec les enfans, & les esclaues. Les hommes pressoient ou preuenoient les fils, les femmes les filles, pour respondre.

En fin on ne sçauroit dire auec cõbien de contentement de GASPAR, ou d'approbation des citoyens, ou de gloire de Dieu ceste chose s'auãçoit. Car GASPAR condamnoit fort subtilement par le iugement & le tesmoignage des enfans ce qu'il vouloit estre blasmé. Et ce qu'il desiroit estre corrigé, il commandoit aux enfans d'en aduertir, ou de le r'apporter. Par ainsi la maison mesme du pere de famille qui auoit vn enfant pour conseiller, ou pour r'apporteur, n'estoit pas assés asseurée pour mal-faire. L'âge de l'enfant & la facilité du pere adoucissoit ceste rigueur. Parquoy desia les deuis iournaliers, les chants nocturnes, l'assemblé à l'Eglise, estoient tout autres à Ormus qu'auparauant ; & toute autre aussi la reuerence qu'on portoit aux personnes sacrées, & la frequentation des Sacremens estoit

estoit plus grande ; bref toute la cité estoit chāgée. GASPAR employoit tous les iours deux heures à cest exercice, & du tout vtilement. Car (comme il dit) il fut esté plus agreable de voir, que d'ouyr ce qui arriua pendant ces exercices. Ordinairement le dormir des parens estoit interrompu par les chants nocturnes des enfans ; quasi en chasque maison, ils enseignoient aux seruiteurs & seruantes le soir, qui à cause des occupations domestiques n'auoient peu estre presens, ce qu'ils auoient apris de iour. Les disputes des enfans asseurans qu'on ne pouuoit estre sauué sans baptesme estoient frequentes auec les fils des Sarrazins, & non sans fruit. Les enfans des Sarrazins chantoient souuēt sans aucune crainte en pleine rüe les articles de la doctrine Chrestienne. Et il est arriué quelquefois qu'vn certain personnage appellant GASPAR en passant, luy monstroit (tant à son grand contentement que du pere) vn petit Sarrazin qui chātoit : *In nomine Patris, &c.* & qui se signoit publiquement du signe de la croix ; qui comme il dit, luy remettoit en memoire le Prophete Balaam,

laam, qui voulant proferer des maledictions, mal-gré foy donnoit des benedictions : & encor ce paſſage du Pſeaume: *Ex ore infantium & lactentium perfeciſti* Pſ. 8. *laudem* : de la bouche des enfans & allaictans tu as parfait ta loüange. Et quelques-vns de ces chantres ont eſtés amenés au baptesme, & à la foy. Mais GASPAR, Capitaine de ceſt eſcadrõ, mit à fin auec ceſte troupe meſme encor beaucoup d'autres beaux exploits, qu'il faudra conter en vn autre lieu. Or toutes ces choſes que nous auons expreſſémẽt rapportées en ceſt endroit au commencement, ont de premier abord tellement proufité, (car GASPAR, pour occupé qu'il fut, ne perdoit iamais vn ſeul iour) qu'elles prenoient tous les iours de plus grands accroiſſemens.

CHAPITRE V.

Combien GASPAR *a proufité en extirpant la paillardiſe.*

S'IL n'y eut eu à Ormus qu'vne ſorte d'ennemis, on l'euſſe peut-eſtre peu vaincre auec vne meſme ſorte d'armes :

mais

mais la multitude estoit si grande, non seulement en vne espece de vices, mais encor la varieté si estrange en la difference, qu'il a esté necessaire à nostre champion de s'ayder en cōbatāt de toute sorte de traicts. Et Ormus donc, non lors assiegée, mais possedée par les diables, estoit tenüe par vn nombre de forts, chascun desquels GASPAR ne cessa de battre & combattre, tant qu'il les eut vaincus & abbatus. Parquoy dressant ses efforts d'vn lieu esleué contre la citadelle de la paillardise, vsant de parolles au lieu de dards, il tonnoit merueilleusemēt. Nous parlerons premierement du crime, en apres du fruict de ses predications. Les Portugais, non seulement d'vn amour meschant, mais aussi infame, communement se mesloient indifferēment auec les garces Sarrazines, Gentilles, ou Iuifues. Cela estoit si commun, que mesme les mariés ne le tenoient pas pour peché : & au nom mariés, on le prenoit pour jeu, ou aussi pour vne recreation necessaire. De ceste meschanceté, par vn enfantement illegitime, ceste ordure infectoit le sang de Portugal ; & les enfans estans

estans paruenus en âge se soüilloient encor plus d'vn sale meslâge de mœurs, que de sang. Les parens Portugais dissimuloient ou mesprisoient grandement ceste enormité, comme ceux qui estoient plus soucieux de contenter leur luxure, que de bien esleuer & instruire leurs enfans. Et vne n'estoit pas assez pour vn; la paillardise vagabonde de plusieurs contoit le nombre des putains selon ses biens ou sa despense domestique, & ce si publiquement, que desia la coustume de pecher sembloit auoir effacé toute honte. Tous estoient quasi entachés de mesme peste, les grands & les petits, les sacrés & les profanes. Mais la luxure effrenée ne se retenoit pas en ces termes, mais passant aussi les bornes de nature, elle s'estendoit semblablement à tout genre de ces meschancetés, que les chastes oreilles ne peuuent tant seulement ouyr nommer. Il n'estoit pas difficile que cela fut cogneu de GASPAR, qui estoit sçeu de toute la ville. Parquoy les ayant jà quelquesfois preschez, & commencé à les preparer comme par quelques esclairs, apres auoir rendu leurs esprits dociles, il commença

I à tonà tonner & foudroyer par les frequentes predications & les efforts de son eloquence Chrestienne, & de son ame toute pleine de zele & de ferueur. Il leur faisoit cognoistre la grandeur du peché par le poids de ses parolles & sentences confirmées des passages de l'Escriture saincte, & des Peres, & des exéples conuenables au sujet; puis il les menaçoit du courroux celeste, ou en la vie future, ou en la presente, de laquelle seule semble le plus souuent ceste sorte de gens se soucier. Et non en vain. Le Seigneur sembla approuuer & confirmer les menaces de GASPAR. En ce mesme temps toute l'Isle trembla, & souuent, & espouuantablement : & encor que cela ne fut inusité, neantmoins ceste conionction de menaces & d'effects fit que par ce tremblement de terre les esprits furent plus secoüés que les maisons, & les citoyens plus esbrālés que la cité; car GASPAR prouuoit ces courroux diuins par des raisons tirees du sein de la mesme nature, d'autant que selō les Philosophes la terre trembloit hors de saison.

Pour ceste cause plusieurs se sont considerez

fiderez eux-mefme, & commencerent d'a-
uoir honte,& puis de se repentir de leurs
meschācetez. GASPAR appelle vn deluge le grand nombre de ceux qui ou se
despoüillerent de leurs lafciues amours,
ou se reuestirent de l'habit plus honneste
du mariage; mais nonobstāt il y en auoit
plusieurs qui pour n'estre contraints de
laisser le mal qu'ils eussent recogneu,
nioient opiniastrement en secret que ce
fut peché. Cecy ne demeura pas caché à
GASPAR: parquoy iugeant qu'il falloit vser d'vn remede plus violent, vn
certain iour il commença en sa predication de prier & conjurer tous les Magistrats, tant profanes que sacrez, qu'ils se
souuinssēt du côté qu'ils rēdroiēt à Dieu,
aux Souuerains Prelats,& au Roy de ceste
impunité; que la diuine clemence n'approuue pas la conniuence pernicieuse de
ceux qui sont en charge pour la dissimuler. Puis venant des prieres aux menaces,
il protesta publiquement, s'ils ne pur-
geoient ces execrables meschancetez par
le feu, ou par la peine que les loix y ordonnent, qu'il les declareroit pour heretiques. Cela proufita à tous: car le ma-
I 2 giſtrat

giſtrat eſpouuanté de la ſainɉeté ou authorité du perſonnage, fut plus auiſé, & le cōmun peuple ſuiuoit auſſi la diligēce du Magiſtrat par ſon amēdemēt; & ceux que peut eſtre la crainte retenoit du cōmencement, eſtans deuenus meilleurs auoient horreur & s'eſpouuantoient de la laideur & ſaleté des vices. Parquoy ou on ne pechoit du tout point, ou les pechez fuyans les teſmoings ſe retenoient dās l'enclos des maiſons. Le biē-fleurant abbaieur du troupeau du Seigneur ſentit auſſi cela. Parquoy il declara en publicq qu'il ſçauoit bien par qui & ou en cachettes aprés tant d'aduertiſſemens les vices eſtoient continuez; que certes dans peu de temps s'eſtant deſpetré de quelques occupatiōs, il entreroit au plus profond des maiſons. Et ce ne furent pas menaces ſans effect, car ne ſe contentant pas d'auoir reduit l'ennemy en ceſte extremité, il reſolut, vſant de la victoire, de le pourſuiure & exterminer entierement. Parquoy penetrant dans les maiſons, ſi l'ennemy en quelque lieu s'eſtoit retiré, il le chaſſoit, & quelquefois il trouuoit les paillards ſur le faict. Ce que luy eſtant

vne

vne fois arriué, il s'affit auec son compagnon, protestant qu'il ne s'en iroit de là; mais ne pouuans iceux supporter la presence du Pere, & promettans auec beaucoup de parolles, d'estre meilleurs, le prioient d'auoir esgard à leur honneur & honte, d'autant que c'estoit assez satisfaict par l'ignominie. GASPAR en fin s'en alla en intention de faire accomplir exactement leur promesse. Et ils ne le tromperent pas : car estans maintenant deliurés d'vn importun ennemy qui n'osoit mesme se trouuer en la presence de GASPAR, nettoyés de leurs ordures, & instruits d'enseignemens salutaires, en aprés ils garderent la chasteté. Mais d'autant que (Dieu aidant admirablement les saincts essais du Pere) il suruint beaucoup de choses tres-rares de mesme espece; & aussi surpassans les forces de nature, nous en assemblerons quelques vnes, desquelles on pourra en recueillir des semblables, ayant comme j'ay dit plus d'esgard aux choses faictes, qu'au temps; aduertissant seulement le lecteur de cecy, qu'il ne se dit rien en ce liure, qui ne soit arriué à Ormus.

CHAPITRE VI.
*Quelques choses des plus rares qui sont sur-
uenuës touchant ce mesme sujet.*

DIEY a le plus souuent accoustumé auec vne merueilleuse diuersité de tenir en estat le gouuernement de ce monde vniuersel, par la clemence & la Iustice. Mais parce qu'en ce temps la clemence vers les pecheurs surpasse d'autāt plus la Iustice, qu'au temps à venir la Iustice surpassera la clemence; pour cela voit on plus souuent des exemples de sa misericorde, que de sa seuerité. I'en reciteray deux à ce propos, l'vn de ceste-cy, & tous les deux touchant ceste matiere de luxure desbordée. Il arriue souuent que la bonté diuine poursuit & cōtraint les prodigues de leur salut à prendre le soing d'iceluy. Il y auoit vn soldat aussi vieil d'ans que de vices; iceluy auoit entendu GASPAR discourant de la difformité des pechés, & particulieremēt de l'amour ruffien duquel il estoit detenu; de ce discours ayant pris des frayeurs, & des mouuements d'esprit non accoustumez, & ne pouuant neantmoins souffrir

frir d'estre deliuré de ce brasier dont il se sentoit brusler, il estoit esguillonné des pointes continuelles de ses crimes enormes, & de sa conscience troublé. Delà s'esmouuant contre GASPAR, au lieu de s'esmouuoir pour son salut, peu à peu il cōceut vne telle haine contre luy, & le prit tant en horreur, qu'il ne pouuoit le voir, sans entrer en colere, & il iuroit que se cōfesser à luy estoit pire que la mesme mort. Iceluy donc considerant que s'il demeuroit à Ormus il le rencontreroit & seroit contraint ou de le voir, ou d'estre veu de luy, (ce qu'il detestoit esgalement) il delibera au premier iour, non pour autre sujet que pour fuyr le Pere, de nauiger aux Indes. Et ayant trouué commodité pour s'ēbarquer, il auoit à grand peine à ceste intention auancé le pied dãs le nauire, quãd soudain, (comme si Dieu par vn huissier eut commandé qu'il fut aresté) vne fieure aiguë le saisit auec vn si grand trouble d'esprit prouenant de l'humeur mélancholique, qu'il deuenoit du tout fol. Parquoy estant emporté en sa maison il commença de s'affliger de sorte, qu'il sembloit qu'il esprouuast l'ire

I 4   du

du Ciel presenté, & les menaces diuines de la iustice de Dieu: s'il entendoit quelque bruit, il destournoit la face; si par fois (ce qu'on faisoit souuent en la citadelle) on tiroit quelque canõ, il croioit desia estre deschiré en pieces; il prenoit ses amis qui venoient le visiter pour des meurtriers & assasins. Bref le miserable fut là reduit, qu'il sembloit toucher des mains ces noires & horribles tenebres d'Egypte; toutes lesquelles choses estoient renduës plus affreuses par les phãtosmes qu'il voyoit ou pensoit veoir. Et voila l'estat de cest homme deplorable, qui dilatant la contagion de l'ame (dés long temps pirement affligée) auoit enuahy tout le corps. Mais d'autant que la bonté diuine auoit enuoyé tout cecy pour son salut, & non pour sa ruïne, elle luy donnoit par interualles autant de cognoissance, qu'il en falloit pour se pouuoir ressouuenir du medecin qu'il auoit tant en horreur. Et celuy ne manqua pas de s'aider de la bonté diuine, auquel l'affliction auoit doné du iugement. Il reclame GASPAR, ayant faict appeller GASPAR à soy, se donne tout à luy, vomit le venin

de

de son ame par vne confession salutaire.
Ce qui a seruy au salut de l'ame, a aussi
seruy à la santé du corps: de laquelle il
s'est seruy de sorte, que le cōmencement
mesme de sa penitence a esté la fin de ses
pechez. Parquoy il bannit ses amours, &
de sa maison, & de son cœur, il prend vne
dure vengeāce de soy-mesme, & quāt au
reste, perseuere en pureté & continence.

La bonté diuine a donc attaind co
fuiard, mais abbatu d'vne plus grāde force celuy que ie diray maintenant comme
par sa malice il se preparoit à la tromperie & à la violence. Iceluy n'estoit de rien
meilleur que le premier, en cela aussi plus
meschant, que sa qualité & ordre sacré
requeroient de luy vne plus grande preu-
d'hommie. Il craignoit que GASPAR,
comme il auoit bon nés, ne sentit la puā-
teur de ses ordures: parquoy, à fin que s'il
l'entendoit, il ne le creut pas, ou que le
preuenant par seruices il luy osta l'asseurance de le reprendre, resolut plustost
de s'obliger GASPAR par plusieurs bōs
offices, que de le des-obliger. Il estoit à
ses sermons ou assiduel auditeur, ou predicateur de ses loüanges, assistoit souuent

I 5 &

& amiablement à ſes diſcours familiers, & les petits preſents ne manquoient pas, que le Pere, ſelon ſa couſtume, renuoyoit aux malades; le conuyoit auſſi ſouuent au banquet, auquel, ſi GASPAR venoit, il n'y auoit rien de tous les meubles, qui ne fut mis en auāt pour le ſeruice du Pere: La diuerſité des viandes, la quātité des vaſes, la ſplēdeur des tapiſſeries eſtoit merueilleux. Car riē ne māquoit à ce Preſtre profane, ſi ce n'eſt qu'auec la vertu tout luy māquoit. La ſeule armée des furies auec ſa mal-heureuſe race ne comparoiſſoit pas. Quelques iours ſe paſſerent ainſi auec la diſſimulation de l'vn & de l'autre. Car le Pere n'ignorant rien, ſembloit endurer d'eſtre abuſé de luy, pour eſprouuer ſi par ſon exemple ou ſes tacites remonſtrances, il pourroit proufiter quelque choſe, le traittant plus doucemēt. Ce que voyāt eſtre receu de l'autre auec vne grande diſſimulation, il appliqua encor les priuées & courtoiſes remonſtrances: leſquelles voyant qu'il ne receuoit pas plus auant que des oreilles, ayant l'ame & le viſage diſpoſez à la fraude, ſans que ſa diligence apporta aucun fruit ou amendement;

ment; GASPAR resolut d'auoir recours à ses foudres accoustumez, c'est à dire, à quelque sorte d'armes diuines.

Parquoy il commença d'expliquer en la predication, quel peché ceux-là que Dieu auoit esleus à vne charge sacrée admettoient en eux, s'ils s'enueloppoient d'amours sacrileges. Mais ceste predication, non seulement descouurit, mais irrita les freslons. Car bien que GASPAR, auec toute discretion, eut tousiours & en tout tenu l'honneur d'vn chacun, neantmoins les hommes qui se sentoient coulpables ont entrepris la deffense des vices. Le chef de la faction estoit cest intime amy de GASPAR: qui auec les gens de sa sorte, attend GASPAR, non coustumier de sortir deuant que chacun se fut retiré de la predication, deuant les portes de l'Eglise, & aussi tost l'ayant entouré auec les autres, le reprend aigremēt: Mais celuy-là particulierement se monstra si effronté & iniurieux, qu'il sembloit ne luy manquer rien de l'insolence d'vn soldat que l'habit. Car l'indignité de ce fait passa si auant, qu'à grand peine s'abstindrent-ils de mettre les mains violētes sur

GAS-

GASPAR, bien que suppliãt & demandant pardon de son imprudence, si quelqu'vne il en auoit commise. Ce qu'il monstra euidemment en apres auoir fait par la modestie de son esprit, & non seulemẽt pour crainte des coups. Car se ressouuenant des preceptes de Xauier, il ne vouloit pas pour chasque legere occasiõ, entrer en different auec les Prestres naturels du pays. Car ce qu'il disoit en chaise, il l'addressoit contre les vices seuls. Ce bruict neantmoins, s'espandit parmy le peuple, & l'audace si grande de ces hommes vicieux n'offensa pas peu de personnes: au cõtraire, la modestie de GASPAR fut admirée, & aussi iugée trop grande. Mais, à la verité, il faut à icelle seule entierement attribuer la victoire du iour suyuant. Car le lẽdemain, du mesme lieu, auec encor plus de liberté & semblable prudence, GASPAR inuectiue hautement cõtre le mesme peché; & là present estoit auec la mesme dissimulation cest aduocat du vice de l'autre iour. Ceux à qui cest affaire estoit venu en cognoissãce en attendoient soigneusement l'issuë, qui fut telle que GASPAR & tous les

gens

gens de bien defiroient plus qu'ils ne l'efperoient. Les tonnerres des parolles (Dieu l'efguillonnant) penetrerent fi auant en fon ame, qu'ils rompirent alors la glace, & les roches de criftal, & tout le deffus du froid, que perfonne ne pouuoit fupporter. Car Dieu lafcha fa parolle, & fondit tout. Son efprit a fouflé, & les eauës ont coulé : lefquelles celuy-là ayant verfé d'vne double fontaine de fes yeux, durant toute la predication, en fin icelle eftant finie, il fe ietta aux pieds du Pere, & tenant la veüe en terre, demanda publiquement pardon de fa fraude, fa violence, offenfe, & de fa vie paffée, à Dieu & au Pere, & aux affiftans ; fa preud'hommie en apres correfpondit amplement à vn fi beau commencement de penitence.

La fin d'vn certain autre ne fut pas femblable, mais par le iufte iugemét de Dieu beaucoup plus mal-heureufe. C'eftoit vn Capitaine de gens de pied, & d'autant pire (à caufe de fa charge) que l'infection d'vn mal particulier rampoit & s'eftendoit, par la contagion de l'exemple, fur

plu-

plusieurs. Il trainoit quant & soy à la veuë de toute la ville, & au grand scandale de tout le mõde, trois garces Sarrazines, par tout où il alloit, tãt s'en faut qu'il reçeust dans l'ame les reprehẽsions, rémonstrances, menaces de l'ire celeste, il ne leur donnoit seulement pas entrée dans l'oreille. Mais à chasque propos, tout le lõg du iour, comme en raillãt, il desgorgeoit de sa bouche abominable, des blasphemes tels, que l'enfer mesme ne vomiroit pas. Les efforts du sainct Pere n'auoient en toute la ville vn plus grand ennemy que celuy-cy, qui non seulement n'enduroit estre guidé aux droictes voyes du Seigneur; mais encor autãt qu'il luy estoit possible en destournoit les autres. Mais ceste audace ne fut de lõgue durée. Iceluy estoit vn de ceste impie troupe, & nõ des derniers, deuãt le fort de Monaia, duquel nous parlerons plus bas; & d'aduenture il estoit arresté en vn champ auec ses soldats, tousiours semblable à soy-mesme, soit en amours illicites, soit en blasphemes; quant voicy subitement (chose merueilleuse!) sans aucune cause, au moins qui ait peu estre apperceuë, il rendit l'ame me aux yeux de tout le monde. Et ceste miserable catastrophe ne prit pas fin par la mort. A ce mesme instāt, l'air qui auoit iusques alors tousiours esté beau & serain, descocha vne si grande tempeste de gresle, auec vn vent si horrible, & vn tintamarre si grand, accompaigné d'vne espaisse nuée de poussiere, que durant l'espace de demy heure les vns ne pouuoiēt veoir les autres, croyans qu'auec la damnation eternelle de ce paillard blasphemateur, c'estoit aussi fait de leur salut. En apres la mort d'iceluy, & vne telle mort apporta à plusieurs le salut des ames.

Dieu fauorisant par ces prodiges, & d'autres semblables, les pieuses entreprises de GASPAR, mettoit à fin par son moyen toutes choses. Tellement qu'il sembloit quasi que Dieu eut intelligence auec GASPAR, ou GASPAR auec Dieu. Car ce qui se fit à Ormus, touchant ce sujet, n'est de rien moindre que ce que le B. Xauier corrigea à Goa, ou à Malaca. En cela aussi les Ormusiens ont emporté la victoire, qu'ils ont tasché, non seulement de quitter leurs vices, mais aussi de les estouffer entierement par des peines

vo-

volontaires. Plusieurs de ceux qui par le soing de GASPAR, estoient venus en detestation de leurs fautes, ne sembloient pas s'estre assez acquittez, si les Dimanches & Festes plus solemnelles (à fin que l'action fut plus frequente) ils ne se battoient à coups de fouëts deuant les portes de l'Eglise: d'autres allans la nuict de ruës en ruës, adioustoient aux fouëts des voix pleines de penitence & de pieté. Car ils demandoient à Dieu misericorde, & aux cōcitoyens pardon de leur vie passée. Adonc GASPAR, quand il discouroit de ce peché, sembloit, lors qu'il luy plaisoit, tirer les resnes des pleurs de ses auditeurs, & quand il vouloit les lascher, encore que bien souuent à bride abbatuë, elles sortoient auec telle violence, que les gemissemens des auditeurs n'estoient plus interrōpus, mais du tout continuels. Bon Dieu, combien peut la charité enflammée de l'esprit diuin! Quāt aux confessants, le nombre en estoit si grand, (biē qu'il faudra parler de cecy en vn autre endroit) que les iours n'estant suffissans à GASPAR, il y falloit employer les nuicts entieres, sans quasi riē dormir. Et trouuāt
trois

trois heures d'espace il se contentoit le plus souuent de deux, encor croyoit-il estre doucement traicté. Ce qu'on racōte touchāt ce sujet est memorable. Certains personnages d'authorité & riches, ne pouuoient à cause de la multitude auoir leur rang, (que chacun recerchoit auec beaucoup d'ambition) ils se couchoient au lict, où se faisoient porter en la maladerie, où ils demeuroient feignans estre malades, à fin qu'au moins soubs ombre de necessité ils obligeassent GASPAR à les escouter.

CHAPITRE VII.
Il condamne & reprouue les contracts des vsuriers & toute sorte d'auarice.

LE plus souuent on acheue chasque chose auec plus d'heur & d'vtilité, par ordre, & l'vne apres l'autre, que le tout par confusion & tumulte. Parquoy, apres auoir, combattant vaillamment, vaincu & pris d'assault le fort de la luxure, il arreste ses efforts contre l'autre de l'auarice auec vn mesme dessein & mesme euenement. On trouuoit en ceste citadelle diuerses deffenses & toute sorte

te de traits, mais toutesfois toute la force sembloit estre en la forteresse que les vsuriers, comme soldats de garnison, auoient occupée. GASPAR l'attaque, croyant aisément, s'estant saisy de celle-là, remettre le reste du fort en sa puissance. Or à grand' peine se peut croire combien ce mal estoit enraciné en ceste cité. GASPAR mesme nie le pouuoir assez expliquer, & appelle Ormus la fonteine de toute vsure. Et veritablement les vsuriers Ormusiens estoient là en grande reputation par toutes les Indes, cõme Docteurs, qui de la chaise de pestilence enseignoient non le droit & la iustice, mais la fraude malicieuse & l'iniustice mesme. Et peut-estre, non sans bonne grace GASPAR a estimé qu'ayant esté chassez du temple à coups de foüets par le Seigneur, ils se sont retiré en ce lieu, & d'vne longue suitte ont prouoqué ceste peste à la posterité. Car les cõtracts frauduleux des changes & rechanges estoient si grands & en si grand nombre, & tant embroüillez, que la peine de les rõpre & desmesler a cousté bien cher à GASPAR; par laquelle neantmoins il n'a iamais tant
sçeu

sçeu faire que d'espuiser entierement ceste fonteine. En fin entre les Iuifs & les Chrestiens, Sarrazins & Gentils, il n'y auoit quasi autre moyen de viure que celuy que ie raconteray. Si quelqu'vn bailloit dix pardes, espece de monnoye Indienne, valant enuiron deux florins monnoye de Flandre, l'interest de ce prest tiré, & retiré à tort & à droict, retournoit tant de fois à son proprietaire qu'il s'en entretenoit toute l'année, la somme de ses dix pardes restant tousiours viue & entiere. Car communément de ceste mal-heureuse semence au bout de l'an passé se recueilloit le centiesme fruict.

Pour remedier à ces larrecins si grands & si publicqs le Pere adioustoit aux autres predications qu'il auoit instituées pour ce sujet vn autre sermon en forme de leçõ, opposant chaise à chaise, tous les Samedis en laquelle il traitoit des parties & des pechez d'auarice; & ce en la grãde Eglise presque l'espace de trois mois, pédãt lesquels il esgorgea son ennemy par tãt de tesmoignages authẽtiques de l'escriture saincte & des Docteurs, tãt de raisons fons & d'exemples (& ce qu'en tout il tenoit pour principal & folemnel) par vne si assiduelle inuocation de la faueur diuine, que ç'a esté en ceste seule chose qu'a consisté le fruict des Ormusiens. Commençons à le monstrer. Il y auoit vn lieu ioignant la cité, lieu auquel la tromperie fraudulente, l'iniustice, & les autres pestes de l'enfer sembloient auoir posé leur siege. Ils appellent ce lieu Basar, lequel nom quelques-vns estiment auoir esté transporté à ces pierres de Basar, ou Besoar, desquelles nous vsons contre les venins, d'autāt que le trafic d'icelles estoit fort frequent en ce marché; les autres neantmoins ayment mieux qu'elles ayēt tiré leur nom de deux petits mots Hebreux, Baal, qui veut dire maistre, & Sar venin, comme qui diroit maistre du venin, lesquels deux mots auroient du depuis auec quelque changement, comme il se fait coustumieremēt, esté vnis en vn.

En ce lieu donc dés l'aube du iour (à cause du grand chaud) courent s'assembler tous les marchans qui portent leurs premieres pensées au gain & à l'acquest: Et là tous les Gentils, Sarrazins, Iuifs &
Chre-

Chrestiens cõtractans subtilement pesle-
mesle les vns auec les autres, ourdissoient
les tromperies qu'ils auoient songé toute la nuict; mais apres que par les enseignements de GASPAR ils furent
rendus plus sçauans, & par ses exhortations deuenus meilleurs, leur premier
soucy quant ils s'esueilloiẽt estoit d'aller
deüment assister au sacrifice de la Messe.
Puis muny de ces armes ils s'en alloient
ensemble au Basar, & là le soing d'vn
chacun n'estoit plus maintenant de tra-
mer les ruses & tromperies, mais de les
detramer. Il y auoit souuent des disputes,
les vns asseurants, les autres niants le
contract estre illicite, ausquels la seule
authorité de GASPAR seruoit d'Oracle.
Ils en appelloient souuent à luy, & tout
ce que par iceluy estoit condamné estoit
aussi tost retranché. Parquoy Basar estoit
maintenant plustost vne eschole de Sco-
lastiques disputans, que retraicte de marchans contractans, lesquels GASPAR
asseure sçauoir autant de ceste matiere,
que les prestres mesmes sont obligés d'en
sçauoir. Et ceste façon de Philosopher ne
s'arresta pas aux seules parolles ou dis-

K 3 cours;

cours; car outre que ceſte maniere de negocier par malice & meſchanceté fut abolie, il ſe ſont faictes de grandes reſtitutions de bien mal acquis, qui ſe faiſoiēt quelquesfois aux Sarrazins, Iuifs, ou Gentils. Ils ne ſe pouuoient tenir de s'eſmerueiller, voyant que cela leur eſtoit rendu ſi fidelement par ceux qui n'aguere baailloiēt à pleine gueule apres les meſmes biens auec tant d'auarice. Et certe, outre la ſomme qui eſtoit renduë à ſes propres maiſtres, qui eſtoit treſ-grande, celle de laquelle on ignoroit le proprietaire, enſemble auec celle qu'on donnoit largement pour aumoſne, pendant le cours de trois années monta à la ſomme de vingt mille pardes, ſans celle de laquelle on n'a peu dreſſer le côte, ou pour les occupations, ou pour la negligence. Ceſte ſomme eſtoit employée ſelon que GASPAR trouuoit bon, ou pour marier les pauures filles, ou pour reparer & augmenter les maiſons de la côfrairie qu'on appelle de la miſericorde, ou pour les meubles de la maladerie & autres œuures pieuſes.

Ce fruict eſtoit ordinaire en tous; mais
quel-

quelques-vns ont furpaffé les autres. Il y auoit vn certain riche marchād qui ayāt ja appris d'eftimer plus le falut de fon ame que tous les autres biens, eftant tōbé malade fit appeller GASPAR, & deuant qu'il fe confeffa luy tint (comme GASPAR raconte) ces propos: Ie fuis, mon Pere, le plus mefchant des mortels, nonobftant tandis que ie puis encor ie defire de tout mon cœur prouuoir à mō falut. Iufques à prefent ie ne me fuis iamais bien confeffé, ie poffede en argent contant trois mille pardes, lefquels voicy ie iette à voz pieds; outre cela i'ay d'autres richeffes, & icelles grandes. Plus vn nauire, l'eftat de ma vie eft tel, & tel. Ie remets tout cecy & mon corps & cefte mienne vie entre vos mains, & les pofe en balance ; Mais quant à mon ame ie la remets de l'autre cofté du trefbuchet: parquoy ie vous prie & conjure au nom du Seigneur que vous faciez tout ce que vous iugerez eftre conuenable à mon falut, fans aucune compaffion, & fans auoir efgard à rien que ce foit. S'il māque quelque chofe à mon falut ie protefte que ce fera par voftre faute: car quant à moy ie

n'ex-

n'excepte rien. Voila comme parle ceſtui-là, vray exemple d'vne ame repentāte. Et n'eſtimés que ceſtuy ſeul ſoit eſté de telle humeur: GASPAR dit qu'il y en eut pluſieurs, & iceux treſ-riches, qui vſoient quaſi de meſme façon de parler. Et ils n'eſtoient pas plus liberaux de parolles que d'effect, ſouuēt vn ſeul faiſoit reſtitution de huict cent ou ſix cent pardes à ceux à qui il appartenoit. Deuant qu'ils ſe preſentaſſent pour purger leurs pechez, ils venoient ſouuent à GASPAR auec de grāds liures de cōptes à fin qu'ils eſclairciſſent tout ce qui ſe rencontreroit de douteux. Vn autre ſe trouua à qui ce ne fut pas aſſez de rendre le mal acquis, ſi auſſi il n'euſt diſpoſé du reſte de ſes biens ſelon le bon plaiſir de GASPAR. Iceluy vint à luy, & interpoſant l'authorité du nom de Dieu, le conjura de prendre d'oreſ-en-auant l'adminiſtration de ſa famille, femme, enfans, & de tous ſes biens; auquel comme il ſouſrit doucement, & ie prens Dieu à teſmoing mon Pere (cōtinuë celui-là) que ma perte eternelle, ſi d'aduenture elle arriue, ſera la voſtre : & ainſi GASPAR les ayant par neceſſité
tous

tous purgez par la confession, & ouy les comptes de ce qu'il auoit auparauant acquis, luy prescriuit pour l'aduenir la maniere de negotier & de viure; & neantmoins en tout cela (ce qui est tres-difficile) GASPAR exempta sa renommée & son integrité de tout soupçon. Or quelle a esté l'opiniõ & de sa fidelité & du mespris des richesses, on ne l'a iamais si bien cogneu que quant les principaux le prierent de receuoir vne autre clef semblable à celle du Thresorier General des Finãces du Roy: ce que cõme contraire aux statuts de son ordre, & comme trop vil & abiect il refusa constamment. Il osta aussi la trõperie qu'il fit cognoistre des hommes impies. Iceux pour ne sembler meschans venoient aussi souuent à GASPAR luy monstroient les liures de leurs contracts pour les examiner, mais à fin que l'vsure ne parust ils les agençoient tellement qu'ils assembloient le prest auec le gain de l'emprunt: car ils faisoient que ceux qui auoient besoing d'emprunt cõfessoient deuant vn Notaire publicq deuoir autãt plus qu'il estoit cõuenu entre eux que la somme principale ne mõtoit.

K 5

Mais

Mais ceste chose ne pouuoit estre long temps cachée à GASPAR qui inuectiuoit contre icelle en sa predication. Il accusa aussi les Notaires mesmes comme participants du gain iniuste & de l'vsure. Ce fut assez pour la reparation d'auoir descouuert la tromperie, car dés-ja GASPAR impetroit tout par sa predication. Mais deuant que nous sortions de ceste matiere; il restoit vne façon meschante de contracter, & souuent deffenduë par les loix sacrées, auec interposition de l'Anatheme, c'estoit du soulphre, des armes, & de semblables marchandises auec les Turcs & ennemis de la Foy: cela n'estoit pas seulement tenu pour crime du populaire, soit pour l'ignorance, ou soit pour le mespris de la Bulle de *Cœna Domini*. Parquoy en ceste leçon sacrée qu'il faisoit des parties de l'auarice & en ses predications il commença à chasque propos de crier à bon escient contre ce commerce illicite; le fruict fut tel qu'à l'accoustumée: plusieurs par le Sacrement de Penitence satisfirent à Dieu, & par restitution au prochain. Mais d'autant que les loix sacrées ordonnent que les coulpables

bles de semblables crimes soyent punis au corps, ou mis à l'amende, & que la chose auoit plus de difficulté que n'estimoint beaucoup de Prestres ignorants, donnans absolution pour toute sorte de pechez: il demanda sur ce sujet conseil à l'Euesque de Goa, qui luy communiquât derechef toute sa puissance, donna vn grand tesmoignage & de sa vertu & de la prudence; protestāt qu'il auroit agreable tout ce que GASPAR trouueroit conuenable pour le salut des ames, & pour l'obseruation des saincts Canons.

CHAPITRE VIII.
GASPAR *abolit les haines inueterées à Ormus.*

AInsi dōc alors a esté arraché à Ormus l'auarice racine de tous maux, de laquelle aussi souuent a accoustumé d'estre produit vn autre troncq pestilentiel de dissention & de haine; qui prouiēt quasi ordinairemēt de quelque tort qu'ō nous a faict, ou de quelque dommage reçeu. D'où procede qu'en ce commencement doré de l'Eglise naissante quand le desir des richesses parmy les fideles n'e-
stoit

ſtoit en eſtime que pour eſtre iettées aux pieds des Apoſtres, & qu'il n'y auoit pas de mien & tien: alors auſſi il n'y auoit en touts conioints par vraye amitié & bien-veuillāce qu'vn cœur & vne ame. Auiourd'huy l'or qu'on porte ſeul dans les cœurs bruſlants d'auarice arme les mains de fer & les poictrines des mortels de haines. Parquoy Dieu treſbon & treſ-puiſſant aiant par le moien de ſon ſerui-teur ſi puiſſamment eſtaint à Ormus le feu d'auarice, voulut auſſi reduire la meſme cité à paix & à concorde, mettant fin aux procez, retranchant les debats, pardonnant les iniures, & accordant les differents par enſemble, & ce clairement en plein iour, ſur la fin de la doctrine Chreſtienne, à l'iſſuë de la predication deuant les portes de l'Egliſe. Ce qui ſe faiſoit ſouuent auec ſi grand reſſentimēt que les larmes coulāt d'vne part & d'au-tre, les genouls fleſchis en terre l'vn de-mandoit pardon à l'autre, luy donnoit la main, s'entr'embraſſoit reciproquement. Ceſte narration ſeroit ſans fin, voire auſſi ennuieuſe pour la reſſemblance, ſi nous nous arreſtions ſur chaſque exemple. I'en

recite-

reciteray seulement trois, aufquels la main de Dieu interuint prodigieufemēt.

Il y eut vn certain de ceux qui auoient commandement à la guerre, noble à la verité de fang, mais auffi peu fçachant en quoy confiftoit la vraye nobleffe, qu'il eftabliffoit entierement en l'obftination de l'ame, en la volonté de fe venger, & à n'endurer ou ne pardonner iamais rien. Ce mefme neantmoins eftoit tellement fafcheux à touts les autres, qu'à grand' peine fe fut-il trouué en toute la ville & la citadelle homme auquel il ne fut redeuable de plufieurs torts & iniures ; lefquelles comme il ne vouloit abolir en faifant reparation des offenfes, ils redemandoient le leur par la vengeance. Parquoy chafcun l'auoit en horreur, plufieurs auffi le pourfuiuoient. GASPAR auoit pris beaucoup de peine auec luy, mais en vain : la ville eftoit paifible quāt il eftoit abfēt; fi toft qu'il eftoit retourné tous fe mettoient en armes. Cela eftant vn iour arriué ainfi; qui me donnera (dict le Pere) que la iufte main de Dieu touche ceft homme de quelque griefue maladie, afin que l'ame foit adoucie & guarie?

rie ? Chose admirable ! à grand' peine auoit-il bien proferé les parolles, mais seulement auoit souhaité, quant à l'instãt mesme (ce qui a esté obserué) vne fieure maligne saisit cest homme absent, & en peu de temps le reduict auec vne chaleur extraordinaire en telle extremité qu'il ne sollicitoit rien d'auãtage, en criãt sinon qu'on appella le Pere, de peur qu'il ne mourut sans le Sacrement de confession. Le Pere accourt, prepare le personnage, & preste les oreilles à sa confessiõ, & luy de sa part se remet entierement auec tout le sien à la volonté du Pere. Aussi tost apres la fieure cessa, mõstrant euidemment par sa venuë & par sa retraite par qui & pourquoy elle estoit enuoyée. Le Pere donc prenant cest homme, de loup deuenu brebis, par la main, le meine volõtairemẽt par toute la ville demandant publiquement pardon, & offrant la paix à ses ennemis, desquels en mesme temps les vns furent trouués armés d'escopettes (comme on appelle) & sans doute eussẽt deschargé s'il se fut approché à leur portée. Mais il y eut tãt de force ou en l'authorité de GASPAR, où

en

en l'humilité & demiſſion du ſuppliant, qu'il n'en reſta pas ſeulement vn ſeul qui ne ſauta en la ruë pour le receuoir à bras ouuerts, & dóner des larmes de coniouyſſance à celuy, du ſang duquel ils eſtoiët ſi alterés. Parquoy en apres celuy marchoit ſeul & deſ-armé, qui au-parauant n'eſtoit pas aſſeuré auec cõpagnie & auec armes. Mais à vn autre couſta cher ſon opiniaſtreté, & ſa telle quelle penitence ne luy fut pas ſi aſſeurée; il faut toutesfois r'apporter à vne grand' grace de Dieu qu'elle ne luy a pas du tout eſté deniée comme vne obſtination ſi execrable meritoit.

Il n'eſtoit pas moins arrogant & fier que celuy duquel nous venons de parler; & auſſi fut-il affligé d'vne ſubite maladie qui deuoit prendre vengeance de tant de meſchancetez. GASPAR en eſtant aduerty, ſçachant prendre le temps à propos s'en va vers luy pour sõder s'il pourroit obtenir du malade ce qu'il n'auoit peu impetrer du ſain, à ſçauoir qu'il retournaſt en grace auec ſes ennemis. Parquoy il admoneſtoit l'homme de ſon deuoir, faiſoit comparaiſon des commodités

tés tant d'vne part que d'autre, propoſoit l'exemple de IeſusChriſt, qui proche de la mort n'auoit rien plus en memoire que de reconcilier autant qu'il luy eſtoit poſſible ſes meurtriſſeurs auec ſon Pere; qu'il ſe ſouuint que l'heure eſtoit maintenant arriuée en laquelle ces traités ſe faiſoient du tout ſans aucũ intereſt, & encor auec auãtage. Parquoy qu'il chãgea la haine propre du diable auec ceſte paix que IESVS-CHRIST auoit apporté au mõde. Tous ceux qui eſtoient preſents pleuroient auec GASPAR, & deſiroient auoir quelque choſe à pardonner. Ce ſeul ſuperbe & opiniaſtre bruſloit plus de colere que de fieure. Que celuy ſe retire, crioit-il, que ie ne puis ny voir ny ne veux oüir; & adiouſta tant de blaſphemes que la plume auroit horreur de les eſcrire; leſquels concluant par ceſte acclamation impie, il dict: qu'il ne vouloit pas entrer au ciel qu'il ne fut vengé, ny impetrer de Dieu pardon de ſes pechez s'il eſtoit neceſſaire de l'acheter en pardonnant les iniures. Le Pere ne ſçeut ſouffrir d'auantage ceſte impudence, mais comme diuinement inſpiré, & miniſtre publicq de la
iuſtice

iuſtice de Dieu, il propheciſa ainſi : qu'il
ſoit du tout ainſi que tu as dict, & ſçaches
aſſeurément que deuant qu'il ſoit demain
midy tu appelleras à haute voix plus de
cincq fois à qui te pouuoir confeſſer, &
toutesfois par le iuſte iugement de Dieu
tu n'auras perſonne ; puis delaiſſant ceſt
homme de rien meilleur pour vne ſi ri-
goureuſe menace, il ſort. Le iour d'a-
prés eſclaira, & fit foy de la prediction.
Car l'heure prefixe n'eſtoit encor venuë
que la maladie ſe rengregeât, le miſerable
fut là reduict, qu'il debattoit auec la
mort: parquoy ſe recognoiſſant, comme
il appelloit le Pere, & qu'iceluy ny aucun
autre preſtre fut pres de luy, il rendit
l'ame deuāt qu'il peut eſtre preſent. Ceſt
euenement fut tenu du tout pour ſurna-
turel, comme auſſi ce que nous r'aporte-
rons maintenant.

Il y auoit vn certain Portugais homme
de peu de iugement, mais le meſme ſi fier
& cruel que de ſon authorité il accabloit
tous les autres, vray tyran, qu'à ceſte occaſion tous hayſſoient ſans exception, &
parloient fort libremēt de l'impuiſſance
publicquement cogneuë de ſon eſprit.

L   Le

Le Pere auoit mis beaucoup de foing pour le retirer du bourbier de ſes vices: mais n'eſtant de rien plus courtois vers le Pere que vers les autres, il conçeut vne telle indignation contre luy qu'il ſe declara ennemy publicq & iuré du ſeruiteur de Dieu. Tous les vices qu'il reprenoit en general, il l'accuſoit à chaſque propos de reprendre particulierement les ſiens. Ce qui eſt le propre de ceux qui par le teſmoignage de leur conſcience meſme ſe deſcouurent, & condamnent pluſtoſt, que ceux qui en diſcourent. Or il prenoit ceſte voye afin qu'il peut calomnieuſement dire que la vraye & iuſte reprehẽſion de ſes meſchancetez prouenoit d'vne inimitié priuée & particuliere. Mais ces torrens de haine ne peurent eſteindre la charité de GASPAR en ſon endroict; de meſme qu'au contraire les bons offices du Pere vers iceluy ne peurẽt allumer en ſon cœur aucune eſtincelle d'amitié. Mais le Pere rendoit eſgalement bien pour mal, & receuoit mal pour bien. Et toutesfois ce que GASPAR cognoiſſoit bien, il eſtoit fort importãt qu'il ſe conuertit. Parquoy ſe tournant
de

de l'homme à Dieu, il espera qu'il pourroit pluſtoſt appaiſer l'ire de Dieu contre ce meſchant, que la haine de ceſt homme en ſon endroict. Changeant donc d'auis, il entreprenoit pour luy des rigoureuſes penitences, flagellations, ieuſnes, cilices; il paſſoit les nuicts entieres en veilles, offroit pour luy le treſſainct ſacrifice de la Meſſe, s'eſcrioit ſouuent à toutes heures au Seigneur, afin que d'autant qu'il eſtoit la beauté & bonté infinie, il ſe fit aimer de ceſte ame qui pour eſtre aueuglée ne ceſſoit de deteſter vne ſi grande grace & douceur. Il paſſe neuf iours entiers de ceſte façon, qui eſtans eſcoulez, ce dur rocher fut r'amoly par vn moyen du tout admirable, non pour ſes merites, mais pour l'honneur de GASPAR, & la gloire & la benignité de Dieu. Repoſant en ſon lict enuiron deux heures aprés minuict, il vit le meſme GASPAR deuant ſoy, bien qu'il fut aſſeuré que toutes les portes eſtoient fermées; de plus il le vit tellemēt reluiſant & reſpirant des mains, & de la face principalement vne odeur ſi treſ-agreable, que la maiſon eſtoit toute remplie de la douceur de la lumiere, &

de l'odeur, d'où manifestement paroissoit qu'il y auoit quelque chose de diuin. Il y auoit encor vne autre ressemblance au costé de GASPAR, qui representoit ie ne sçay qui; il est vray-seblable que c'estoit l'Ange gardiē de l'hōme, ou de GASPAR, qui parla ainsi : Que fais-tu pecheur ? qu'entreprens-tu? pourquoy as-tu GASPAR tant en horreur? pourquoy fais-tu difficulté de luy cōmettre le salut de tō ame ? ne vois-tu pas de quel honneur Dieu l'a orné? Le gentil-homme s'estoit ja esueillé & estoit en son bon sens; Parquoy comme il s'auançoit pour l'embrasser, esmeu de ce qu'il auoit veu & ouy, soudain il disparut, & deceut autant ses mains & ses yeux comme son cœur tressaillans de ioye. Celuy pourtant qui auoit parlé demeura, & poursuiuant son discours il le console ainsi: Ne crois pas que le Pere te fuye comme tu l'as fuy iusqu'à present, car à ceste mesme heure il se prepare en l'hospital pour celebrer le sacrifice de la Messe pour les malades, tu le trouueras là à l'aube du iour, & ainsi cestuy-là aussi s'osta de ses yeux. Cest homme dōc passa tout le reste de la nuict en pleurs continuels, & auec le deſir de voir celuy qu'il auoit autresfois tant deteſté. Le matin il n'auoit encor acheué la Meſſe quant vn meſſage de la part de ſon amy maintenant, l'attendoit, pour le prier de venir vers celuy qui le deſiroit tant: GASPAR remply de ioye y va de ce pas, lequel auſſi toſt qu'il vit il s'eſcrie à haute voix, ſe iette à ſes pieds, donnant pluſieurs teſmoignages d'vne ame vrayement penitente, aprés cecy il faict vne confeſſion generale de toute ſa vie. A ceſte occaſion s'eſtant retiré durant quelques iours de toute compagnie, pendant leſquels par l'examen de ſes pechés & les exercices conuenables ordonnés par GASPAR il profita tellement, que deſia la modeſtie, douceur, patience, zele de la gloire diuine, & les autres vertus le rendoient incognus, d'autant que diſſemblable à ſoy-meſme; Mais principalement il a excellé en charité & pitié enuers les pauures, auſquels dans peu de iours il diſtribua plus de cinq mille eſcus d'or. Il arriua à iceluy meſme beaucoup d'autres choſes admirables auec le Pere, (ainſi que dict GASPAR, raportant par

L 3 modeſtie

modestie le tout comme d'vn autre, ce que nous dirons autre part) & de peur qu'on ne descouurit de luy ces choses miraculeuses il les tenoit cachées. Mais neantmoins, dit-il, on les sçaura vn iour; il m'est incognu iusques à present si elles ont esté notoires à quelqu'vn ou non. I'ay r'apporté auec toute fidelité ce qui a esté manifesté.

CHAPITRE IX.
L'insolence militaire interrompt & trouble la pieté d'Ormus.

DIEV tout bon & tout-puissãt auançoit ainsi la pieté d'Ormus par le moyen de GASPAR. Mais l'ennemy du genre humain, bien que tant de fois vaincu ne s'oublia pas. Auquel Dieu permit d'exercer quelque peu sa cruauté à fin qu'il fut par apres plus honteusement chassé. Garcias de Saa vice-Roy des Indes auoit enuoyé 200. soldats à Ormus pour y passer l'hyuer; mais ils seruirent à la deffense du diable & non de la ville. C'est merueille combien les sainctes mœurs de la cité & la pieté du peuple a reçeu de dommage par leur venuë. Ceux-là se ioygnirent

gnirent, comme il se faict aisément, auec d'autres qui hyuernoient en la mesme Isle. Et voicy tout soudain les debats, les iniures, les appels, comme suscitez des enfers, s'esleuerēt d'vne grande impetuosité, le ieu semblablement, & auec iceluy la coustume de iurer & parjurer: la paillardise aussi, & les vsures, auec les autres pestes de la cité. Cependant les troupes de ceux qui souloient assister aux prieres diminuoient aux Eglises, le zele de ceux qui auoient accoustumé d'y accourir s'atiedissoit, la frequentatiō des Sacremens s'amoindrissoit, & les barlans & lieux publicqs commençoient à s'ouurir. En fin l'Isle touchoit encor miserablement les bords de l'enfer, duquel le zephyr d'vne benigne grace, & le souffle du sainct Esprit l'auoit retirée auec tant de douceur. GASPAR cependant brusloit de zele, tonnoit en ses predications, ne prenoit aucun repos ny iour ny nuict; reprouuoit, coniuroit, tançoit auec toute patience & doctrine, croissoit en oraison, se rendoit presque cruel à soy-mesme;& appelloit au secours la force des siens par l'oraison & la penitence. Mais le diable

L 4 auec

auec l'aide des siens en deſtruiſoit autant en vne heure qu'il auoit auec treſ-grād' peine auācé en toute vne ſepmeine. Il eſſaia de faire vers Emanuel de Lima qu'il les ietta hors de la ville cōme perturbateurs de la paix & du repos publicq; mais la crainte d'vn plus grād mal & plus dangereuſe ſedition deſtourna auſſi ce conſeil. En fin comme aux maux extremes il faut appliquer auſſi des remedes extremes, il prit ce conſeil de la neceſſité. Il preſche tout exprés le peuple du vray amour vers le prochain; il declare de combien plus ceſt amour oblige d'auantage de procurer à ſon prochain les biens ſpirituels du ſalut eternel, pluſtoſt que ceux de la fortune, des honneurs, de la vie: parquoy que c'eſtoit choſe licite, voire ſaincte, de deſirer & demander quelquefois à Dieu, qu'ils fiſſent perte de quelques vnes de ces choſes, ſi ainſi on trouuoit qu'il fut neceſſaire pour paruenir à la poſſeſſion des biens ſpirituels. En fin aprés auoir aſſés confirmé ceſte matiere par ſentences graues, exemples authentiques, & teſmoignages manifeſtes de l'Eſcriture ſaincte, auec vne grand'

violence

violence & ardeur d'esprit, tournant au ciel son discours, il s'addresse à Dieu mesme, & reitere souuët ceste prophetie: *Imple facies eorum ignominia, & quærent nomen tuum Domine*. Seigneur remplisez leurs faces d'ignominie, & ils cercheront vostre nom : & ainsi tout fondant en larmes il imploroit la iustice, ains plustost la misericorde diuine; afin qu'il pleut au bon Dieu traicter ces ames, qui auec tant d'obstination s'alloient perdre auec les autres, & reiettoient en leur cure toute douceur, par des remedes plus acerés, & des medecines plus fortes, à ce qu'il luy pleut di-je decouper & detrancher en la partie principalemēt ou chasqu'vn estoit plus sensible, soit qu'il toucha à l'honneur, soit la renommée, les biēs, & voire le corps mesme, des-honnorant, appauurissant, detranchant, exstropiant, & assommant si ainsi il estoit expedient à leur salut. Car par ce moyen ils se recognoistroient peut estre sans yeux & sans mains pouuoir entrer aux cieux, ce qui veritablemēt seroit meilleur, que d'estre sains & touts entiers plongés dans les enfers. L'esmotion des ames estoit merueilleuse

L 5   au

au peuple escoutant la predication, & quasi aussi grande que celle du predicateur; le changement frequent de la face & de la couleur là descouuroient; mais rien ne les estona tant que quand ils l'entendirent en la fin de son sermon auec vn tres-grand ressentimēt de l'ame les prier qu'auec vne grande attention & entiere intention, par vraye amour & zele entier enuers leur prochain ils recitassent trois fois l'oraison Dominicale, & la salutation Angelique, à fin qu'ils obtinssent ces peines & autres quelconques punitions temporelles pour ceux qui l'auoient merité ou en auoient besoin pour le salut de l'ame.

CHAPITRE X.
L'insolence des soldats est reprimée & aigrement punie de Dieu.

LEs vœux du Predicateur & les prieres du peuple ne furent pas vaines. Dieu approuua dãs peu de temps par son iugemēt aux yeux de toute l'Isle les vœux des ames deuotes. Monaïa estoit vn Fort au continent de Perse de la iurisdiction d'Ormus: les Sarrazins qui y estoient en gar-

garnison auoient inopinément rendu ce Fort à l'ennemy auant que seulemēt personne en soupçonna rien. Vne si grande perfidie & trahison fut assez griefue au Roy d'Ormus; Il arme donc 5000. hommes des siens, & demande semblablemēt des Portugais pour secours, selō le traicté de paix, au General, & il en obtint quatre cent, au nombre desquels furent ces deux cent destructeurs de la pieté d'Ormus, les autres de rien meilleurs. Pantaleon de Saa estoit chef de ceste expedition, qui estant venu au Pere pour dire adieu, & receuoir de luy vne heureuse apprecation deuant que sortir de l'Isle, apprit par luy les infortunes, certes, mais merités euenements de ceste guerre. Car comme GASPAR taschoit par tous moyens de faire qu'au moins ceux qui s'en alloient pour combattre, voire pour mourir, se réconciliassent à Dieu, ils adiousterent encore cecy à leurs vieux pechez, qu'il ne s'en trouua que vingt seulement qui le creurent; les autres receurent les sainctes & paternelles admonitions de GASPAR auec des risées & mocqueries, comme s'ils fussent esté de ceste

ceste racaille desquels Esaie dict: *Percus-simus fœdus cum morte, & cum inferno fecimus pactum; flagellum inundans cum trãsierit, non veniet super nos, quia posuimus mendacium spem nostram, & mendacio protecti sumus*. Nous auons faict alliance auec la mort, & auõs pachisé auec l'enfer; quand le fleu courant passera il ne viendra pas sur nous, d'autant que nous auons mis nostre esperance au mensonge, & nous sommes deffendus par mensonge. Ils paruindrent donc en Perse, assiegerent le fort, le battirent de canons, & firent bresche, donnerent l'assaut, mais si mal-heureusement, qu'ils se retirarent du Fort plustost qu'ils n'estoiët venus, quelques-vns neantmoins pour peine de leur meschanceté moururent, cent furent bruslez, les autres retournarent pleins de honte & d'ignominie, apres, la mort ministre de la diuine Iustice entra au camp, & plusieurs furent subitement saisis de peste, il en mourut iusques a cinquante. Tous estoient abandonnez de tous. Vifs destitués de secours & d'assistance, morts priuez de sepulture. Et ceste peste ne saisit seulement que ces meschans; & pas vn
des

des Sarrazins qui eſtoient en plus grand nombre, affin que perſonne ne douta que ce fut vengeance diuine. Parquoy maintenant, mais trop tard, deuenus ſages commencerent à haute voix d'appeller GASPAR, les ſains pour la crainte du danger ja panchant ſur leurs teſtes; les malades auſſi pour le mal preſent. Le general Panthaleon ayant compaſſion de leur infortune en eſcrit pitoyablement à GASPAR, luy remonſtre la neceſſité, & demande promptement du ſecours.

C'eſt merueille combien ces lettres furent dures à GASPAR, non tant pour la compaſſion du mal qu'il pouuoit ſembler auoir amené luy-meſme pour le ſalut des ames, que pour-ce que (comme i'ay dit deuant) il ne luy eſtoit pas permis par Xauier de les ſecourir: car il ne pouuoit pas de trois années entieres mettre le pied hors de l'Iſle. Parquoy reſpõdant treſ-amiablement, il les ſollicitoit au retour, qu'il leur feroit voir par experiéce qu'il n'eſpargneroit aucun trauail. Mais qu'il luy eſtoit deffendu par l'authorité de ſes ſuperieurs de ne ſortir de l'Iſle. Cependant deux cent autres furent enuoyez au secours, qui estants là arriuez, voyant encor la main de Dieu estenduë, firent quelque trefue, & laissant le chasteau derriere s'en retournerēt à Ormus. En ce siege il suruint beaucoup de choses merueilleuses, & principalement la mort soudaine de ce paillard blasphemateur dont nous auons faict mention cy dessus.

Mais au retour l'exemple de la bonté diuine à l'endroit d'vn soldat ne se peut oublier. Cestuy-cy au milieu de la compagnie déprauée auoit la pieté en recommandation, & s'en allant à la guerre il auoit (ce qu'il faisoit souuent) purgé son ame; outre cecy il auoit accoustumé de reciter l'office des Heures de la biē-heureuse Vierge: toutesfois la contagion quasi commune à tous ne l'exempta pas; Il estoit nonobstant moins malade. Parquoy retournant à cheual, ou pour le trauail du chemin, ou la maladie se rengregeant, defaillant subitement, & priué de sentiment il tomba du cheual, personne ne s'en prenant garde; estant puis apres reuenu à soy il cerche en vain ses compagnons & son cheual, il marche neantmoins

moins auant, & trois iours apres il les atteint. Il estoit cependant pressé de faim, tout estoit plein de dangers ; Parquoy il inuoque auec prieres la bien-heureuse Vierge son aduocate: & voila qu'aux terres des Sarrazins molestées de continuels larrecins, non seulement il n'encourut aucun danger : mais encor il y trouua vn remede de la faim du tout prodigieux. Car arriuant en vne palmiere, (encor que toutesfois c'estoit chose asseurée qu'en toute ceste traicte & encor bien loing aux enuirons il ne se trouuoit aucun palmier) il mõte sur vne palme, remplit son ventre, & aussi prouuoyant pour l'aduenir son sein de dattes. Estant descendu de là il rencontre vn Sarrazin, duquel s'estant enquesté où estoient les franques, (car ils appellent ainsi les Chrestiens depuis le tẽps peut-estre que S. Loys Roy des Frãçois & les autres arrestarent long temps aux terres voisines pour recouurer la terre saincte) aussi tost instruit de ce qu'il demandoit, le troisiesme iour il paruint aux autres. Ils furent tous estonnez d'vn tesmoignage si euident de la diuine bonté : & auec le soldat loüerent Dieu

remu-

remunerateur & ſa Mere, pour ſa benignité enuers luy. Or combien rare eſtoit ceſte deuotion, ſpecialement en vn homme de guerre, monſtroit aſſez la plainte qu'il faiſoit à ſes compagnons eſtant de retour, par laquelle il deploroit (cerchant à ceſte occaſion des heures) de ne s'eſtre acquitté de ſon office des Heures de noſtre Dame la bien-heureuſe Vierge. Mais retournons aux autres. Ils eſtoient lors tous arreſtez en vn certain chaſteau près d'Ormus, où, de là ils arriuerent biē toſt, toutesfois tout autres qu'ils n'eſtoient quant ils partirent; & tels que GASPAR les auoit deſiré. Car apres la ſeule confeſſion ils ne reclamoient riē que GASPAR; or iceluy & les ſiens paſſé long temps les attendoit au riuage, affin que le bon Pere, entre ſes bras, portaſt ſes mauuais enfans à la maladerie. Ce fut la premiere choſe que luy & ſes compagnons firent ſoigneuſement, apres on leur diſtribua des remedes, des viures & autres choſes neceſſaires. Mais toutesfois on eut pluſtoſt ſoing des ames que des corps. Parquoy il appelle au ſecours tous les Preſtres du pays, cognoiſſant aſſez qu'en vn

extre-

extreme danger de plusieurs il ne pouuoit seul suffire à tous. Mais la deuotion fut si grande, voire tellement trop grande, qu'il fut impossible persuader à aucun d'iceux qu'il descouurit ses pechez à vn autre; & ils estoient en cela tous si obstinez comme s'ils eussent tous conspirez ensemble. Ceste affliction fut incroyable & inopinée à GASPAR, quand il se vit d'vn costé enuironné de pleurants, de l'autre costé de criants & implorants la confession, & de l'autre, de mourants; encor qu'il les embrassa tous de charité esgale, il ne pouuoit pourtant esgalement ayder à tous. Parquoy il commença leur remonstrer qu'en ceste extreme necessité la puissance de tous Prestres estoit esgale: que chacun deuoit bien curieusement prendre garde de ne perdre en ce danger par sa tres-grande faute l'occasion de se confesser: mais en vain. Ils protesterent vnanimement qu'ils mourroiët plustost sans confession, que d'ouurir les secrets & descouurir les pechez de leur ame à autre qu'à GASPAR. Et il parut que cecy aussi fut ou vn traict de la fureur diuine, ou vne ruse du diable, ou tous les deux: à

M   fin

fin peut-estre que quelques-vns indignes de pardon mourussent sans espoir de misericorde. Et certes il arriua ainsi. Car quelques-vns au grand regret de GASPAR moururent deuant que s'estre purgez par la confession. Ainsi Dieu exerce quelquefois des iugemens plus seueres, affin que qui n'a voulu quant il pouuoit, ne puisse quant il voudroit obtenir des remedes de salut.

Cecy neantmoins esmeut quelques-vns des Prestres (mais côbien auec grand tort chacun le peut iuger) à l'endroit de GASPAR. Mais luy ne se souciant des petits bruicts, entreprenant seul la besoigne, commença selon qu'il luy fut possible d'espuiser vn labeur infiny. Plusieurs se vouloient, ou aussi deuoient confesser de toute leur vie; son compagnô ne pouuant compatir auec l'air d'Ormus, à cause duquel il auoit ja trois fois couru fortune de la vie, auoit en vn temps fort incommode esté renuoyé à Goa: il estoit donc contraint de faire seul ce que plusieurs à grand' peine eussent peu parfaire exactement; car il falloit purger & preparer les vns à la mort par le Sacrement
salu-

salutaire. Les autres auoient besoing en l'agonie mesme d'estre écouragez par les parolles de GASPAR, ou d'estre preparez par l'onction salutaire à la cruelle lucte contre la mort & le diable. Et cóme il estoit alors animé cótre GASPAR, il employa tous moyens: car ne pouuant souffrir tant de proyes luy estre arrachées de la gueule, il se mit en deuoir de le perdre par vn certain frenetique son ennemy; d'autant que GASPAR ayant auec quelques autres arraché de ses mains vne espée que ie ne sçay d'où il auoit saisie, & delaquelle il s'efforçoit de se tuer, il s'appresta presque la mort qu'il auoit destourné de l'autre. Car tournant sa fureur contre GASPAR, l'ayant empoigné il luy serra tellement la gorge, que sans le secours de Dieu & des assistans c'estoit faict de sa vie. GASPAR ayant par ce bien-faict repris plus de courage, ne cessa iour & nuict de haster son labeur, prestant à ceux-cy ses aureilles, à ceux-là sa langue, bref aux autres ses mains & la peine. Et passa ainsi recrée de cósolations diuines tout vn mois entier.

 Par ces choses la gloire diuine de

GASPAR fut grandement accreuë, veu qu'outre ce que nous auons maintenant raconté, ses beaux gestes furent encor rendus plus illustres par d'autres prodiges celestes, par lesquels s'est faict que beaucoup de proye ja par esperance engloutie a esté retirée des goulfres des enfers pour estre conduicte au port de salut. Souuent là les malades se confessants auec la santé de l'ame, les maladies de l'esprit estant chassées, recouuroiēt aussi celle du corps. Parquoy la pieté & deuotion estoit remise en son premier estat auec vsure.

Mais le soucy de la citadelle perduë restoit qui affligeoit les esprits d'vn chacun, & aussi de GASPAR. Parquoy sçachant bien qu'il falloit attribuer la cause de tout cecy à nos pechez, non aux forces des ennemis, aussi tost qu'après la cure des ames & des corps des malades il eut repris haleine, il delibera aussi de marcher en bataille auec les siens, & de combattre, non auec les Perses, mais auec le ciel mesme, d'où on pouuoit esperer la victoire. Parquoy il conduit des pieuses trouppes de suppliants à vne chappelle
proche

proche de la ville (elle estoit esloignée enuiron demy lieuë) dediée à l'honneur de la Mere de Dieu. Le clergé & le peuple alloit à pied nud, plusieurs aussi se foüettoient cruellemēt, tous imploroient auec cris & larmes la misericorde diuine. Ces deuotieux exercices estant commencez sur le vespre, estoient continuez iusques enuiron la my-nuict: car là GASPAR preschoit auec vn tel ressentimēt des auditeurs, qu'il est arriué quelquesfois que par l'espace de demy heure, vne seule voix de tous ensemblement pleurants, s'esleuoit au ciel; Seigneur Dieu misericorde. Et le Seigneur n'a pas esté sourd à ces cris. Quasi en mesme temps que ces choses se faisoient les nouuelles de la citadelle renduë sans aucune effusion de sang auec des conditions equitables arriuerent bien tost à Ormus. Et tous cogneurent que les hommes faussoient ou gardoient la foy aux hommes, selon qu'iceux estoient traistres ou fideles à Dieu. Nous auons remis le reste qui a esté faict pieusement ou admirablement auec les Chrestiens à la fin de ce liure, tant pource qu'il y a quelques choses communes

M 3 auec

auec celle-cy, comme pour-ce qu'elles sõt arriuées enuirõ son depart d'Ormus.

CHAPITRE XI.
Ce que GASPAR *a faict auec les Heretiques, Schismatiques, & Apostats.*

Venons maintenant à ceux qui sont plus proches par foy, bié que peut estre en impieté ils surpassent tous les autres. Ceux-là sont les Schismatiques, Heretiques, & Apostats impies. Les Schismatiques à Ormus estoient communément ceux-cy : de l'Affricque les Abyssins, de l'Asie les Armeniés & Georgites; de l'Europe les Grecs & Moscouites. Des Heretiques Européens non petit nombre d'Allemans, Russiens, Polonois, Hongres; & si quelques autres il y auoit que l'obstination mal-heureuse auoit banny plus loing de la verité que l'auarice insatiable de leur patrie. Il y en auoit aussi quelques-vns que la fortune se iouänt par diuers accidens auoit amenez en Perse & Turquie. Et en la Perse certes d'autant que les Chrestiens qui sont là ne payent pas moins le dixiesme de leurs fils pour tribut, il y en auoit beaucoup

nais

nais des Chrestiens, & plusieurs estoient vendus à Ormus pour esclaues, lesquels GASPAR reconciloit à l'Eglise, & puis les enuoyoit à Goa au college de sainct Paul, si au moins ils y vouloient aller, sinon, il faisoit tant, d'autant qu'ils estoient Chrestiens, qu'on les mettoit en liberté. Auec les semblables de ceux-cy que les Turcs appellent Ianissaires, il se comportoit de mesme façon; mais auec les Abyssins vn peu autrement ; car d'autant que leur baptesme ne sembloit pas trop asseuré, il les baptisoit; il n'y auoit aussi pas faute d'Armeniens, demy-Turcs & demy-Chrestiens (qui ont accoustumé de viure selon la façon du pays où ils abordent. Ils obseruoient alors vne grande austerité de vie ; de maniere qu'ils monstroient l'austerité de ces anciens estre paruenuë iusques à la posterité. Il en rappelloit plusieurs d'iceux à l'Eglise & au salut, ayant premierement conuaincu & puis refuté leurs erreurs. Et il r'amena quelques Apostats Italiens & Grecs fugitifs de Turquie au champ de l'Eglise & au vray cōducteur & pasteur des ames; entre lesquels estoit vn Genéuois qui

M 4   ayant

ayant renié la foy auoit long temps porté les armes sous l'Empereur des Turcs. Cestuy-cy par la miséricorde de Dieu retournant à resipiscence, vint à Ormus par le conseil de GASPAR, & fit perte de tous ses biés & fortunes pour ne perdre son ame. Estant donc courtoisement receu de GASPAR il fut apres r'enuoyé à Goa pour estre rendu à l'Eglise.

Si de fortune il faisoit rencontre de quelques Heretiques, il les retiroit du naufrage de la foy; principalement par ce moyen. Les ayant receus amiablemēt en sa maison & gratieusemēt obligez, il arrachoit premieremēt leurs erreurs, en apres il prouuoit & cōfirmoit la doctrine saincte par argumens & sur tout par saincteté de vie: d'où arriuoit qu'ils laissoient leurs vieilles erreurs premier que sortir de la maison: & s'est veu quelquefois qu'il en auoit en sa maison sept ou huict de tels en mesme temps qui estoient tous detenus d'erreurs diuers. Cestuy-cy nioit l'authorité du Pape de Rome; celuy-là le feu de Purgatoire; les autres autre chose: mais l'adresse de GASPAR en les traictant a esté si grande qu'ils ont tous estez
con-

conuertis à la foy & à la verité. Et non
seulement il sçauoit bien conduire leurs
esprits obstinés, mais encor il estoit admirable à les descouurir. Et il ne sera pas
hors de propos d'en conter vn exemple.
Vn certain riche homme d'Ormus se seruoit du Pere en confession. GASPAR
se conduisoit auec luy si prudemment,
qu'il differoit tousiours l'absolution sous
quelque pretexte; car il voioit qu'aux cachots plus reculés de l'ame il y auoit
quelques erreurs à couuert, qu'il cachoit
soubs le voile des ceremonies catholiques: mais d'autant qu'il n'estoit aucunement soupçonné de ce crime, il iugea
bon d'arracher plustost la verité par son
silence, que par interrogats d'vn homme
qui vray-semblablement l'eut nié. Il arriua du tout ainsi, car celuy se regardant
interieurement, commença d'auoir opinion que GASPAR par quelque moien
auoit senty la puâteur, en fin par la grace
de Dieu s'accusant soy-mesme ensemble
auec ses pechez, il descouurit & abiura
son heresie; & ainsi il reçeut en fin absolution du Pere.

La renommée esleuoit tous les iours

GASPAR comme seul plus grand par dessus les autres mortels, par plusieurs autres miracles. Desia celuy auquel par le bien-heureux Xauier il estoit defendu de sortir de l'Isle, estoit porté en la bouche de tous, par la plus grande partie de l'Asie iusqu'à Constantinoble; trescelebre par toute l'Arabie, il estoit desia renommé entre les Abyssins, ou dés lôgtemps aspirant, il s'estoit informé par gens capables, du pays, de leurs mœurs & coustumes, & l'auoit reduict en commentaires. Quant à la Perse voisine, Babylone, Carmanie, il y estoit presque aussi cogneu qu'à Ormus. Mais afin que ie ne semble auoir dict quelque chose en orateur, (bien que Louys Froés historien excellent de ce temps, & le mesme compagnon de GASPAR aux Indes r'apporte cela mesme que j'ay dict en autant de parolles en certaine Epistre aux confreres Portugais) ie ne veux pas qu'on adiouste plus de foy aux parolles qu'aux effects. Ie reciteray seulement trois choses qui feront amplement foy de tout cecy. Et premierement combien son nom a acquis de credit vers les Sarrazins, on
le

le cogneut quant il vint des Ammonites Arabes vers luy qui le conuioient & follicitoient à la conuersion de ceste nation. Mais il faudra parler de cest ambassade quant nous traicterons des Sarrazins.

L'autre ambassade fut enuoyée de Cõstantinoble par vne si longue estenduë de terre. Il venoit vn certain Chrestien enuoyé par les Chrestiens de ce lieu auec des lettres vers GASPAR, seulement afin qu'iceluy s'en retournant aux siens tesmoigna auoir veu GASPAR, duquel il auoit ouy dire de si grandes choses, & qu'il leur r'apporta auoir cogneu de luy mesme ce que par le tesmoingnage de la renommée ils auoient entendu. Il vint heuresement iusqu'à Bacora, Fort des Portugais, qu'en ce temps les Mammelus auoiét occupé, là estant pris par iceux il fut descouuert, & aussi on cogneut par les lettres à quel sujet il faisoit ce voiage; Parquoy il fut relegué en prison, de laquelle neantmoins ayant trouué commodité il escriuit à GASPAR, qu'estant enuoié par les Chrestiens il estoit venu de la ville de Constantinoble mesme, seulement pour le voir; mais qu'il estoit
là

là iniuſtemēt arreſté en priſon. GASPAR fit reſponſe fort amiable, conſolant le perſonnage. Ce que les Mamelus ayant ſçeu & qu'il auoit receu des lettres d'Ormus ne le peurent ſouffrir,& firēt trācher la teſte à ceſt hōme; ceſte citadelle eſtant depuis repriſe, le general de l'armée enuoya la teſte à GASPAR, afin qu'au moins il vit celuy duquel il n'auoit peu eſtre veu aprés tant de trauaux.

L'autre eſt auſſi aſſez ſemblable, mais toutesfois on recognoit aſſez par le lieu & beaucoup d'autres circonſtances qu'il eſt du tout different. Entre ceux qu'apres la foy pariurée il rendoit à l'Egliſe Catholique, s'en trouua vn auquel les cordeaux eſcheurent és lieux excellens ainſi qu'il ſe preparoit à ceſt effect. Car comme il apreſtoit ſon retour vers nous,& ſa fuitte des Turcs, auſquels il s'eſtoit reuolté, il trouua la couronne certaine du martyre, & lauant ſes pechez dans ſon ſang, d'Apoſtat qu'il eſtoit, il deuint glorieux teſmoing de la foy. Ceſtuy auoit nom Iean, né à Coulongne en la baſſe Allemaigne, & encor qu'il fut de parēs hōneſtes & riches, diuers accidés neantmoins

moins l'auoient porté en diuerses contrées, & en fin en vne certaine ville des Turcqs nommée Catifa, qui est en l'Isle Baharem au destroict de Perse, enuiron cent dix lieuës d'Ormus. Il auoit là esté commis l'espace de dix ans aux canõs, & à faire faire la poudre sulphurée en vne citadelle de la mesme ville. La renõmée de GASPAR & de la pieté d'Ormus estant paruenuë iusqu'à là, comme il n'estoit pas difficile de ce port si celebre & fameux, incita ce Iean de se commettre à la fidelité de GASPAR pour retourner à la religion Catholique, ce qu'il auoit passé long temps souhaitté : mais d'autant que cest affaire estoit tel, qu'il y auoit du peril à receuoir vn troisiesme tesmoing, il aima mieux se fier au papier muet que de riẽ hazarder sur la foy d'aucun. Il faict donc de l'encre auec la poudre à canon, duquel il escript vne lettre en trois langues au Pere, à sçauoir Flamangue, Frãçoise, & Latine, ne sçachant pas que GASPAR entendoit parfaictemẽt ces trois langages. Le suiect des lettres estoit tel, Que le Pere luy promit asseurance & vie sauue entre les Portugais,
que

que le Pere luy promit auſſi de la part de l'Egliſe pardon de ſes pechés, qu'il viendroit auſſi toſt à Ormus pour ſe remettre promptement au giron de l'Egliſe, qu'il feroit penitence de ſes pechés à la volõté de GASPAR. Ceſte lettre reſiouït merueilleuſement GASPAR. Parquoy il reſpond briefuement & ſecrettement, qu'il vienne aſſeuré, & ſe contente de ceſte ſienne ſeule promeſſe, qu'il feroit que les Portugais le reçeuroient, logeroient, & traicteroient honorablement, qu'il verroit auſſi par experience auec cõbien de douceur la ſaincte Mere Egliſe a accouſtumé de receuoir ſes enfans fuitifs & prodigues quãt ils ſe repentent. Ceſte lettre du Pere (on ne ſçait ſi par hazard ou perfidie du porteur) neantmoins vient entre les mains du gouuerneur de Catifa homme Turc. Parquoy ce Barbare auec vn truchement entédit le deſſein de Iean. Iean eſt enuoyé querir, & interrogé qui il adore, Chriſt, ou Mahomet. Il cogneut que ſon fait eſtoit deſcouuert; Parquoy d'vn grand courage & auec vn viſage ioyeux il reſpõd qu'il ny à pas d'aultre Foy, ny d'autre Loy, que celle des

Chre

Chrestiens, en laquelle les hômes puissent paruenir au salut; qu'il vit en icelle, qu'il y veut mourir aussi, & qu'il est prest pour soustenir ceste verité d'endurer les tourments les plus cruels; qu'il laisseroit aussi plustost la vie que ceste foy: mais qu'il tenoit Mahomet pour vn tres-infame imposteur, & que tous ceux-là estoient coulpables de feux eternels qui s'auoüoiēt de sa suitte: bref qu'il n'auoit aucun plus grād regret que d'auoir quelque temps feintement faict semblant de suiure l'impieté d'iceluy & sa secte. Les Barbares enflammés de rage par ces discours, l'interrompirent comme il vouloit parler d'auantage, & pleins de furie n'oublierent aucune espece de cruauté en son endroict. Ils detrenchoient le pauure homme par morceaux, & à pause le deschiroient, & à guise d'vne victime commencerent à le decouper mēbre à membre. Mais nostre martyr monstra sa foy par son courage, & proferant semblablement de la bouche le nom de IESVS, persista constamment iusqu'à ce qu'il eut rendu à Dieu son ame nettoiée par le sang de IESVS-CHRIST, & le sien pro-

propre. Ils mirent fa tefte fiché à la lance d'vn barbare aux creneaux des murailles. Mais la Iuſtice diuine ne differa pas lōgtemps la vengeance d'vne ſi grand' cruauté: & Dieu auſſi ne permit pas plus long temps que ſon martyr fut priué de l'honneur & du cult qui luy eſtoit deu. Peu apres arriua à Ormus auec vne armée naualle Antoine Noronha, nepueu du Vice-Roy par fa ſœur, qui recognoiſſant les frontieres des Turcqs és confins d'Arabie auec deux mille ſoldats, tous autres que ceux de Maiana, (car il n'y eut aucun d'eux qui ne ſe confeſſa deuāt que partir, & par le moien d'vn ſeul GASPAR, tous les autres Preſtres eſtans malades iuſqu'à vn ſeul) eſtant entré en Baharem auſſi toſt attaqua Catifa ſi heureuſement que venir, voir & vaincre, fut tout vne meſme & ſemblable choſe. Parmy les deſpouilles du chaſteau on trouua la lettre de GASPAR à Iean martyr, par laquelle eſtans eſmeus ils s'équeſtarent de Iean à ceux qui eſtoient reſtés ſuruiuants à la ruine de la ville, deſquels ils ſçeurent au vray tout ce que nous venōs d'eſcrire. Parquoy aiāt oſté ceſte teſte, gage ſacré.

des

des creneaux, ils l'apporterent non sans reuerence auec eux à Ormus, & toute la ville auec GASPAR & vne grāde affluēce de peuple là porterēt tout à l'entour de la cité nō tāt pour sepulture que par hōneur.

CHAPITRE XII.
Ce qu'il a faict auec les Iuifs.

LEs essais de GASPAR eurent plus d'applaudissemēt auec les Iuifs qu'il n'eut voulu; mais comme il se faict ordinairement en l'infidelité de ces gens, moins de fruict qu'il n'eut desiré, cōbien que toutesfois il ne fut pas petit, si ce n'est qu'on le compare auec l'autre, qui a esté à peu prés incroyable: le fruict ou l'applaudissement print quasi son commencement d'icy. Les premiers mois apres sa venuë, comme il commença d'estre cognu par reputation des autres aussi bien que des Portugais: le Dimāche auquel l'Eglise Catholique honore le tres-auguste mystere de la tres-saincte Trinité, il prescha de ce haut mystere au peuple: où apres auoir expliqué la doctrine Catholique touchant ce sujet, il monstra combien estoient reculés de la

N verité

verité les Gentils, Sarrazins, & Iuifs qui ignoroiēt ou nioiēt ce myſtere; & diſputant auec chacun d'eux par des raiſons propres, il inſiſta principalement contre les Iuifs, confirmant ceſte verité par les teſmoignages ou de l'ancienne ou de la nouuelle loy.

Il y auoit par hazard quelques vns des Iuifs, où ils auoient ſçéu ce qui s'eſtoit dict au ſermon par le r'apport d'vn autre. Parquoy auſſi toſt ils oſerent prouoquer GASPAR à vne diſpute priuée, ou pour l'eſperance de la victoire, ou pour le ſonder, n'ayant pas encor eſprouué de combien il ſurpaſſoit tous les autres en doctrine & en ſapience. Il y auoit deux Rabins qui deuançoient les autres en opinion de doctrine, l'vn s'appelloit Ioſeph l'autre Salomon, né en Caſtille, tous deux ſçauants aux eſcripts du Talmud ; tous deux s'en vont à GASPAR & le preſſent ſpecialemeut en cecy : GASPAR auoit dict qu'il y auoit en ces paſſages des marques de la tres-ſaincte Trinité : en ceſt Heloim du Geneſe 1. & encor au mot *faciamus*, faiſons, qui ſe dict au nombre de pluſieurs ; encor en ces parolles *eritis ſicut*

sicut dij, vous serés comme dieux;& semblablement en la trois-fois iemelle voix *sanctus* sainct. Iceux debattoient cecy; GASPAR leur respondoit si à propos qu'ils se repentoient desia de l'auoir interrogé, & auoient recours à leurs textes se desfiant de leur memoire, par laquelle neantmoins ils se glorifioient de sçauoir toute l'escripture. Mais comme ils ne trouuerent pas plus de secours en leurs escripts, qu'en leur memoire, ils se retirerent de sorte, qu'ils confessoient ouuertement estre vaincus.

Il falloit qu'ils rendissent publiquement raison de ceste dispute en leur synagogue, d'autant qu'elle auoit esté entreprise par l'authorité des anciens du peuple, parquoy au prochain Sabath ils leur demanderent publiquement quel auoit esté l'euenement de ceste cõference auec le docteur des Chrestiens. La confession publique de la verité, la verité mesme les forçeant, fut merueilleuse. Le Raby Salomon comme il estoit estimé & estoit aussi plus sçauant respondit ainsi : qu'il auoit disputé auec beaucoup de Docteurs, que toutesfois il n'auoit iamais trouué rien de semblable aux hommes de ceste Societé; ce qu'il disoit ou par ce qu'il le croioit ainsi, ou d'autant que raportant la cause de ceste victoire, & de son ignominie non à la verité, mais à la doctrine de GASPAR, il taschoit de l'amoindrir ainsi par ce qu'il ne pouuoit autremēt. A la verité aiant autresfois disputé auec autant de mal-heur contre le bien-heureux Xauier, il iugeoit de tout le reste par ces deux. Mais il continuë: car ils sont si subtils aux disputes, qu'on peut attribuer (merueilleuse force de la verité,) ceste chose à vne grace diuine. A cecy ceux qui les auoient interrogé respondirent; puis qu'il estoit ainsi qu'ils desesperoient de la victoire, qu'à l'auenir ils cessassent, & priassent GASPAR qui estoit bon homme, d'auoir esgard à leur honneur, & qu'il ne publia pas ce qui s'estoit dict & fait en priué. Et il le firent ainsi. GASPAR sçeut tout cecy d'vn amy Iuif; nous de GASPAR mesme escriuant aux siens. Or ils honorerent par aprés tous tellement GASPAR, qu'ils estoient souuēt auec luy, & l'vn & l'autre Raby le conuioit souuent au banquet en

sa

sa maison, promettans qu'en ce festin ils s'abstiendroient des coustumes de leur loy, que les mets seroient communs à l'vn & l'autre. Ils le laissoient aussi entrer en leur Synagogue, mais auec vne ruse admirable ; ils assembloient tant de questions, qu'il n'auoit loisir que de respondre, & non de proposer aussi à son tour: ils esleuoient ses responses auec de merueilleuses loüanges, accordoient & applaudissoient. Bref l'amour & l'honneur creut tant, que GASPAR esperoit de bref leur enseigner les lettres sacrées en leur Synagogue. Les docteurs alloient souuēt vers luy non comme importuns demandeurs, mais disciples. Ils auoient recours à luy en leurs doutes, & estoient estonnés de la facilité du Pere à expliquer les escritures, qui estant interrogé d'vn verset, expliqua encor plus liberalement qu'on ne l'auoit demādé tout le chapitre entier. Qui plus est, l'opinion de sa saincteté estoit si grande en leur endroict, que si d'auenture il estoit rencontré de quelqu'vn par la ruë, fleschissant le genoüil ils le reueroiēt. Aussi tost que pour leur commerce ils auoient quelques differents

ferents auec les Chreſtiens ils auoient recours au Pere, la ſentence duquel bien que la cauſe ſembla de grāde importāce, (comme par exemple il paroiſtra) appaiſoit le debat. La fille d'vn Iuif auoit receu la Foy Catholique; le Pere portant cela impatiemment auoit reſolu de la deheriter, GASPAR s'en va vers luy, & ne fut beſoing de beaucoup de diſcours, par ſa ſeule preſence il adoucit ceſt homme, qui auſſi toſt rēd à ſa fille tout ce qui luy appartenoit. Il auoit deſia perſuadé à pluſieurs que les vſures n'eſtoient pas moins defenduës par leurs Loix, que par celle des Chreſtiens: & ainſi pluſieurs, ce qu'à grand' peine ſe peut croire en ceſte gent, les quitterent. GASPAR lors qu'il pouuoit recognoiſſoit amplement les bons offices des Iuifs en ſon endroict. Aiant de fortune trouué vn certain malade d'iceux chetiuemēt couché en la ruë, il le chargea ſur ſes eſpaulles, lequel en aprés vaincu d'vne ſi grande charité il ramena à IESVS CHRIST. Mais quelqu'vn pourroit trouuer eſtrāge ce qui les empeſchoit de venir à la Foy, laquelle ils admiroient tant; mais non celuy qui
co-

cognoit & l'obstination & l'aueuglemēt de ceste gent. Toutesfois nous r'apporterons au chapitre suiuāt la cause qu'eux mesme donnoient de cecy.

CHAPITRE XIII.
Dispute publicque de GASPAR auec les Iuifs.

IL estoit difficile de persuader vne dispute publicque à ceux qui auoient en priué, vne, voire plusieurs fois estés vaincus par leurs propres confessions. Mais neantmoins importunés par le continuel deffi de GASPAR, & instruicts par vne longue preparation, ils l'accorderent, esperant s'ils ne vainquoient, au moins par leurs artifices obscurcir la victoire de GASPAR, & la reuoquer en doute parmy les ignorants. Ne pouuant donc differer plus lōg tēps, leur honneur sauf vers les leurs, ou, qui estoit le principal vers les autres, (car ils se soucioient peu dés leurs à cause de ce que nous auons dict cy dessus) ils assignerent iour pour disputer publiquement. Le iour arriua; les deux Rabins, que i'ay dict s'assirent d'vn costé, GASPAR de l'autre, l'autre, il y auoit sans quasi touts les Iuifs, & Chrestiens, aussi plusieurs Turcs & Mahometans, qui deuoient iuger de la doctrine de GASPAR, par l'euenement de la dispute; & voir aux despés d'autruy ce qu'ils resoudroient eux mesmes de leur conference à laquelle GASPAR les auoit souuét sollicitez. Afin donc que les subterfuges diuers des contestans ne vinssent à extrauaguer, on trouua bon de limiter la dispute à ces termes, sçauoir que GASPAR qui prouoquat prouueroit ces deux points: Que le temps du Messie à venir estoit desia passé; l'autre, que IESVS qu'il adoroit estoit le Messie promis, & comme appellent les Chrestiens, le CHRIST.

Ie descriray le mieux qu'il me sera possible les principaux points de ceste dispute & ne prolongeray pas, ains reduiray en abregé la force des raisons. Il demonstra donc elegamment la premiere verité par les sepmaines de Daniel, lesquelles soit qu'elles fussent d'années, ou solaires, ou lunaires, comme ils auoient entendu deuant ou peu apres, voire l'Ange le reuelant, il estoit certain qu'elles estoient ja passées de quinze siecles & plus.

plus. De là il vint à ce passage celebre du Genese où Iacob dit: *Non auferetur sceptrum de Iuda, & dux de femore eius, donec veniat qui venturus est &c.* Le sceptre ne sera pas osté de Iuda, ne le Duc de sa cuisse, iusqu'à ce que celuy qui doit venir vienne, *&c.* laquelle prophetie il monstra plus clair que la lumiere estre accomplie passé long temps. Apres il commença de declarer combien de temps auoit esté disputé entre les Iuifs de ce sujet. Plusieurs s'accorderent que le sceptre de Iuda estoit defailly en Herode le Grand, d'autant qu'il estoit Iduméen, entre iceux furent les Phariséens, que pour ceste cause Herode esgorgea; encor qu'Herode mesme depuis deuenu proselyte & meurtrier des enfans, & apres trête ans exacteur d'vn nouueau sermêt, declara aussi qu'il craignoit cela mesme. Le mesme confirment ceux qui ont appellé Herode le Messie, par l'opinion de plusieurs nommez Herodiens; le mesme aussi fut amené en côtrouerse sous Agrippa fils d'Aristobule, nepueu d'Herode le Grand, né de mere Iuifue. Mais sous Vaspasian toute doute a esté ostée quand les

vns

vns se reuolterent de l'Empire Romain; les autres aussi (de la troupe desquels Ioseph fameux historien des Iuifs seroit aisément capitaine) par vne tres-laide flaterie tenoient iceluy mesme pour Messie, & Vaspasian aussi ne s'oublia pas. Mais d'autant que tous estoient d'accord touchant le temps, il tascha aussi de faire que personne ne reuoqua en doute que ce fut luy. Parquoy affin qu'on le creut Prince il edifia vn temple à la paix eternelle, & auec l'ayde d'Apollonius Tyanæus Magiciē il guarit vn paralitique par son seul attouchement à la veuë de toute Alexandrie, il cōcluoit de tout cecy & plusieurs autres raisons, que selon l'opiniō des anciens, le temps du Messie estoit dés-lors venu. En apres que ce seroit chose tressotte apres tant de siecles escoulez vouloir voire-mesme auec ceux-là douter. Parquoy si auec quelque raison ils veuillent encor attendre, qu'ils edifiēt le temple de Salomon (qui certes par la prouidence diuine a esté edifié par Herode enuiron l'aduenement de IESVS-CHRIST, affin qu'il seruit au Christ approchant selon les oracles) dans lequel maintenant

leur

leur Messie puisse entrer: qu'ils produisent la lignée d'Aaron de laquelle il soit reçeu; qu'ils establissent leur republique, qui selon la prophetie de Iacob ne doit estre defailly iusques à ce que vienne le desir des montaignes eternelles: A qui est-ce qu'estoit pour le iourd'huy cogneuë la lignée de Dauid de laquelle le Messie fut procreé, principalement depuis que Vaspasian auoit destruit ceste lignée? qu'ils r'establissent donc premierement toutes ces choses, & puis qu'ils disputent du Messie: mais maintenant apres tant de signes, tant de siecles, tãt de consentement du monde vniuersel, vouloir encore douter ceste chose intolerable, veu principalement qu'ils ont maintenãt esté plus long temps sans loy qu'auec loy: car plus de temps estoit passé depuis IESVS-CHRIST iusques à present, que depuis Moyse iusques à IESVS-CHRIST.

Ayant confirmé ceste chose, de sorte qu'il n'y auoit plus lieu d'aucun eschapatoire. Tous estant rauis d'estonnement il passa à l'autre point. Et il n'estoit pas difficille: car le temps du Messie estoit aussi bien

bien maintenāt escoulé, comme le Messie estoit venu, si ce n'est qu'on retranche sacrilegement la foy qu'on doit aux oracles sacré-sainct des Prophetes. On demandoit donc qui auoit esté cestuy-là ou le nostre, ou quelque autre que ce soit? Il monstroit que c'estoit le nostre discourant ainsi; premierement qu'il falloit mesurer ce qui se disoit par tout de Christ plus de l'esprit que du corps; que les victoires reportées du diable estoient des thresors de la grace, & qu'l falloit interpreter l'abōdance des Sacremens pour la vie & la fermeté de l'empire en la terre des viuants; autrement qui ne voyoit qu'on ne pourroit exempter ce Christ de cruauté, d'auarice, d'orgueil, d'infamie. Toutesfois que Christ ne soit esté si pauure qu'il n'ayt laissé tout cela à ses successeurs, la dignité de l'Eglise Romaine le tesmoignoit assez, les Eueschez, les benefices opulents, bref les Apostres qui estants sortis de mesme nation, qui auoit-il en toute la rondeur de la terre de plus illustre? Mais au cōtraire qu'on ne prouuoit pas en vain que les Iuifs qui passé long temps attendoiēt tout cecy, auoient
ren-

rencontré toutes autres choses, veu qu'il conste assez combien seulement la mort de IESVS-CHRIST a esté vengée par la destruction de Ierusalem à tous siecles in-oüye: mais pourquoy disoit-il apres endurez vous ces tant grandes & longues cruautez? vous vous abstenez du cult detestable des Dieux; vous gardez vos coustumes entre mille difficultez & estes obseruateurs de la loy, partie comme vous pouuez, & quasi partie comme vous ne pouuez; laquelle certes si elle est vraye Dieu est iniuste & cruel qui ne vous retire de tant de maux si grāds & si durables. Mais en verité vous endurez cecy à cause de vostre aueuglement. Au contraire si IESVS n'estoit pas comme il est le vray Fils de Dieu, comment Dieu tout bon & tout puissant dissimuleroit-il si long tēps vne si grande iniure? voire comment l'auanceroit & honnoreroit-il?

Par ces raisons & plusieurs autres il prouuoit le Christ estre le vray Messie: car on estoit maintenant d'accord qu'il estoit venu, si ce n'est qu'ils aymassent mieux Herode ou Vaspasian, ou tel semblable imposteur: car touchant Mahomet

met qu'il reseruoit cela aux Sarrazins, quant il leur plairoit aussi entrer en lice. Maintenant donc GASPAR auoit par ces raisons & plusieurs autres satisfaict à son deuoir, auec tant d'adueu des Portugais & de tous les Chrestiens (comme ilraconte & confesse luy-mesme) que la chose sembla plustost diuine que humaine, & inspirée du sainct Esprit. Ià les deux Rabins commeçoient à suer, & comme ils voulurent produire quelque chose, ils furent reçeus auec risée & mocquerie, principalement quand pour prouuer l'vnité diuine & reuerser la Trinité, ils mirent en auant la comparaison de l'anneau fermé hors de propos. GASPAR n'explique pas assez quel fut ce discours, mais il ne faict que toucher legerement en passant. Ainsi qu'ils desesperoient donc maintenant de la victoire, ayant recours aux artifices accoustumez, ils firent comparaison de la doctrine de GASPAR à leur ignorance, affin que la victoire sembla prouenir non de la verité mais de la doctrine. Mais ceste fuitte ne seruit de rien. Maintenant les interrogeant, maintenant les pressant, il fit tant qu'ils qu'ils recogneurent voire malgré eux la verité de la religion Catholique. Estans apres interrogez par GASPAR ou par les autres, pourquoy ils ne se conuertissoient à la verité qui leur estoit cognuë, ils respondoient souuent en priué, qu'il y auoit deux choses qui les empeschoient: l'vne leurs richesses que comme acquises par vsure il leur seroit necessaire de restituer s'ils embrassoient la foy Chrestienne; l'autre que les Chrestiens traictoient peu benignement & honorablement les Iuifs encor qu'ils se fissent Chrestiens: mais qu'à present estans riches ils estoiēt honnorez de tous. Et l'vn & l'autre Rabin confessa ouuertement cecy à GASPAR; & plusieurs autres aux Portugais: & ainsi ils monstrerent euidēment combien ils estoient impies, postposant leur salut aux richesses & à l'honneur; neantmoins par ceste dispute les Iuifs furent abbaissez, les Chrestiens esleuez & les Sarrazins aussi espouuantez. Lesquels neātmoins GASPAR attira au combat, bien que contre leur gré, comme nous dirons maintenāt. Du depuis encor ayant appellé plusieurs Docteurs ils sonderent

GAS-

GASPAR, qu'ils ne laiſſoiēt pas d'honnorer de leurs deuoirs accouſtumez (tant eſt grand l'effect de la vertu) pour voir ſi d'aduenture ils trouueroient quelqu'vn qui reparaſt l'honneur du nom Iuif & la reputation de la nation en quelque façon que ce fuſt. Mais ils ne proufiterent iamais rien. Mais deuant que nous venions des Iuifs aux Sarrazins, ie croy qu'il ne faut pas auſſi oublier ce que GASPAR racōtoit: qu'en ce temps vn nombre non petit de Iuifs s'aſſembla au mont de Siō, & attēdirent en vain l'eſpace de trois ans le Meſſie: Mais il eſt certain qu'iceux sōt pluſtoſt venus à luy pour eſtre iugez, que le Meſſie ne s'eſt haſté pour les deliurer.

CHAPITRE XIIII.
GASPAR s'acquiert l'amitié des Sarrazins.

A ORMVS comme le Roy d'icelle eſtāt Sarrazin, les Sarrazins eſtoiēt les plus forts de tous en puiſſance & en nombre, auſquels GASPAR qui embraſſoit toute ſorte de gens en ſon amé deſiroit fort de monſtrer le chemin de leur ſalut. Or du commencement il fut
plus

plus d'vne fois salüé d'eux à coup de pierres quãt il appelloit les enfans Chrestiens à la doctrine Chrestienne auec sa clochette: mais apres la haine s'estant tourné en reuerence, ils l'honnoroient quasi plus qu'on ne pourroit croire; & certes ils s'abstindrent cy apres de ietter des pierres, si ce n'est qu'en ceste celebre põpe instituée pour la forteresse de Monaïam à la chappelle de la saincte Vierge, vn caillou rué à la volée en la presse du peuple blessa vn enfant: mais on ne sçait s'il fut ietté par vn Sarrazin ou vn Iuif ou quelque autre. Plustost ils le salüoiēt baissant le genoüil iusques en terre, quelques-vns seulement plus honteux baisoient seulement sa robbe par reuerence. La nuict quant il marchoit par la ville, ce qu'il faisoit souuent à cause de la chaleur & multitude des affaires, il estoit non seulement asseuré au milieu des Mahometans, mais encor si quelquefois ils le recognoissoient parmy l'obscurité, ils se retiroient par honneur quant & quant du chemin, & si d'autre fois ils auoient faict tort à quelque Chrestien, ils se tenoient fort honnorez d'en traicter auec

GASPAR qui les prioit par quelque mot de lettre de cesser de leur faire iniure : auec la mesme liberté ils auoient recours à GASPAR s'ils receuoient quelque outrage des Chrestiens, & n'y auoit aucun d'eux qui ne fist ce qui luy estoit commandé. Ils l'appelloient communément le fils de Zacharie, ou pour la ressemblance de la saincteté & du zele, ou pour-ce qu'ils croyoient ceste Metempsichose Pythagorique des ames, & estimoient l'ame de saint Iean Baptiste auoir esté au corps de GASPAR. Ils l'appelloient le grand Cacis des Chrestiens, desquels ils racontent y auoir seulement trois en tout le monde, en diuerses sectes, desquels ils se persuadoient que GASPAR estoit l'vn.

Mais ceste sorte d'hõneur par eux rendu à GASPAR fut plus admirable & du tout insolente: Ils le menerent à mynuict ayant allumé plusieurs flambeaux qui surmontoient les tenebres dans leur temple (ils l'appellent Coran) & auec grande compagnie le menerent au plus haut & le conduirent à la veuë de toute la cité, qui iugeoit à bon droict de la solemnité

nité de la pompe par les torches allumées & s'en eſtonnoient aiſément. Ils ne luy celerent icy rien, mais il luy ouurirẽt tout, quant ce-pendant les vns honnoroient ſa robbe de baiſers, les autres la trace de ſes pieds. Et toutesfois il eſt deffendu par les loix de Mahomet à qui que ce ſoit d'vne autre ſecte d'y entrer ſur peine de la mort. Mais ils expliquoient ainſi Mahomet, qu'il n'auoit pas voulu forclore des perſonnages de ſi ſinguliere vertu. (O que ne peut la vertu d'vn homme ſeul, meſme pres des nations barbares en cruautez!) Mais non ſeulement il entra là auec eux, mais auſſi le Vendredy qu'ils tiennent pour feſte il traictoit & negocioit auec eux aſſez ſouuent. Or GASPAR treſ-modeſte enduroit ce qui a eſté dict, encor qu'à treſ-grand regret pour l'eſperance d'en tirer quelque fruit, & par-ce auſſi qu'il ne le pouuoit empeſcher. Et ce qui acquiſt à GASPAR tant d'honneur & de reputation de ſaincteté a eſté à peu pres cecy. Ils voyoient ceſt homme de treſ-grande doctrine & auctorité s'humilier tãt enuers tous, qu'il appelloit de ruë en ruë les enfans auec vne clochette, instruisoit les esclaues, assistoit aux malades, & veu que les richesses de tous les marchans estoient quasi en sa puissance, ils estoient estonnez qu'il viuoit en l'hospital dans vne cabane de paille & obseruoit vne graude austerité en son viure. Il auoit tant de nonchalance & pauureté en son vestement, que non seulement il marchoit pauurement vestu de pieces rapetassées çà & là, mais encor tout deschiré; laquelle pauureté du commencement ils attribuoyent & reprochoient à l'auarice & chicheté des Chrestiens; Parquoy les Portugais luy offroiét à l'enuie des habits, & aussi se faschoient de ce qu'il n'en vouloit receuoir aucun; asseuroient que cela estoit ignominieux à la foy & à eux des-hõneur, ausquels les Turcs & Sarrazins le reprochoient souuent. Ce que GASPAR croyant estre dict pour le persuader, il les refusoit. En fin vn Turc riche marchand luy enuoya vne piece de camelot vndé par vn certain Iuif, le priant qu'il s'en seruist & que desormais il n'alla pas ainsi deschiré. GASPAR se douta que c'estoit plustost vne mocquerie qu'vn present: parquoy ayant

ayant faict sçauoir au Iuif combien de fois les Chrestiens luy auoient quasi par force offert des vestemens, le remerciant il le r'enuoya auec son drap au marchād. La chose fut diuulguée, & la liberalité des Chrestiens & la pauureté de GASPAR fut d'auantage estimée. Mais en fin son habit ne pouuant plus seruir & eux ne faisant fin de le presser, il permit en estre faict vn neuf. Et on ne tarda pas aussi tost qu'on le sçeut, chacun quasi se debattoit à qui le feroit : en fin il accorda ainsi, que l'vn donna vne chose, l'autre vne autre, & chacun sa part. Toutes ces choses rendirent GASPAR renommé, & les restitutions faictes aux Sarrazins aggreables aussi. Car quand ils veirent qu'on leur rendoit ce qu'ils tenoient désja pour perdu, ils ne le reçeurent pas autrement que si GASPAR, qu'ils sçauoient estre cause de tout, leur eut donné. Bref, par toutes ces choses les esprits estoient grandement esmeus : car les vns disoient que maintenant estoit passé le tēps auquel l'imposteur Mahomet auoit promis leur donner vne autre loy, parquoy le nombre n'estoit petit qui inclinoit

noit à la foy Chrestienne. Mais nous dirons cecy plus amplement aux chapitres suyuants.

Chapitre XV.
Victoire glorieuse & publicque de Gaspar *d'vn Philosophe Sarrazin.*

Gaspar auoit, comme i'ay dict souuent, deffié les Sarrazins à vne dispute publicque; mais la ruse de l'imposteur (de Mahomet dis-ie qui auoit deffendu toute conference) & aussi la crainte conceuë par-ce qui estoit arriué aux Iuifs sembloient auoir fermé tout chemin pour paruenir à ceste entreprise. Or comme ils se fussent ja excusez quelquesfois par les pretextes de la religion, ou qu'estant accoustumez aux armes ils mesprisoient les lettres, plusieurs Mahometans prenoient ceste tergiversation pour vn pre-jugé de fausseté, & comme i'ay dict, eurent de l'inclination à nostre religion. Mais estant venu à Ormus vn certain Perse, non seulement insigne Cacis des Mahometans, mais aussi Philosophe de la discipline d'Aristote, duquel il auoit leu les liures Peripateticien,

cien, Astrologue, & voire aussi Necromantien; deuenus plus hardis non seulement ils accepterent le combat, mais encor ils s'offrirent volontairement à GASPAR, qui dés-ja en perdoit esperance. Et GASPAR ne le refusa pas. On cercha la maniere de disputer & les parties n'en estoient pas assez d'accord: car le Persan par la coustume vsitée entre-eux accoustumé d'endurer la faim, défioit GASPAR à ceste condition, qu'ils se retirassent en l'vne des montaignes de sel d'Ormus, qu'ils n'y portassent aucun viure, & qu'ayant disposé des gardes on empesche que rien n'y fust apporté; ainsi qu'on deuroit iuger meilleur la loy de celuy qui endureroit plus long temps la faim. A cecy GASPAR respondit ainsi: faut-il donc ainsi mesurer la verité des loix à la force des hommes & à la tolerance de la faim & du soif? ou peut-estre obligerons nous, en vain, Dieu à faire vn miracle sans aucune necessité? Car si la verité, principalement quand on traicte auec vn Philosophe, se peut cognoistre par raison, à quel propos ces experiences in-vsitées? tentons donc premierement si par ce moyen nous pourrons rien parfaire; si on ne se peut contenter, alors ie ne refuse pas aussi ceste sorte de combat, ny aucun autre plus rigoureux. Le Perse n'eut icy que respondre sinon qu'il ne vouloit entrer en lice par aucune autre maniere. Parquoy la chose demeurante imparfaicte on se retira.

Mais ce que cestuy-là ne voulut alors Dieu fit entierement qu'il fut contraint de le vouloir, & ce de ceste sorte. A ce deffi & premier embarquement auoit esté presente la femme & la fille du Philosophe, l'vne & l'autre d'vn esprit vif & bon, de la lignée de Zaid, nepueu de Hochom, qui d'Alé estoit nepueu de Mahomet. Icelles donc prenants les subterfuges du mary ou du Pere pour fuitte (cõme c'estoit) d'vn homme se deffiant de la bonté de sa cause, illuminées de la lumiere du sainct Esprit s'en vindrent en diligēce la nuict, à GASPAR craignant qu'on ne trama quelque retardement pour estre baptizées: lesquelles iceluy ayant gracieusement receuë les emmena en la maison d'vn certain noble & pieux Portugais, estãt là gardée auec des gardes qu'on

qu'on y auoit commifes, de peur que les
Sarrazins n'attentaffent quelque force,
le lédemain la chofe fut fceuë du peuple.
Car le Philofophe fe plaignoit aux fiens;
redemandoit auffi aux Portugais auec
humbles prieres & larmes les fiennes ; &
quant à luy entroit quafi en furie, & deuenoit fol. Cefte chofe efmeut lès Mahometans, & fe preparoient defia à la
force, mais efpouuantés par les gardes,
ils redouterēt auffi les tōnerres de la citadelle. Parquoy le Philofophe ne fçachāt
quafi plus que faire s'en va à GASPAR, fe
defend par le droict cōiugal & paternel;
GASPAR l'accorde, mais il prefera le diuin. Il demanda au moins leur veuë, ce
qu'ō ne peut denier; jcy GASPAR cōfent,
mais auec cefte condition, qu'il les verroit au lieu affigné pour la difpute, fi tant
eftoit qu'il voulut difputer. Et s'il eftoit
vainqueur il r'emmeneroit fa femme &
fa fille; fi vaincu, il fe ioindroit auec fa
femme & fa fille à la mefme Foy. L'a-
mour gemeau puiffant dard força ceft
homme: il luy plaift qu'on donne iour,
qu'on defigne pour interprete Garcias de
la Pancha, homme Portugais truchemēt

du Roy d'Ormus. Cestuy auoit autrefois assés souuent fidellement assisté GASPAR en semblables conferences, car outre la langue Persane qu'il parloit tres-bien, il estoit non mediocrement docte en Latin. Il fut donc admis pour greffier, afin que d'autant qu'il falloit disputer en forme, & selon les preceptes de dialectique, il parut de ce qui seroit nié & accordé. A ce combat publicq estoit aussi present le Vicaire de la ville, parquoy estant desia venu aux prises, le Persan ne demeura pas longtemps debout, mais fut abbatu auec peu de coups de dialectique. Il fut premierement disputé du paradis de ce songeur; de la vie libertine par luy accordée, qu'aucun homme de bien n'oseroit accepter; icy le Persan ne se monstra pas difficille à confesser que tout cela estoit plein d'infamie & d'ignorance; car les Perses sur tous autres Sarrazins Mahometans ayant examiné ce qu'on dict au niueau de la raison, l'accordent, ou le nient, se souciant fort peu de l'authorité de Mahomet, dont aussi quelques vns d'iceux de la secte de Zaid (à laquelle le Philosophe marry de ceste femme defe-

roit

roit beaucoup) sont par les Arabes & Mahometans censés au nombre des heretiques. Bref il accorda ce qu'a aussi accordé Auerroës qui estoit de mesme erreur; que ces preceptes estoiēt plus propres à engraisser des bestes sauuages, qu'à instruire des hommes doüés de raison. Mais il fit plus d'instance à affoiblir les mysteres de nostre Foy, qu'à establir les siens : ceux-la furent de la tres-saincte Trinité; du verbe incarné, de sa passion & mort. Mais en cecy aussi la lumiere diuine esclaira beaucoup GASPAR auec vne felicité & facilité merueilleuse de raisons. Premierement donc il cōmence de prouuer tous les mysteres de nostre Foy: bien qu'ils soiēt quasi sur-naturels, neantmoins qu'ils ne contrarioient en aucune façon à la lumiere naturelle : ce qu'il prouua auec des raisons & des exemples si clairs, qu'il arracha au Philosophe quasi triomphant sur son fumier l'esperance & la ioye. Alors GASPAR attaque l'homme par interrogats conuenables; il demande donc s'il est bon ou non à Dieu de s'entendre soy-mesme. Iceluy selon la doctrine d'Aristote affirmama que ſa beatitude eſtoit ſituée en cela. Donc il y a quelque image de l'entendemēt que nous appellōs parolle de l'ame? il l'accorda. Et cela donc plus parfaict, ſelon la perfection des entendants ? plus parfaict dit-il du tout. Donc en Dieu qui eſt vn certain entēdant infiny, l'intellection ſera auſſi infinie ? infinie reſpond il. L'image donc de ceſt intellection & la parolle ſera donc auſſi infinie ? il confeſſa qu'il s'enſuiuoit dialectiquement. Ceſte parolle donc ſera Dieu: car tout ce qui eſt infiny eſt Dieu. Car la parolle de l'ame, qui a cauſe de la force finie, & débile d'entendre eſt accident en l'homme; la meſme en Dieu, pour la force infinie d'entendre eſt ſubſtance eſgalle au Pere meſme, qui ſe comprend parfaictement ſoy-meſme, & iuſqu'au fond, (afin que ie parle ainſi) & autant qu'il ſe peut entendre. Car à quel propos denierions nous la force de produire, qui aux choſes crées eſt perfection, à l'Autheur de la perfection meſme ? De ceſte diſtinction de l'engendrant, & de l'engendré, il demonſtra deux perſonnes diſtinctes ; & Philoſophant tout de meſme façon de la

troi-

troisiesme, il prouua que le sainct Esprit estoit procedé de l'amour de tous deux. Le Persan vaincu par ces arguments & plusieurs autres, tendit les mains, & adiousta à ce qu'il auoit accordé au-parauãt la confessiõ de la SS. Trinité. Au mystere de l'incarnation il fut fort aisé d'effacer ce qu'on obiectoit. Car encor que nous disions que Dieu a esté incarné né, & a souffert, nous l'attribuons à la personne qui estoit Dieu & homme, non separément à la nature diuine, qui ne pouuoit naistre en temps, ny souffrir; mais à l'humaine laquelle iceluy à prise pour nostre salut, auec vne demonstration grande & inenarable d'amour. Beaucoup d'autres choses furent dictes par GASPAR auec tres-grande admiration & approbation de tous: de tout cela il recueillit cecy; que les mysteres de nostre Foy, encor qu'ils ne paruiennent à la cognoissance de la raison humaine, afin qu'il y eut quelque chose en quoy nous puissiõs captiuer nostre entendement à l'obeyssance de la Foy; que cela neantmoins se faisoit euidemment, d'autant que, *testimonia eius credibilia facta sunt nimis*, les

tes-

tesmoignages d'iceluy sont estés faicts trop croyables.

En fin GASPAR se resouuenant bien de ce qui auoit esté accordé, r'assembla tout en vn, & arracha vne seconde confession; s'il nioit quelque chose, il en appelloit au greffier. Il confessa donc que sa Loy en premier lieu estoit fausse, en apres qu'elle ne se pouuoit soustenir sans opiniastreté. Il confessa aussi la Trinité, le Pere le Fils, & le sainct Esprit, vn, & vray Dieu. Bref interrogé ce qu'il luy sembloit de la verité de nostre religion, la verité le forceant, il s'escria en ces parolles: chose saincte. Et donc dict GASPAR si de cecy nous sommes d'accord entre nous, dequoy sommes nous en different? Icy le Philosophe iusqu'à present emporté par l'ardeur de la dispute se r'auisa, & ayant honte de ce qu'il auoit confessé, & ne pouuant sans deshonneur rechanter la palinodie, regarda autour de soy pour voir par quel moyen il pourroit auec moins de hôte se despetrer de ceste assemblée, & demandant trefues il en appella non sans prejugé de son ignorance, à certain siens liures. On à bien remis la

partie

partie & assigné iour, mais il s'est esuanouy, & estant sorty de l'Isle, s'en alla poser partie de sa douleur aupres d'vn certain roitelet, au continēt de Perse, luy demandant conseil. Il reprit aigrement ce personnage de ce qu'il estoit si temerairement entré en conference auec vn si insigne Mâge. Parquoy le Philosophe estant conseillé de se cacher loing de là, laissa sa femme, sa fille, sa reputation, & tout ce qu'il auoit de plus cher pour gage à Ormus. Cependant autant que les Mahometans reçeurent de douleur pour la fuitte de leur Docteur, autāt les Chrestiens reçeurent de ioye pour la victoire de GASPAR: laquelle ioye ils monstrerent bien tost par vne pompe publicque au Baptesme de la femme & de la fille. Le nom de Marie fut donné à la mere & de Catherine à la fille. Et d'autant qu'on estoit asseuré qu'elles estoient de lignée Royalle, on l'honora d'vn tiltre honorable entre les Portugais, que vulgairemēt on dict Dom. Puis apres GASPAR aiant amassé huict cent pardes pour leur dot, les ioignit par Foy maritale à deux nobles Portugais. Par toutes lesquelles

choses

choses GASPAR vint en si grande haine aux Sarrazins, ou plustost sa seule presence leur donnoit tant de crainéte, qu'ils fuyoient sa veuë comme de quelque fameux sorcier. Et espouuantez de mesme peur, tant s'en faut qu'ils voulussent escouter ses parolles, ils ne pouuoient seulement admettre aux oreilles le son de sa clochette. Car ils tenoient ja pour certain entre eux que sa veuë, son attouchement, le son de sa clochette, infectés par les charmes versoient la peste & la contagion dans l'esprit mesme : mais ce ne furent icy qu'auãt-jeux des autres triomphes des Sarrazins, & comme ouations; mais tournons nostre discours aux choses suiuants plus grandes.

CHAPITRE XVI.
La conuersion d'vne autre noble Sarrazine.

CESTE dispute ne fit pas seulement cela en des obstinez qu'ils tinssent GASPAR pour vn enchãteur, mais elle produict des fruicts beaucoup plus agreables. Depuis icelle plusieurs des Sarrazins courroient tous les iours ensemblement
à la

à la liqueur sacrée du baptesme, *velut cerui ad fontes aquarum*, comme cerfs aux fontaines d'eaux : que non seulement la victoire emportée du Philosophe auoit conuaincu, mais aussi les prodiges celestes en inuitoient plusieurs à cela. L'aspect de la bien-heureuse Vierge Marie poussoit cestuy-cy, la veuë de Iesus-Christ cestuy-là. Les voix agreables des Anges, ou les voix enuoyées des cieux, le Pasteur r'appellāt toutes ses brebis contraignoiēt ceux-cy de r'entrer en la bergerie vnique de l'Eglise Catholique. Et quels qu'ils soient estez, car aussi il n'importe pas beaucoup, ils furent de grande importance pour persuader la Foy Catholique, tant enuers le peuple, qu'enuers la principale noblesse. Vne femme noble de ceste-cy, non moindre que celle de dessus, parce qu'il fut lōg-temps debatu pour elle, rendit sa conuersion plus glorieuse.

Il y auoit à Ormus comme en vn port tres-renōmé plusieurs ambassadeurs des Princes voisins ; vn d'iceux de l'illustre lignée de Perse, ambassadeur de Xatama souuerain Empereur des Perses, auec sa femme,

femme, niepce par ſa ſœur de Mecani Xarifa, qui ſe nomme Roy d'Arabe, de la lignée de Mahomet meſme. Icelle on ne ſçait ſi induicte par la fuitte du Philoſophe Perſe ou par quelque autre raiſon, en fin demāda le bapteſme à GASPAR; & cependant qu'on luy enſeignoit ce qui eſtoit neceſſaire, elle eſtoit gardée aupres d'vne noble matrone Portugais. Les plainctes de l'Ambaſſadeur Perſan n'eſtoient de rien moindres aux lamentatiōs & complaintes du Philoſophe, mais il ne fit rien. Parquoy furieux du deſir de ſa femme, deteſtant la Foy Portugaiſe, plein de menaces ſe trāſporte vers le Xatama, meſlant là le faux auec le vray, ſe plainct d'vne longue ſuitte de parolles que le droicts des gens eſtoit violé par les Portugais, que par eux partie au Fort de Chaul, (car il eſtoit venu de là peu auparauant) luy auoient par force eſté oſtés quatre mille pardes. Item que ſa femme luy aiant eſté par iceux rauie, contre tous droicts de nature, auoit eſté polluë des ceremonies Chreſtiennes par l'entremiſe d'vn renommé Magicien, & qu'en deſpit & à la confuſion de Mahomet (par lequel

lequel vous sçauez que le vin est defendu) on la detenoit par force dans la maison d'vn certain cabaretier: que le Roy coüard d'Ormus trop amis des estrangers enduroit tout cecy: qu'ils n'ont rien auancé ny par prieres vers cestuy-cy, ny par menaces vers les Portugais, veu qu'ils r'abaissoient la colére Persienne auec vne grande insolence. Parquoy qu'il importoit à la maiesté Persane qu'on vengea le droict de nature, des Gés & des Perses redemandé par Iustice & par armes, autrement que Xatama à l'aduenir manqueroit d'Ambassadeur. Il nefut pas fort difficile de mettre en colere vn arrogant soubs pretexte de sa diuinité offensé. Cat iceluy estoit deuenu si fol, qu'il cómandoit qu'on l'adora comme Dieu, qu'on garda l'eau qui restoit apres auoir laué ses pieds, comme sacrée, qu'on l'emploia pour guarir tous malades; & qu'elle fut distribuée de tous costez, qu'ordinairemét aussi les lettres des Princes, (si quelques vnes ils en enuoioient) fussent ainsi suscriptes: Au grand Xatama, par lequel le ciel & la terre sont soustenus. Parquoy enflammé de rage il mande par Abiença

Roy de Niran & general de la gendarmerie Persienne, à l'Ambassadeur du Roy de Portugal, (c'estoit Henry Macedo noble Portugais, qui jà dés la nauigation auoit esté non seulemēt amis, mais encor fort liberal vers GASPAR & ses compagnōs, & estoit Ambassadeur à la court, pour traicter de paix ou trefue) qu'il escriue au Gouuerneur d'Ormus & à GASPAR qu'ils rendent la femme, & certainemēt qu'il ne s'en iroit pas qu'elle ne fut esté renduë. Et d'vne voye on manda aux Roix de Laia & de Carmanie, tributaires du Persan, que si les Portugais ne faisoient ce qui leur estoit commādé, qu'ils se iettassent en armes ennemies sur les terres des Ormusiens, & qu'aussi ils assiegent & destruisent Ormus mesme. Nostre Ambassadeur aiant receu ce mandement douta premieremēt de ce qu'il deuoit faire. Il cognoissoit l'equité de la cause, il cognoissoit l'humeur des Barbares, il cognoissoit aussi GASPAR, il sçauoit que les Portugais viendroiēt plustost à toute extremité que de trahir leur Foy, les menaces neātmoins pressoiēt de delà, & il ne pouuoit à faute
de

de moyen souftenir ny foy ny les fiens,
pour la dignité du nom Portugais. Il ef-
cript donc à GASPAR, mais fi modefte-
ment qu'il monftoit affés combien il l'e-
ftimoit, & qu'il le faifoit pour s'acquiter
du deuoir de fa charge, afin qu'on ne
donna aucune iufte occafion au Barbare
d'exercer fa cruauté: il en adioufte d'autres de mefme fujet au Gouuerneur qui
dés-lors n'eftoit plus Emanuel de Lyma.
Les lettres font deliurées à Anthoine
Mendés d'Oliueira pour eftre portées.
Si toft qu'elles font arriuées à Ormus le
Gouuerneur affamble le confeil Portugais, & par ce que c'eftoit matiere facrée,
& qu'on ne pouuoit rien arrefter fans
GASPAR, il fut auffi appellé auec les
autres, & luy aiãt efté le premier demãdé
ce qui luy en fembloit, il refpond en ces
mots: ne veuillez donner le fainct aux
chiens, & ne deliurés pas aux beftes les
ames de ceux qui confeffent Dieu; qu'il
ne falloit de rien craindre le Barbare, que
Dieu ne manqueroit pas à fa caufe, ce
qu'ils auoient tant de fois experimenté
aux Indes. On approuua vnaniment & de
tout point cefte opiniõ, & fut tellement

P 3 reforesoluë, que tous iusqu'à vn, disoient vnanimement qu'ils mourroiēt s'il estoit besoing pour la conseruation de ceste femme. Mais on differa quelque peu de respondre aux lettres de l'Ambassadeur, tant qu'on cognut quelle fin prendroit l'affaire. Et non en vain. Comme les esprits des Barbares sont volages, ou plustost par les prieres de GASPAR, Dieu qui tient les cœurs des Roys en sa main, moderant l'ire Persienne, la tempeste fut appaisée, Macedo s'en retourna. Rien ne fut remué par les Rois voisins: ceste femme aiant par le moyen de GASPAR recueilly vn dot, trouua vn mary Portugais selon sa qualité.

CHAPITRE XVII.
Ambassadeurs sont enuoyées à GASPAR *de l'Arabie heureuse.*

GASPAR voyant ainsi prosperer à Ormus les affaires Chrestiēnes, cōme il estoit d'vn courage genereux, il cōmença à regarder de tous costés quels grands combats restoient à entreprendre contre les Sarrazins. Il estoit porté de toute son ame, & ses vœus, maintenant

en la

en la Perſe, maintenant en l'Arabie, & les regions qui ſont és enuirons, & non d'vne penſée inutile, car deſlors il ſe preparoit fort & ferme à ces expeditiõs, afin qu'encor que le Iapon ou la Chine luy eſchappa, il reſta partout des terres de Mahometans. Car il ne ceſſoit iamais toutes les fois qu'il pouuoit de ſe rendre certain des mœurs de ces côtrées, de l'inclination à l'Euangile. Ainſi cõme Henry de Macedo duquel nous auons parlé au chapitre ſuperieur s'en alloit en Perſe, il le pria inſtamment qu'il prit diligemmẽt garde à tout cela, & qu'il luy en eſcriuĩt à l'auance, ou que retournant l'auertit en preſence, ce qu'il fit exactement. Et veritablement il eſcheut alors occaſion de faire moiſſon, ſi par quelque accidẽt elle ne s'en fut enuolée.

Il y auoit en ces lieux vn Eueſque Chreſtien, veſtige de la Foy autrefois prouignée entre les Perſes. Iceluy ayant ouy parler des Portugais, eſcriuit des lettres en latin, mais corrõpu, à l'Ambaſſadeur, afin qu'ils vinſẽt en vn lieu prochain ou il les attendoit, qu'il deſiroit deuiſer auec luy de choſes touchant la Foy commune

à l'vn

à l'vn & l'autre. Ces lettres d'autāt qu'aucū de la maison de l'Ambaſſadeur ne ſçauoit parler latin, ne furent entendues de perſonne: & ainſi l'occaſion de bien faire les affaires du Chriſtianiſme s'eſcoula. GASPAR aiant leu ces lettres fut à bon droict & à iuſte cauſe tres-dolēt. Il auoit commis les meſmes choſes dont il auoit donné charge à Henry, à d'autres enuoiés autre part. Parquoy comme Pierre Lobato homme Portugais & grand amis de GASPAR s'en alloit à Meſquate pour y exercer l'office de reçeueur, ſoudain il le pria affectueuſement qu'il s'enquiſt diligemment des contrées voiſines, mais ſur tout de celle qu'ils appellent Ayman, ou Eayman. Ce ſont peuples au cōtinent de l'Arabie heureuſe, entre deux promontoires Roſalgate & Mozandan, qui ſont compris en quatre grandes villes. Pluſieurs penſent que ce ſont ceux que les ſainctes lettres appellent Ammonites, deſcendants de la lignée de Loth, & leur eſt fauorable, que ſans doute ils eſtoient limitrophes d'iceux. Il y a auſſi parmy eux vne marque de l'ancien Paganiſme, vn antique & grand temple de Iupiter.

L'im-

L'imposteur Mahomet abusa par ses erreurs ceste nation robuste de nature, & quasi simple & candide la premiere. GASPAR donc manda au receueur (cõme il paroist par les lettres du mesme receueur) qu'il salüa en son nom (que la renommée auoit passé long temps porté iusques à là) les principaux de la nation; leur offrit son seruice, leur tesmoigna le desir qu'il auoit d'instruire ce peuple & de bastir là vne maison sacrée. Il fit ce qui luy estoit commãdé & fort soigneusement. Et comme il eut trouué ce peuple merueilleusement affectionné, il prie GASPAR de venir là de telle façon que luy-mesme semble non tant rẽdre conte de sa charge comme se proteger & interceder pour ce peuple. Le desir de GASPAR estoit merueilleux entre eux, veu que principalement il escriuoit qu'à son seul aduenement plusieurs se conuertiroient, veu qu'il tenoit dés-ja la foy de plusieurs engagée par promesses : parquoy qu'il laisse à Ormus le soing de ses petites chappelles au Vicaire homme pieux, que luy qui estoit né à choses plus hautes & releuées, vienne entreprendre des choses plus grandes. Et en fin le prie & conjure au nom de Dieu & par l'authorité de Mere Eglise, dont GASPAR vouloit estre fils. Voyla ce que faisoit GASPAR & le receueur. Dieu aussi estoit de la partie & operoit de son costé. Car les Ammonites mesmes ou esmeus par la reputation de GASPAR, ou par l'authorité du recepueur (encor qu'il y ait plus d'apparēce que c'estoit ja faict auant que le recepueur arriua, qui en ses lettres à GASPAR oublie cecy) enuoyent au mesme GASPAR deux des leurs par vn voyage de deux mois par terre long & difficile, mais asseuré: ausquels il estoit enchargé qu'iceux premices de la nation receussent le baptesme; En apres qu'ils conuiassent & sollicitassent GASPAR auec tres-grandes prieres de venir à eux. Tout cela certes quant ils furent arriuez fut par eux auec toute diligence mis à effect: mais estants lauez par le baptesme, & ayāt estez reçeus & traictez fort courtoisement, ils s'en retournerent aux leurs auec lettres pour donner esperance aux autres, ou de la venuë de GASPAR, ou de quelque autre.

La

La prison de GASPAR changea toute la ioye de ceste legation qu'il auoit conceuë d'vne region si meure pour la moisson, & de laquelle il iugeoit par les espics en vne douleur incroyable. Mais toutesfois il auoit escrit passé long têps d'Ormus au B. Xauier au Iapon, & il attendoit responfe par les premieres nauires, laquelle s'il ne receuoit il auoit resolu d'y enuoier quelqu'vn de ses disciples, attédant que le temps de ses trois années furent accomply, & tout le monde souhaittoit la mesme chose, à cause du desir de GASPAR, qui estant du depuis bien qu'en vain appellé au Iapon, cest affaire n'a peu par luy estre paracheuée, & aussi iusques à present n'a elle peu estre entreprise de personne; & ainsi en ce temps beaucoup de moisson par necessité se perdoit par le peu de moissonneurs, & se perd tous les iours, au grand regret des gens de bien: & pleust à Dieu que ce regret esguillonna les Theologiens & souuent brigueurs d'vn vain hôneur, en tant d'Academies florissantes, & les incita quelque iour à secourir vn nombre quasi infiny de milliers d'ames rachetées du
sang

sang de Iesvs-Christ, perissantes eternellement à faute d'ouuriers!

Chapitre XVIII.
Ce qui est arriué à Gaspar *auec le Roy d'Ormus.*

C'Estoit peu de chose à Gaspar d'auoir par vn grand soing & à force de larmes acquise toute l'Isle d'Ormus, toutes les fois qu'il voyoit le Roy d'icelle en la puissance & au seruice du diable; qui certainement si le miserable eut eu autant de courage à acheuer comme d'ardeur à commencer, eut de tout poinct chãgé le ioug du diable à la liberté Chrestiẽne. La saincteté de Gaspar estoit dés long temps paruenuë au Roy par la renommée de sa vie: sa pauureté aussi, integrité, austerité, & plus que les vertus, ce discours continuel en la bouche de tous (par lequel les mortels sont le plus souuent esmeus) des miracles; encor que ceste chose a esté cogneuë du Roy non par la seule rumeur. Il auoit vn certain de ses seruiteurs qui peut-estre desireux de nouueauté estoit venu à Gaspar preschant publicquement au peuple,

peuple, non tant pour l'ouyr (car il n'entendoit du tout point le Portugais) que pour le voir. Quoy plus? il y alla, l'ouyt, & qui plus est l'entendit entierement, comme s'il eut ouy discourir en langage de son pays, Dieu renouuellant par fois en son seruiteur les miracles des Apostres. Il vint au Roy tout estonné, & pour se faire croire, redict par ordre tous les poincts du sermon qu'il auoit retenu. Le Roy mesme auparauant douteux, fut par cest effort du tout incité à nostre foy. Parquoy non long temps apres il appelle GASPAR à soy, qui descendant de la chaise, apres auoir receu ce message tressaillit de ioye, & ayant recommandé le tout à Dieu, s'en alla à la cour du Roy; il fut receu de luy auec vne demonstration d'honneur extraordinaire. Et ayant faict retirer vn chacun, le seul Garcias de la Pancha Portugais interprete du Roy restant pour tesmoing, le Roy s'ouure à GASPAR, & descouure les desirs qu'il auoit d'embrasser nostre religion, & ensemble combien non en vain il craint les esmotions de ses principaux officiers Sarrazins; dequoy il demande conseil au

Pere,

Pere, par quel moyen principalement il croyoit qu'il y falloit remedier. Le Pere ayant loüé le Roy auec des discours propres & brefs, il le côfirme en son dessein: que Dieu seul peut d'auantage, duquel quant il embrassera la foy, ce sera de son amour & de sa prouidence de n'endurer qu'il reçoiue aucune incommodité ayant receu le baptesme, auec ce protecteur, que les hommes n'estoient à redouter. Toutesfois par mesme moyé GASPAR duquel la soif insatiable des ames le portoit plus auant, beant apres le salut des principaux Magistrats, il aduise le Roy d'vn conseil par lequel non seulement il retièndroit les siens en deuoir, mais aussi les ameneroit à son party.

Cest aduis estoit tel; qu'il assembla sous quelque autre pretexte que ce fust tous les grands, & qu'il fit qu'auec eux fussent aussi presens tous les Docteurs de la loy Mahometane de l'Arabie & Perse, que GASPAR de propos deliberé auec permission du Roy defieroit à la dispute: s'il emportoit la victoire de ce combat (ce qu'il se promettoit entierement de la diuine bonté) qu'il ne deuroit sembler estrange

estrange à personne si le Roy suiuoit la verité cogneuë; ains plustost qu'il esperoit que bonne partie de la noblesse esmeuë par l'authorité du Roy, & conuaincuë par la force de la verité, receuroit la mesme doctrine. Que les autres s'il en restoit quelques-vns obstinez, espouuantez par la multitude des autres, veu qu'ils desespereroiét de pouuoir rien proufiter, consentiroient si non de cœur, au moins de parolles auec le Roy. L'industrie fut approuuée du Roy: mais la chose estant plustost diuulguée qu'il ne falloit, ses desseins de changer de religion furent descouuerts. Et certes il estoit difficile que des hommes soubçonneux, voyant qu'on portoit à GASPAR vn honneur non accoustumé, & qu'on l'admettoit aux deuis priuez ne sentissent les secrets. Plusieurs des courtisans ayant premierement ouy la chose la receurent de discours fauorables. Parquoy deux mille Sarrazins nobles de toute qualité furent esmeus, ce que certes ie puis iuger par les lettres: Lacena en rapporte vingt, mais il a esté aisé qu'aux marques de l'Arithmetique soit interuenu de l'erreur; quant à
moy

moy i'ay fuiuy ce qui m'a femblé plus proche de la verité, deux mille Sarrazins donc comme i'ay dit furent efmeus. Et de forte qu'ils defignerent entiérement vn mefme iour de baptefme que celuy du Roy, & chacun s'eftoit dés-ja efleu fes parrains (comme on appelle) & les noms des fainéts defquels ils vouloient eftre nommez. GASPAR ce-pédant à grand' peine fe pouuoit contêter de ioye. Il rendoit graces à Dieu, mais il craignoit fort que par quelque art du diable vne si grāde proye efchappa de fes rets. Et il ne s'oublia pas. Il encourage quelques-vns des plus nobles qui auoit toute autre opinion à deffendre l'hôneur de leur Prophete. Iceux eftant venus au Roy, tafcherent premierement par flateries, puis par prieres, en fin par menaces tirées de l'Empereur des Perfes, du trefor Royal, de la deftruction du Royaume mefme, de le deftourner de la conftance de fon courage; mais ils tafcherent feulement, car ils ne firent rien. Parquoy ils ont recours à vne autre forte d'armes : ils arment opportunement, ou ce qui eft plus vray importunément les Caciz ; leur font entendre

dre ce que le Roy a deliberé de faire; que c'est à eux d'empescher que les sacrifices de Mahomet ne soyent abolis. Ceux-là ayant recours à leurs artifices vont au Roy, mais commençant d'vn sourcil renfrongné leurs discours ils furent interrompus par le Roy & r'enuoyez. Apres comme selon leurs coustumes ils recannoient ainsi que des asnes aux portes du palais, & inuocquoient de clameurs insensez l'imposteur, ils furent par le commandement du Roy premieremēt chassez à coups de pierres & puis bānis à perpetuité. Et le soing de la religion ou de Mahomet ne fut pas si grand en eux qu'il ait peu auoir plus de force que les pierres qu'on leur iettoit; aussi tost ils se teurent & se retirerent finement. Iusques icy le Roy se comporta constamment. Mais dequoy a-il seruy ? Ce courage mol, que ny les menaces, ny la reuerence des Prestres prophanes n'auoient peu esbranler, les larmes forcées de la Mere & les pleurs d'vne vieille l'ont vaincu. Ce dernier & tres-puissant dard fut employé par l'artifice des grands, ou plustost du diable. Ceste vieille donc

Q pasture

pasture des enfers, tantost priant, tantost menaçant, & ores criant lamétablement, puis arrachant sa cheuelure, & à guise d'vne sorciere deplorant son fils ja-deposé, fit tant qu'il promist qu'il demeureroit en son ancienne religion. Ceste chose estant cogneuë fit chãger de resolution ensemblement à plusieurs autres non encor assez asseurez. En apres craignant que GASPAR n'attenta quelque chose, & restablit cest affaire dés-ja r'enuersé, ils prindrent bien garde qu'il n'approcha les portes du palais, disant par tout que par la puissance de ses charmes auec son seul souffle & sa parolle il auoit dés le premier deuis ensorcelé le Roy. D'auãtage, affin qu'ils retinssent le Roy en perpetuelle crainte, ils enuoyerent vers le Xatama des gens pour se plaindre griefuement des Portugais, de GASPAR & du Roy; Ils le prioient aussi qu'escriuant aux Roys de Laja & Carmanie ses tributaires, il leur commanda se mettre en armes pour la deffense de leurs autels & ceremonies; que le Roy maintenant se recognoissant auoit neantmoins peut-estre encor besoing de ceste crainte de

peur

peur qu'il ne se changeast.

CHAPITRE XIX.
Les combats & victoires Heroïques de GASPAR *contre les Sarrazins.*

AVTANT que les Mahometans se resiouyssoiēt de la perfidie du Roy, autant GASPAR se plaignoit s'accusant beaucoup soy-mesme, detestant ses pechez ausquels seuls le sainct homme par sa modestie attribuoit la cause de cest euenement. Veritablement il escrit comme cecy à ses compaignons en Portugal de son esperance deçeuë. Voyez icy freres tres-chers quel dueil m'a saisi pour la proye perduë, certes i'ay laué auec beaucoup de larmes la grandeur de mes pechez, cause de tout cecy. Mais toutesfois il a pleuré de sorte que la tristesse ne l'a pas abbatu, mais l'a écouragé d'apporter du remede. Ce qu'il a essayé principalemēt par deux manieres ioignāt le secours humain auec le diuin. Escriuant à George Capral vice-Roy des Indes, de toute l'affaire, il le pria de ne desdaigner d'escrire au Roy, & de r'asseurer ce Roy craignant trop pour soy & pour ses biēs, par la promesse du secours & des forces de Portugal. Le vice-Roy fit ce dont il estoit prié: mais on ne proufita riē. Il implora aussi le secours diuin auquel il auoit mis sō esperance, & se tournant aux aides des macerations du corps & des prieres, il tascha de destourner de soy (que par la modestie de son ame il croyoit estre la source de tout le mal) le courroux de Dieu.

Mais il luy sembloit ne pouuoir pas seul suffire à vne si grāde chose. Parquoy estant extremement soigneux que les affaires du Christianisme ne receussent en ce peril quelque dommage: il delibera d'appeller de touts costez tout secours, mettre derechef aux champs les troupes des suppliants, disposer les ordres des penitents, & auec les ceremonies coustumieres des Litanies inuoquer l'assistance de la Mere de Dieu & de tous les saincts, par ordre. Les enfants d'vne longue rangée estoient les premiers en bataille; les plus âgez par troupes de cinquante & soixante suiuoient, se monstrant cruels sur leurs dos; tous ensemblement imploroient la misericorde diuine. Tout cecy se faisoit aux yeux des Sarrazins, qui
main-

maintenant orgueilleux d'vn succez plus fauorable attaquoient le trouppeau de IESVS-CHRIST d'vne grefle de pierres. Et auoient tant & si bien conuenu entre eux, qu'il n'estoit permis à aucun Sarrazin de receuoir sãs punitiõ les sacrés mysters des Chrestiẽs. En fin pour despiter GASPAR ils alloient souuent en leur prophane chappelle (ils l'appellent Mosquée) hors la ville qui estoit proche du logis de GASPAR, demeurant maintenãt en la colline voisine (comme nous dirons bien-tost:) là ils bruyoient auec des cris confus, & aussi deschiroient plus souuent la croix & nos ceremonies de blasphemes que leurs espaules de rasoirs: Et par toutes ces choses ils triomphoient de l'inconstance du Roy. L'indignité de ceste chose ne sembla deuoir estre supportée à GASPAR; Parquoy prenant conseil de son courage plus releué, il resolut de mettre à fin vne chose du tout admirable & pleine de peril, s'il ne fut esté inspiré d'vn certain esprit plus que diuin. Car comme il escrit aux siens, irrité par vne si grãde indignité enuers Dieu, il ne peut supporter d'auantage les iniu-

res

res du superbe Philiſtin, & ſentit par vn inſtinct diuin qu'il luy eſtoit neceſſaire comme jadis à Dauid d'entreprendre le combat contre Goliath. Il ſort donc en bataille, ſes troupes de gendarmerie furent les auditeurs de la doctrine Chreſtienne, des enfans & petites filles: ſes armes vne croix de telle grandeur que deux hommes pouuoient ſouſtenir. Auec ceſte armée, apres auoir la nuict (côme il auoit accouſtumé tous les Vendredis) preſché de la Paſſion de noſtre Seigneur à la veuë des Maures (car à Ormus on veilloit tous les nuicts comme eſtants plus propres pour negotier) il s'en va à la montaigne, & à loiſir plante la croix auec du ciment au plus haut ſômet de la Moſquée, d'où ils auoient principalement accouſtumez de deteſter la croix, ceſt acte (merueille) eſpouuanta & eſtonna tellement tous les Sarrazins, qu'aucun d'eux n'oſa ſeulemẽt gronder. Mais le matin auſſi toſt que l'eſtandart de noſtre foy paruſt d'enhaut, quelques milliers de Mahometans coururent enſemble, & non autrement que ſi la ville eſtant priſe ils euſſent veu les enſeignes des ennemis ſur les murailles,

ils

ils s'enfuïrent en arriere; & inuoquant pitoyablement Mahomet aüeugle à tout cela, & sourd à leurs cris, ils laisserent la chappelle à GASPAR: qui l'ayant ja purgée la dedia à la Vierge MARIE victorieuse surnommée du Mont, & posa là pour garde du lieu vn homme deuotieux qui faisoit penitence pour ses pechez. GASPAR asseuroit que ce lieu estoit tref-propre pour la contemplation des choses celestes. Et certes il ne faut pas douter qu'il ne se soit là souuent de tout son cœur conioüy auec la croix de ses triomphes, comme estant icelle la terreur & l'espouuante des ennemis. Et les Sarrarins ne nous laisserent pas seulement ce temple, mais tous les autres aux champs, & principalement vn plus grand dict Gilabata, où tous les ans ils celebroiēt leurs sacrifices impies & leurs sales & infames decoupure de rasoires auec grande solemnité & ostentation.

Aucun ne resistant plus, GASPAR (affin que ie parle ainsi) estoit dés-ja maistre de la campaigne. Les sacrificules prophanes s'estoiēt retirez auec les leurs en la ville. En icelle estoit le Coran à la

verité

verité magnifique & le principal de tout le cult impie, soit pour la grandeur de l'ouurage, soit pour l'ornement & pour la frequence du peuple y abordant de tous costez. Ils s'estoient là tous transportez y continuant leurs crieries auec tant d'incōmodité des Portugais voisins, ausquels ceste partie de la ville auoit esté assignée, qu'ils vindrent vers GASPAR ja vne fois victorieux, le priant que selon sa prudence il remediast à ce mal. Il n'estoit certes pas si aisé de les chasser de ceste citadelle d'impieté cōme des autres: Mais à GASPAR armé du secours diuin rien ne sembloit difficile, riē de trop. Parquoy il enuoye vn homme au Roy (d'autant que tout chemin luy estoit fermé) qui demanda, ou que silence fut imposé aux Sarrazins, ou que leurs cris desmesurez fussent par commandement du Roy moderez; que les Chrestiēs demandoient cela par leur droict; Premieremēt d'autant qu'il estoit indigne qu'ils endurassent ces affronts sur leur fond: En apres que les Sarrazins ayant ja conspiré plusieurs fois auec l'ēnemy capital des Chrestiens que ceste peine estoit pour vn peu

de uē

deuë à leur perfidie, iufqu'à ce qu'il auroit efté par refponfe du Roy de Portugal ordonné de ce qui fe feroit du temple alors qu'ils feroient ce qui feroit commandé. L'authorité du nom & la citadelle Portugaife qu'ils redoutoient grandement rendoit maintenant GASPAR plus hardy : & il s'affeuroit en leur donnant frayeur, d'obtenir ce qu'autrement il n'eut peu; mais cela à grãd' peine eftoit en la puiffance du Roy, & veu que les Sarrazins mefprifoient les menaces, il y auoit peu d'efperãce d'impetrer des chofes iuftes de gens iniuftes. Icy GASPAR en vn affaire difficile reprend plus de force & de courage en fon ame: les auertit que s'ils ne fe taifent qu'il viẽdra auec fon armée d'ẽfans; mais cela auffi ne feruit de rien. Quoy donc ? Se refouuenant comme il dict de ce paffage : *compelle intrare*: contrains les d'entrer. Il cõmande d'aprefter fix croix pour le iour prochain, lefquelles ayant le lendemain efleuées en haut, il fort auec fes bataillons jà fouuẽt dicts, & en plein iour de propos deliberé il prend fon chemin par les principales ruës de la ville. Quant on fut arriué aux

Q 5   portes

portes du Palais, tous fleschissants les genoüils s'arrestent, & de voix pieuses & reïterées se mettent à proferer ces parolles: Seigneur Dieu misericorde. Et la bonté diuine imploré ne leur faillit pas; soudain le Maures l'vn deuançant l'autre auec vn grād tumulte (merueilleuse force de la Croix!) s'enfuïrent. Et le Roy se seruant de ceste occasiō appelle GASPAR à soy, qui ayant commandé aux autres d'attendre iusqu'à son retour, où ils s'estoiēt arrestés s'en va vers le Roy, lequel le venant par honneur rencontrer aux degrés, se ietta là mesme à ses pieds, & se mit en deuoir de baiser la main à GASPAR, qui ne le voulut permettre; de là l'ayant conduict en sa chambre royalle, il le faict asseoir malgré luy, qui resistoit fort & ferme, en son throsne, & ne voulut parler que premierement le Pere ne s'arresta là; & quāt à luy il s'assit au costé du Pere. Alors auec beaucoup de parolles il excuse son retardemēt, rejette tout sur les troubles des siens; que iusqu'à present il a esté Chrestien de courage; & qu'ayāt dōné ordre aux affaires, il feroit bien tost que tout le monde le cognoistroit. Mais
à tout

à tout cecy il tendoit le voille d'inconstance trop miserable, ayant experimenté estre veritable cest oracle de verité : *difficile esse diuites intrare in regnum celorum*: Qu'il est difficile que les riches entrent au Royaulme des cieux. Neātmoins afin qu'on le croie, il dict qu'il mande que les portes du Coran fussent fermées de ciment & de caylloux, qu'en toute l'Isle personne n'inuoque Mahomet. A cecy le Pere respond qu'il sçait assés ce qui auoit destourné son courage; qu'il prie Dieu qu'il accomplisse vn iour auec plus de Foy ce qu'il promet, au reste que pour le present il luy rendoit graces, & le felicitoit. Le Roy ayant donné quelques presents à GASPAR, qu'il fit depuis porter en sa maison le renuoye ainsi d'auec soy. Il s'en va, & ensemble auec les officiers Royaux il ferme fidellement auec vne ioye admirable (& les Sarrazins fremissants de rage) les portes du Coran. Et emprisonne le Prophete impie auec ses ceremonies prophanes, en son propre Palais & maison.

CHA-

CHAPITRE XX.
Les Sarrazins taschent de recouurer le Coran.

LEs Sarrazins mettoiēt peine de toute leurs forces à venger ceste iniure, la plus grāde que de plusieurs siecles passés fut esté faicte à Mahomet. Il n'y auoit ny espoir ny secours aucun aux Perses, car iceux ayant autant de difficulté pour la religion, comme pour l'Empire auec les Turcs, les coustumes desquels les Ormusiens obseruoient, se resiouyssoient aussi auec nous de ce que le Coran, tēple tres-celebre & chef de l'impieté, estoit fermé; il n'y auoit aussi aucun espoir d'assistance en la force ouuerte, le Roy & les Portugais s'y opposants; & toutesfois ils redemandoient à tort ou à droict l'vsage de leurs coustumes & ceremonies. En fin ils prennēt ce conseil d'acheuer par l'or, ce qu'ils ne pouuoiēt par le fer. Parquoy le Gouuerneur nouueau tout autre qu'Emanuel de Lima, se laissa gaigner par vn don infame de vingt mille pardes, & indigne de la grandeur du courage des Portugais; on en reçoit aussi d'autres plus

Chre-

Chrestiens de nom, que d'effect, pour compagnons du forfaict. Les raisons puisées de l'escholle pestiléte de Machiauel ne manquoient pas à des hómes Athées: que le thresor Royal, le Fort Portugais, la seigneurie du destroict de Perse estoiēt mis en hazard. Ils auançoient cecy, le soing de la religion & de la Foy estoit le dernier: comme si ceux qui manient les affaires de Dieu auec moins de soing se promissent les richesses, la puissance, les deffenses des Royaumes, nō par le moyen de Dieu largiteur de tout bien ; mais par leur propre industrie & infidelité enuers Dieu: toutesfois ils n'osoient rien sans l'authorité de GASPAR ; & ils voyoient bien qu'il n'estoit pas aisé de l'attirer à leur party.

Au reste pour le sonder ils preparent vn festin dans la citadelle. GASPAR ne sçachāt pourquoy il estoit appellé, comme il estoit fort exact obseruateur des cōmandemens des commis Royaux, ainsi que le bien-heureux Xauier luy auoit commādé, ne refusa pas d'aller. En souppant le Gouuerneur commence, comme ils auoiēt cōuenu par ensemble, de loing

&

& auec propos ambigus à parler de cest affaire. GASPAR qui cognoissoit l'homme s'en apperçeut aussi tost, & il auoit desia ouy semer quelques discours de ce sujet, & vnissant ses forces pour le combat, apres auoir en son ame recommandé la chose à Dieu, il r'asseure son courage. Dieu combattit pour luy. Car (chose estrange!) à grand'peine auoit il ouuertement proposé la chose, voicy soudain que la main de Dieu le touchant, il tōbe entre les mains des siens sans voix, sans sentiment, comme mort. Cest euenemēt fut tenu de tous (comme il estoit) pour vne demonstration de la fureur diuine. Parquoy le Gouuerneur estant reuenu à soy, cōme celuy qui se sentoit coulpable de ceste ambitieuse largesse; commença se repentant de son faict à parler tout autrement, non maintenant du restablissement, mais de la demolition du temple, pour laquelle il promettoit son secours. Mais GASPAR l'ayant remercié fut d'aduis de ne rien changer de ce que l'autre Gouuerneur Emanuel de Lima auoit laissé. Or plusieurs des autres, de l'entremise desquels les Maures s'estoient seruy

pour

pour corrõpre le Gouuerneur, dãs peu de
tẽps perirent miserablemẽt au grãd estõ-
nement de tout le mõde. Ceux qui reste-
rent coururent tant de hazards & de dangers de la vie, qu'ils sembloiẽt auoir esté
reseruès non pour le soulagement, mais
pour la peine. Quant à ce que les hommes Athées mettoient en auant, Dieu le
conuertit en tout autres choses. Car cõme on ne recueilloit parauant du seul
thresor publicq que vingt mil pardes,
cest année par vn surcroist notable la
somme accreut iusqu'à cent mille. Quãt
au tumulte il ne s'en parla pas. Car les
Sarrazins se tenant pour vaincus furent
cõtrainɛts de rester muets, & de digerer
paisiblement & sans bruiɛt les iniures de
leur Prophete. Mais l'Eglise acquit depuis vne si grande paix, que pour le zele
& la pieté GASPAR escript, qu'il luy
samble du tout qu'il a attainɛt ces siecles
d'orés de la naissante Eglise.

CHAPITRE XXI.
Du salut des Gentils procuré par GASPAR.

LA charité de GASPAR s'estant pour-
menée par tous les ordres des mortels,

tels, n'à pas seulement laissé les Gentils, qui seuls me samblēt rester, sans touche. Nous donnōs à iceux le dernier lieu que tiennent ceux qui sont les plus reculés de la Foy. Il y auoit donc à Ormus plusieurs Gentils, ausquels c'estoit chose solemnelle d'adorer des vaches au lieu de Dieu. Ils mettēt tous les ans plusieurs d'icelles en liberté, & leur est permis se pourmener impunément par toute l'Isle, si elles portent la marque de liberté, auec vn billet pēdu au col : & nō seulement celà, mais elles sont receuës cōme il appartiēt aux-dieux. Ils mettent au rang du cult diuin de leur dōner de l'eau à boire, laquelle on aporte de dehors, veu qu'il n'y en a pas en toute l'Isle. Ils ont en verité des hospitaux magnifiques & riches pour traicter ces vaches quant elles sont pleines, ou malades; là ils leur donnent ce que nous baillons cōmunément aux malades dās les maladeries. Ils se nourrissent le plus d'herbes, car ils estimēt vn grand crime tuer rien qui ait vie, laquelle ils niēt estre aux plantes, induits principalemēt par ceste raison, qu'ils croiēt auec ce Prophete que l'ame fontaine de la vie,

est

est vne partie du souffle diuin, voir Dieu mesme. Et non seulement ils ne tuent rien, mais encor quant ils peuuent, ils retiennent les autres, ou par prieres, ou par prix de rachapt de ce qui doit estre tué. Entre ces tenebres on voit reluire quelque rayon obscur de la Foy au vestige de la Trinité : Ils attribuent au Pere la puissance, au fils la sapience, au sainct Esprit la bonté. Peut estre ces choses leur ayant esté enseignées par les anciens Philosophes, Trismegiste & autres, par la frequentation des Chrestiës, sont paruenuës vn peu plus clairement à leur posterité.

Les lumieres de ces Gentils estoient certains Anachorets (ils les appellent Iogues) d'vne austerité de vie merueilleuse. Ordinairement leurs vestements, voire aussi leurs viandes, estoient saupouldrés de cendres, afin qu'ils se resouuinssent que les mortels estoiët cendre & poudre. Ils honoroiët ou preferoiët à toutes autres vertus la pauureté & chasteté; Ils faisoient mõstre & parade de leur pauureté ou plustost de leurs ordures, en leur vestemẽs remplis de bouë; ils ne mãgeoiët aucune viãde qu'elle ne fut demãdée par

aumofne. Leur façon de demander l'aumofne eftoit telle : Ils demeuroient en certaines cauernes pluftoft que maifons, en vn champ hors la ville; fortāt d'icelles quant ils vouloient manger, prenant le chemin de la ville, ils s'arreftoient aux portes ; car ils eftimoient leur folitude violée par l'entrée. Là foufflant vn certain cornet ils auertiffoient les habitans accouftumés au fon de leur porter des viandes; que s'ils en portoient plus que la neceffité ou la raifon ne requerroient, (laquelle ils mefuroiēt feulemēt par l'efgard de la vie, & non auffi de la fanté) ils le gardoient pour le léndemain. Leurs exercices ont vne grande reffemblance auec les noftres, le diable affectant la diuinité, & fe plaifant aux mefmes offices, defquels Dieu mefme veut eftre adoré. Car ce finge des chofes facrées imite aucunemēt la nuict les prieres matutinales, & aux heures du iour vne fuitte alternatiue de prieres Ecclefiaftiques. Ils ne donnent pas peu de temps à la contēplation. Icelle eft inftituée le plus fouuent ou de la mort, ou (comme appellent les Theologiēs) des attributs diuins. Et ce qu'eux-
mefme

mesme ont medité de ces choses ils en discourent au peuple qui s'est assemblé pour les ouyr, sçauoir de la mort, & de Dieu. Auec toutes ces choses ils s'aquerrent parmy les leurs vne grande reputation de saincteté, mais les Chrestiens cōme plus clair-voiants à descouurir ces choses, n'admirent aucune vertu obscurcie de tant de tenebres d'erreur, & enlaidie de tant d'ordures. Car ceux-cy adorēt aussi des Idoles pour Dieux(ils les nomment Pagodes) & des bestes sauuages; & proposent tant de mēsonges, que s'ils ont quelque rayō de verité, ils l'esteignēt, & difformēt l'image de vertu qu'ils portēt.

GASPAR, qui le plus souuent auoit accoustumé d'attaquer les chefs, se print principalemēt à ceux-là, sçachāt assés que tout l'edifice des coustumes & ceremonies des Gētils cōsistoit en l'authorité d'iceux. Parquoy il les visitoit souuēt, & cōme estāt tout à tous, afin qu'il les gaignat tous à Iesus-Christ, il leur proposoit ordinairemēt ce dōt ils ne parloiēt pas à regret: & ce d'autāt plus volōtier qu'il traictoit de ces vertus, ausquelles il les deuāçoit d'vn si long espace. Parquoy on ne

R 2   pour-

pourroit aiſémēt dire lequel prenoit plus de plaiſir en la compagnie de l'autre. Car iceux admiroiēt l'eloquence & le zele de l'ame de GASPAR, & luy vſāt de leur cōpagnie quāt il n'ē auoit pas d'autre, ſaouloit ſon ame de deuis ſacrez. Par ceſte frequente conuerſation & auſſi par la recommandation d'autre dés leurs, qui cognoiſſoient GASPAR, ils commencerent de l'admirer, mais afin de n'eſtimer rien plus digne d'admiration qu'euxmeſmes, ils preſchoient que ſeulement il n'eſtoit pas Iogue par reſſemblāce de vie & de mœurs. Mais GASPAR qui penſoit de les rendre ſemblables à ſoy, & nō pas luy à eux, les ayant ià preparez & ſouuent conuaincus il les exhortoit à la ſainéteté de noſtre Foy. Et il ne firent pas grand reſiſtāce: Mais leur ſuperieur eſtoit abſent, homme renommé de grande reputation de ſainéteté & doctrine, non ſeulement entre les ſiēs, mais auſſi parmy les Sarrazins : Car ils gardoient l'eau de laquelle il s'eſtoit laué le corps comme ſacrée, & la beuuoiēt, & meſme le Roy d'Ormus bien que Sarrazin, ne refuſoit pas cela. C'eſtoit auſſi vn teſmoignage de

bien-

bien-faict & de reuerence de lauer ses pieds. Cestuy dije estoit absent s'en estāt allé en quelques certains deserts d'Arabie, pour y voir quelques autres habitants des deserts qui estoient de sa puissance, & pour y reformer la discipline si en quelque chose elle defailloit. Parquoy tous remettoient à iceluy seul, qui deuoit estre bien tost de retour, leur chāgement: qui estant present, apres auoir esté courtoisement saluë par Gaspar, se rēdit aisémēt amoureux de ses mœurs & de sa conuersation, y interuenant principalemēt la renommée jà diuulguée de sa sainčteté; or il proufita tant par ses deuis familiers, qu'il chanceloit du tout. Car comme il estoit homme de vif esprit, non mediocrement instruičt aux preceptes Philosophiques, il tendoit facilement les mains à la verité. Mais toutesfois il n'estoit pas si aisé de prodiguer ceste opinion de sainčteté acquise par tāt de labeurs, & estaindre la splendeur de sa renommée dans les eaux du Baptesme. Mais Gaspar faisoit instāce à ce qu'il ne fut pas moins cōstant à embrasser, que clair-voyant à recognoistre la verité ; ce

R 3 que

que faisant souuent, Dieu aussi coulant en son ame confirma le discours de Gaspar par la force de sa grace: Car le Iogue conclut vn long pour-parler, (c'estoit de la chasteté) ainsi: vous m'aués maintenāt tellement mis les ceps d'amour, qu'il semble que mon cœur & le vostre soyent vn, mais toutesfois veu que cest affaire est de grande consequence, ie demande l'espace de trente iours pour resoudre quelque chose d'asseuré. Gaspar approuua cest aduis, & y adiousta quelque chose du sien. Il prie donc cest homme que pendant ce temps, il receut cincq coups de fouëts, à l'honneur d'autant de playes de Iesvs-Christ, le priant semblablement de tout son cœur, qu'il luy plaise infuser telle lumiere en son ame, que par icelle il voye parfaictemēt, facilement, & asseurément laquelle des deux loix il doit suiure. Iceluy comme il estoit jà desireux d'accomplir la volonté diuine, cōmença tout de bon à mettre en effect son cōseil, & celuy de Gaspar.

Or il arriua vn certain iour aux heures nocturnes, comme il s'exerçoit en cela plus attentiuemēt, & ensemble meditoit

des

des pefections diuines, qu'vne voix s'addreſſant à luy qui veilloit, il entendit: Pourquoy fuis-tu? que tardes-tu? courage prens le chemin qui t'eſt monſtré: la ſeule loy des Chreſtiens eſt la droicte voye du ſalut. Vne autre choſe auſſi eſmeut d'auãtage ceſt homme rẽply d'admiration. Car alors il vit que toute la pompe la plus ſolemnelle des iours de feſte des Chreſtiẽs luy eſtoit repreſentée: des Egliſes ornées; Autels garnis d'ornements, officiers reluiſants chacũ de leurs habits; Croix d'or & d'argent; Calices, & touts les meubles Eccleſiaſtiques. Parquoy non moins confirmé par ce qu'il auoit veu, que par ce qu'il auoit ouy; ayant rendu graces à Dieu, il fit ce dont il l'admoneſtoit, condamnant & accuſant les tenebres de la nuict, & deſirant le iour qui deuoit eſtre l'accompliſſement de ſes vœux.

Icy le diable cõmença de bander toute ſes forces & d'appliquer tout extreme remede, diſpoſant tellement ſes affaires, que le meſme iour il induit le Roy d'Ormus d'aller voir le Iogue ſous pretexte de religion. C'eſtoit vn grand &

puiſſant

puissant traict pour forcer l'ame d'vn nouice: mais toutesfois il a esté repoussé par la force encor recente des diuines cõsolations. Il deceut le Roy qui venoit vers luy au poinct du iour, se retirant aux cachettes de sa grotte, afin de ne receuoir des honneurs prophanes & illicites à vn Chrestien. Puis quant le Roy fut party, il s'en court vistement à la ville; va vers GASPAR, faict recit de ce qu'il a ouy & veu; demande le Baptesme. La ville s'estonna de ceste nouuelle, le Roy mesme, mais principalement tous les Iogues, qui s'acquittants fort bien de leur promesse, suiuants l'authorité & l'exẽple de leur maistre, accoururent aussi au Baptesme, lesquels tous, quant ils semblerẽt estre assés instruicts des poincts de la doctrine Chrestienne (toute la ville restant estonnée) auec grand' magnificence & triomphe reuestus de l'habit blanc des Chrestiens, il nettoya par les eaux salutaires du Baptesme de leurs ordures & cendres, & sur tout de pechés, leur ame.

Or ceste conuersion fut non seulemẽt en admiration par toutes les Indes, mais aussi tenuë pour vn miracle, & le plus
rare

rare de ces siecles. Le nom de Paul fut donné à ce premier ; de là auec la mesme magnificence qu'on estoit venu au bapteſme, toute la ville courant enſemblement, ils s'acheminerent auec GASPAR la croix marchant deuant pour aller briſer leurs Idoles ; GASPAR prenant ſa part de ce trauail ſelon la haine qu'il portoit à l'ennemy du genre humain s'attribuant des honneurs diuins, ne ſe pouuoit aſſez retenir. Puis ayant esleué la croix en vn lieu propre, il en prit poſſeſſion au nom du Crucifix, & prepara en apres vne maiſon aux vſages que i'expliqueray au chapitre ſuyuant.

Quand Paul & ſes compagnons furent bien inſtruicts aux myſteres ſacrez des Chreſtiens, il aſpiroit autre-part : il deſiroit extremement de voir le Portugal & puis Rome chef de l'Eglise, affin qu'il vit les choſes par leſquelles il auoit eſté diuinement inſpiré à la foy. Parquoy il communique ſon deſir à GASPAR qui ne l'accordoit pas volontier (peut-eſtre) comme celuy qui preuoyoit les choſes futures : mais toutesfois ayant employé pour interceſſeur Emanuël de Lima Gouuerneur qui s'en retournoit en Portugal; il gaigna GASPAR; à la fidelité duquel estant recommandé, apres auoir paracheué vn long & difficile voyage, il arriua en Portugal, & estant presenté au Roy, il fut par luy receu comme vn miracle (ce que veritablement il estoit) venant d'Asie. Ayant là, non sans gloire de GASPAR, donné les premieres preuues de sa vertu, apres auoir premierement visité le College de Conymbre qu'il reueroit & honnoroit comme l'apprentissage & le berceau de son precepteur; ainsi qu'il se preparoit au voyage de Rome, il s'en alla en poste au souuerain Euesque des ames, le chemin vers son Vicaire estant interrompu. Le Pere Lucena l'a ainsi laissé par escrit : encore qu'il s'en trouue aussi qui veuillent qu'il soit esté de retour d'Europe aux Indes, & qu'il ait beaucoup aidé au Pere Anthoine de Eredea à conuertir les femmes du Roy d'Ormus. Quant à GASPAR il se seruit bien à propos de la conuersion des Iogues pour adioindre les autres à IESVS-CHRIST. Et comme à la verité tous les iours plusieurs des Ormusiens se faisoient enroller sous luy, il comil commença serieusement à penser en soy-mesme par quel moyen il pourroit acheuer de conduire à la foy les monasteres des Iogues, dont ils ont plusieurs tant d'hommes que de femmes en tous endroits par toute l'Arabie & Perse: & il esperoit ayant acheué ses trois années de la prison d'Ormus, parfaire cela auec ses nouueaux conuertis, ayant pris l'habit de Iogue. Ce courage enflammé du salut des prochains ne se pouuoit arrester nulle part, ny côtenir en aucuns termes, ce que par le iugement des plus aduisez est en GASPAR vn plus que grand tesmoignage de vertu.

CHAPITRE XXII.
Il pense de preparer vn College pour la Compagnie à Ormus.

PARMY ces offices de pieté GASPAR n'estant pas plus soigneux de faire du fruict que de le conseruer, commence à penser en soy-mesme par quel moyen il pourroit estant absent conseruer aussi par autruy ce qu'il auoit acquis. Le meilleur moyen luy a semblé estre, s'il preparoit certaines maisons à nostre Compagnie pour

pour demeure, afin d'eſtablir vn College. Eſtant ententif à ceſte choſe, Dieu luy preſenta ceſte occaſion. Les Iogues que i'ay dict demeuroient en vn mont hors de la ville non eſloigné de la cité de demy lieuë entiere : ceſte troupe que les ſacrifices des Gentils auoient aſſemblée en vn, eſtāt deſbandée, ce lieu auec l'entier conſentement de Paul, de ſes compagnons, & de toute la ville, deuant qu'il partit fut aſſigné pour le College futur : qui fut d'autant plus volontier accepté par GASPAR, qu'il eſtoit eſtimé le plus ſain autant qu'eſtre ſe pouuoit là de toute l'Iſle, & auſſi à fin qu'il fiſt deſpit au diable ſe changeant en ſon domicile. Il purge donc deuant toute choſe le lieu, & la maiſonnette eſt dediée à la Royne des Anges. Il l'appelle le College du bon IESVS. Or le deſſein de GASPAR à baſtir ce College eſtoit tel : à fin que ceux qui deuoient eſtre enuoiez d'Ormus comme d'vn lieu tref-propre à faire des ſaillies, en Affrique, aux Abyſſins, en Aſie, aux Arabes, Perſes, Armeniens, Georgites, fuſſent icy eſleuez & inſtruits, outre ceux qui ſembloient eſtre neceſſaires

res à ce port tref-celebre & tref-commode pour cultiuer tant de nations: Parquoy il deliberoit de fe pouruoir d'vn lieu & des chofes necéffaires pour l'entretien de quarante perfonnes, tant Preftres que nourriffons domeftiques. Et certes la multitude & liberalité des citoyens contribuants à cefte fondation eftoit fi grande qu'elle eftoit femblable à celle qu'on raconte auoir efté à baftir l'Arche de l'alliance; l'vn contribuoit mille, l'autre cincq cent pardes, & vn certain autre offrit quatre mille pardes, & plufieurs tout ce qu'ils auoient s'il l'eut voulu prédre. Mais toutesfois le biéfaict d'Emmanuël de Lima pour lors encor Gouuerneur (car ie defire que le lecteur fe fouuienne de ce dont ie l'ay cy deuant aduerty, qu'en racontant cecy i'ay eu efgard aux chofes & non au téps) arrefta la liberalité de tous les autres: car il ne pouuoit fouffrir en vn œuure qu'il defiroit eftre tout fien, aucun compagnon ou efgal; & deffendit à GASPAR de riē prendre d'aucun; qu'il ambitionnoit la fondatiõ du College: ce que GASPAR voyant fi heureufement fucceder, eftimant qu'il ne falloit rien retarder, iugea qu'il falloit battre le fer chaud deuant qu'il se refroidit. Parquoy il escriuit aussi aux Indes de tout ce dessein au Recteur, & ensemble continua de presser l'affaire vsant de la puissance qu'il auoit receuë du Bien-heureux Xauier pour eslire vn lieu, & l'annexer à la Societé. La responsedu Pere Anthoine Gomez fut telle, qu'il luy sembloit, qu'il sembloit à l'Euesque auquel en partant François auoit recommandé les affaires de la Societé, qu'ē cest œuure que l'vn & l'autre approuuoit, il falloit encore vn peu differer iusques à ce qu'il fut venu du secours de Portugal. Car veu que GASPAR sortāt de sa mission deuoit estre bien tost appellé au Iapon, & qu'il ne se trouuoit maintenant aucun aux Indes, qui peust estre retiré de ses occupations pour estre mis en la place de GASPAR; qu'il faudroit bien tost par necessité laisser là toute l'entreprise; parquoy qu'il valloit mieux ne commencer du tout point. Ceste nouuelle n'estoit pas attēduë de GASPAR: mais comme il estoit tres-soigneux d'obeyr, aussi tost il dis-continua la chose dés-ja

bien

bien aduancée. Cependant se seruant de ceste occasion il sollicite tres-doucemēt ses compagnons de venir aux Indes, en certaine lettre par laquelle il faict recit de ces choses, & dit ainsi: O mes freres venez à nous: Icy le miel de la diuine douceur coulle prodigalement par les chāps, lequel pouuez vous à grand' peine auec tres-grād labeur acquerir enfermez dans vos chambres. Si la sciēce manque, nous auons icy l'esprit pour docteur qui nous faict tous les iours la leçon: puis apres il conte ses meubles sacrez & domestiques. D'auantage le vice-Roy auoit ordonné que tous soldats qui se feroient enroller en la compagnie receussent les gages militaires pour l'vsage du College, il leur auoit aussi enuoyé cinq cēt pardes pour aumosne sans autre cent vingt qu'il commandoit estre payez pour la nourriture de GASPAR.

Neantmoins tandis qu'il attendoit response des Indes, entre plusieurs qui demandoiēt la Societé, il en auoit esleu six, le sainct Esprit comme il dict le contraignant, voire cōtre sa volonté; la conuersion desquels à vne meilleure vie, ie reserueray

serueray auec quelques autres pour vn Chapitre: Et auoit enuoyé querir vn maistre estrãger pour leur enseigner les preceptes de Grammaire. Ceux-là estoient peu du tout au prix des autres qui demãdoient d'y estre receus: mais toutesfois il nourrissoit les autres de bonne esperãce, qu'il feroit tant qu'ils iroient auec luy à la Chyne; & encor qu'ils semblassent n'estre propres pour la Compagnie, toutesfois ils sembloiët pouuoir seruir de beaucoup s'ils estoient co-adiuteurs. En verité d'autant qu'ils desiroient mourir auec luy (ce qu'ils auoient en l'ame comme tousiours en la bouche) il sembloit estre trop cruel de refuser de tels personnages. GASPAR donc viuoit auec ce petit nombre des siens de mesme façon que viuoiët les anciens Anachoretes, de telle sorte neantmoins qu'il n'oublioit pas les affaires du Christianisme alleché par la douceur de la contemplation: aussi les Iogues sembloient n'estre absentés du mont, mais changez en mieux. Et leur façon de viure sous la discipline de GASPAR estoit telle, que veu que luy-mesme l'explique particulieremẽt, nous auons pensé ne

GASPAR BARZEE. LIV. II. 273
fé ne deuoir eftre obmife. Vne heure
deuant iour eftant ja tous efueillez, le fi-
gnal de l'Oraifon fe donnoit auec vne
clochette ; icelle eftant finie vne heure
apres, GASPAR fe preparoit pour dire
Meffe; à laquelle fuccedoient les leçons
iournalieres iufques à onze heures ; alors
on difnoit & examinoit fa confcience; de
là encor aux leçons iufques à quatre heures apres midy ; puis ils venoient enfemble pour foupper; apres on difoit les litanies, & vne heure apres on entroit en
meditation des chofes diuines ; en apres
on examinoit encor tout ce qu'on auoit
dict, faict, ou penfé ; puis finalement le
iour n'ayant pas efté mal employé on
s'alloit repofer. Chafque Vendredy ils
prenoient la difcipline pour le bien de
l'eftat Ecclefiaftique : en outre les Litanies fe recitoient pour la Compagnie
& fes bien-faicteurs. Tous les iours
de feftes l'efpace d'vne heure il y auoit
des deuis des chofes facrées; des remedes
des vices, & de l'exercice de la vertu.
Or cefte conference il la nommoit recreation, par le moyen de laquelle chacun rendoit, auec toute candeur & fince-
S   rité,

rité, conte de l'abondance & defaut des consolatiõs & ariditez spirituelles. Et cest exercice de vertu n'estoit pas tousiours r'enfermé entre les murailles domestiques; ils sortoiēt quelquesfois en public, les vns demandoient l'aumosne de porte en porte; les autres seruoient les malades en la maladerie; les autres estoient commandé de discourir aux Sarrazins, ou demander quelque chose pour l'amour de IESVS-CHRIST; desquels les vns ayāt esté par iceux lapidez, retournoient à la maisõ plus nobles & illustres par l'exemple de la patience & de la modestie. GASPAR les instruisoit en ces vertus, & au desir de la croix : parquoy semblables à leur maistre, l'vn designoit courageusement l'Arabie, l'autre desiroit ambitieusement la Perse, & l'autre demandoit importunément l'Æthiopie, pour siege de Martyre. Et certes GASPAR me semble en ce lieu, par vn si long chemin, auoir icy apporté à Ormus, ce zele & cest ardeur de Conymbre en ses cõmencements, qu'il auoit conçeu sous le Pere Simon, à fin qu'il combatist auec la chaleur mesme de la terre, de peur que les corps

corps ne femblaffent brufler d'auantage
que les ames. Il y auoit outre ceux-cy vn
certain petit vieillard, homme honnefte,
qui apres s'eftre confeffé à GASPAR,
n'auoit pas voulu partir du College; mais
bien qu'il ne fut des noftres s'occupoit à
fon feruice, par-ce qu'il difoit qu'il ne
pourroit demeurer en repos en aucune
autre part. D'iceux, dont le nombre eftoit
creu iufques à neuf, les cincq font mort à
Ormus, ou par la malice de l'air, ou auffi
(comme GASPAR mefme tefmoigne)
par le trop grand effort d'vn efprit boüil-
lant de zele, d'autant qu'ils entreprenoiēt
plus de chofes qu'il ne leur eftoit permis
par GASPAR. Quant aux autres où il
les emmena auec foy à Goa, où il les laiffa à Ormus à fes fucceffeurs. Et en verité
l'experience a du depuis monftré que
l'air d'Ormus n'eft aucunement conuenable pour vn College; & GASPAR l'a
en apres recogneu: neantmoins il a là eu
quelques fucceffeurs, qui ont quelque
temps demeuré en cefte maifon, defquels
nous parlerons au commencement du
liure fuyuant.

Chapitre XXIII.
Quelques conuersions plus rares.

LE changement des ames, comme i'ay dés-ja dict souuent, a esté grand en plusieurs ; Parquoy deuant que partir d'Ormus auec Gaspar, il en faut descrire quelques-vns des plus signalez, que nous auons expressément reseruez en ce lieu à cause de la ressemblance de matiere, ayant remis les autres chacun en son endroit. Outre les conuersions que cy dessus nous auõs recitées, il y a eu autant d'admirables metamorphoses d'hommes, qu'il peut estre croyable y auoir eu en vne ville ainsi subitement changée; I'ay faict chois de quatre d'icelles seulement, par lesquelles on iugera des autres. Vne telle fureur auoit saisy vn certain ioüeur, d'autant que le jeu ne luy succedoit à souhait, qu'il iuroit, blasphemoit, sembloit ja renier tout ce qui est aux cieux & en terre; Gaspar de fortune passa (encor que ce qu'on dict ne peut pas estre fortuit) & ayant regardé cest homme, premierement il admira sa rage; puis apres se mettant luy-mesme aussi
auec

auec d'autres parolles à entrer en furie & tonner, il commença d'accuser fort rudemét cest homme de l'impuissance de son esprit. Quoy plus? renuersé & abbatu par ce foudre de parolles aux pieds du Pere, il demanda pardon, & promit à l'aduenir non seulement s'en abstenir, mais aussi iura sainctement, que par aucun euenement il ne se retireroit iamais du costé du Pere ; & ce ne fut pas vne flamme à mesme instant allumée & estaincte, mais vn vray & constant embrasement. Il demeura si ferme, & pressa tát le Pere, qu'il fut receu pour estre compagnõ de sa vie; en laquelle par saincteté de vie il confirma ce qui se dict aux lettres sacrées : *Vbi abundauit iniquitas, super abundabit & gratia*. Où l'iniquité a esté abondante, surabondera aussi la grace.

Mais celuy ne fut pas seul. Le P. auoit selon sa coustume presché au peuple auec vne gráde ardeur d'esprit: mais toutesfois parce qu'il parloit de la croix cõme de ses amours, il auoit discouru auec beaucoup plus de vehemence. Il auoit proposé que sous sa conduicte il falloit porter & planter la croix en Turquie, Perse & Arabie,

S 3 ou

ou à fin que les Mahometãs l'adoraſſent; ou qu'eux-meſmes fuſſent attachées à icelle. Il y eut quelqu'vn de l'aſſemblée, qui auec les parolles auoit auſſi auallé l'amour de la croix, lequel ſe iettant aux pieds de GASPAR, comme il deſcendoit, proteſtoit publiquement par ſes pleurs plus que par ſes parolles, qu'il moureroit auec luy: Parquoy il le prioit qu'il fuſt enuoié dés l'heure meſme pour cercher ceſte mort & ceſte croix, le deſir de laquelle il ne pouuoit plus long-tẽps ſupporter. Iceluy apres, impetra au moins cela, qu'il ſouffrit vne croix lente & mort continuë, en domptant les troubles de ſon eſprit ſous la diſcipline de GASPAR.

Mais le troiſieſme ſemble s'eſtre eſleué par-deſſus tous les autres. Il eſtoit ieune, & trop doüillet, & curieux aux ornements du corps, & preſque effeminé. Iceluy de fortune aſſiſta à vn ſermon du Pere touchant le meſpris du monde: les parolles duquel eurent tant de pouuoir, qu'auſſi toſt apres le ſermon il deſueſtit publiquement ſon habit, changea ſon veſtement auec vn pauure, & luy-meſme

ayant

ayant aussi distribué tous ses biés, vescut depuis d'aumosnes. Il passoit aussi toutes les nuicts aux pieds de la croix, cerchāt là repos, où tous les autres trouuēt du trauail; il employoit les iours entiers à seruir les malades. Par ceste maniere de viure il obtint ce que principalement il cerchoit, de n'estre pas moins mesprisé du monde, que reciproquemēt il le mesprisoit: car on croyoit communément qu'il auoit faute de cerueau: Mais certes GASPAR quant il vint à luy le tint pour sage, & le receut lors qu'il l'en pria, en sa compagnie & exercices, à fin qu'il polist des si grands commencemens par la line d'vn si grād maistre: ce qu'il fit suffisamment, veu qu'il estoit agité des desirs perpetuels de la croix, & d'encourir la mort pour l'honneur d'icelle.

Mais ie ne puis, que ie ne raconte aussi, entre ces choses, la soudaine reconciliation & conuersion des Prestres du pays enuers GASPAR. Ils s'accordoient assez auec GASPAR, comme auec celuy qui leur deferoit tant; vne chose les tourmentoit, que ceux qui auoient auparauant accoustumé de se confesser à eux,

S 4   à chasà chafque fois s'en-courroiēt à GASPAR, car ils ne pouuoient fupporter cela, foit pour le gaing, ou pour quelque autre fujet. Ils croyoient communément, que GASPAR les deftournoit & attiroit à foy. La trop grande opiniaftreté pluftoft que pieté des foldats de Monajana, fe voulãts confeffer à GASPAR, augmēta cefte opinion : parquoy ils fe liguent par enfemble & fe plaignent, confiderent les principaux poincts, qu'ils font delaiffez, mefprifez, que tous ne parlent que d'vn feul GASPAR ; Quel remede? Puis apres ie ne fçay qui leur difant (ie croy que diuinement infpirez) que cela ne deuoit fembler eftrange à perfonne, que GASPAR eftoit innocent; mais que la ferueur & le zele de la compagnie eftoit maintenant tel, que par la modeftie de vie fituée en vn lieu plus bas & humilié, receuoit tous à foy comme des flots & eauës coulãtes: parquoy qu'il fembloit meilleur de s'appaifer & de fauorifer GASPAR, & fi auffi en quelque chofe il fuft befoin, luy donner fecours. Les autres en furēt contens, & vindrent touts tout d'vn confentemēt à GASPAR, offrant liberalement leur

ferseruice, si en quelque chose il les vouloit employer. Le Vicaire raconta tout cecy à GASPAR, qui s'esmerueilloit d'vn si soudain changement en son endroict.

CHAPITRE XXIIII.
Dieu auance souuent les desseins de GASPAR *par des choses admirables.*

NOvs auons espars beaucoup de choses semblables, & qui ne sont pas à mespriser; mais il ne faut pas passer sous silence les plus remarquables qui semblent rester. Car outre ceste apparition nocturne, le vœu pour la maladie exaucé, la fiebure du fuyard, les miracles de Monajana, le Sarrazin interprete de la langue Portugaise qu'il ignoroit, le Iogue conuerty à la Foy, la mort predite à vn obstiné, le Gouuerneur fauorisant au Coran, & plusieurs autres semblables (car toute sa vie à Ormus semble auoir esté vn continuel miracle) il arriua beaucoup d'autres choses tres-dignes de memoire & d'admiration : mais toutesfois la cognoissance entiere de tout n'est pas paruenuë iusqu'à la posterité : ains ceux-là seulemēt, que la modestie de GASPAR a enuoyé en Europe. Les miracles duquel racontés au nom de quelque Pere, & non du sien, ont estez descouuerts par la prouidence de Dieu, afin que d'auenture aucun ne peut penser qu'ils auoiēt estez dits de quelque autre. Comme cela s'est descouuert il le faudra dire tātost; maintenāt i'en mettray quelques vns en auāt, choisis entre plusieurs.

Il y auoit vn homme frequēt auditeur de GASPAR; iceluy comme il desiroit fort se despetrer des griffes du diable, desquelles dés long tēps il estoit tenu enueloppé & accroché, toutesfois d'vn cōseil pernicieux il differoit l'expiation de ses pechés, iusqu'au despart de GASPAR, desirant surmonter par vne seulle cōfession l'infamie de la hōte qu'il luy falloit encourir, afin que toutes les fois qu'il verroit GASPAR, il ne fut contraint de rougir; le Pere se prit garde de la ruse, & fit tant qu'il osa ce qu'il n'osoit. Mais parce qu'vn iour ne suffisoit au cōfessant, GASPAR à dessein prolōgeoit la chose plusieurs iours, afin qu'il l'espuisat entierement de tout ce qui estoit de sale en luy, & afin aussi qu'il le disposat

par

par des peines salutaires au benefice du pardon. Comme il accomplissoit d'auenture l'vne de ces peines, vne nuict que chacun s'estoit retiré, la chambre commença subitement à se remplir de certaines laides & horribles bestes sauuages, qui se mirent à espouuäter cest hôme quasi priué de vie, l'enuironner, & bref le reduire en telle détresse, que desia quasi desesperé, il ne trouuoit ou ficher l'anchre de sa Foy. En fin Dieu le secourant, il empoigna vne image de nostre Seigneur Iesus-Christ, qu'il auoit deuant soy: & comme celuy qui est desia prest d'estre submergé dãs les ondes, se roulle, & s'il saisit quelque chose, le retiét si fort, qu'il ne le lasche du tout point: Ainsi cestuy-cy embrassant estroictemét ceste image, commeça aussi d'inuoquer IESVS; à ceste voix ces esprits difformes iettants vne grande puanteur & bruict, s'enfuyrét vaincus à iamais; car depuis ce temps il a tousiours ressenty vn grãd repos en son ame, estant absous de ses pechés. Et continua iusqu'à la fin de cheminer au sentier de la vertu, dans lequel il estoit heureusement entré.

Cela

Cela fut estrange en la guerison de l'ame: ce qui suit fut peut estre plus admirable au corps. Le fils d'vn certain principal homme Portugais estoit paruenu à l'extremité, auquel outre la fieure mortelle, vn œil caué s'estoit pourry, & il n'y auoit plus de secours aux medecins ou en l'art: laissant donc tout cela, il s'en va à GASPAR pour auoir le secours diuin, le prie que pour la santé de son fils il dise messe en l'inuocation de la mere de Dieu. Il le fit, & (grand miracle!) ce mesme iour l'enfant sur la fin du sacrifice fut deliuré des fieures; Et ce ne fut assés; quelques escailles plus grossieres luy tombant de l'œil malade, il resta du tout entier, & de tout poinct semblable à l'autre. Le Pere plein de ioye accourt, il conte la chose à GASPAR, & luy rend graces: Mais le Pere l'ayant admonesté de recognoistre la Royne des Anges, cause de ce miracle, le renuoye d'auprés de soy; recelant cependãt par sa modestie ce faict, qui fut aisément diuulgué. Le Pere François Gouuea autresfois Prouincial de la Prouince de Portugal, a parlé passé plusieurs années à cest

enfant

enfant deuenu homme, & au Pere qui estoient de retour en Portugal, il a veu le fils, & a entendu le miracle du Pere & du fils, qui alors demeuroit en la maison sainct Iacques de Cacem. I'ay du depuis parlé à Lysbonne à ce Pere Gouuea, par lequel j'ay esté encor asseuré de la mesme chose, que d'iceluy mesme le Pere Lucena auoit ouy. Et voila en quoy principalement GASPAR a esté descouuert, qui entre autres choses raconte cecy comme d'vn autre: car veu qu'il dict que le reste est du mesme, on concld necessairemēt que le tout a esté paracheué de Dieu par le moyen de GASPAR.

Par le mesme sacrifice de la Messe, il reuoqua la vie d'vn certain sien amy, aussi merueilleusement & subitement, que s'il eut ressuscité vn homme vrayement mort. Mais il ne faut pas aussi oublier par quel moyen il chassa le diable d'vne femme, qui la tourmentoit importunément: Le mary d'icelle vient à GASPAR, il raconte qu'elle est desia reduicte à l'extremité par des spectres horribles, il prie d'auantage que GASPAR ne desdaigne de venir vers elle pour reciter l'Euāgille:

Et il

Et il ne refuſoit pas d'y aller, mais les affaires ne le permettoient pas: afin touteſfois qu'il ne r'enuoya ceſt homme ſans ſecours, ayant eſcrit ce peu de parolles, par leſquelles le ſacrifice de la Meſſe ſe conclut, *& verbum caro factum eſt, &c.* & la parolle a eſté faicte chair, &c. il inſtruit l'homme de ce qu'il faut faire: Il s'en va plein de Foy ne doutāt en rien de la ſaincteté de GASPAR, il pend ces parolles ſacrées au col de ſa femme, & auſſi toſt, le diable ne pouuant plus ſurporter la force de ces parolles ſacrées, ny la main de GASPAR, eſtant commandé de ſe retirer, au meſme moment s'en allà, la femme au meſme inſtant auſſi ſe leua, auec ſes premieres forces & entiere ſanté.

Mais le Seigneur qui par le moyen de GASPAR rendoit la ſanté aux autres, cōſerua auſſi la ſienne, encor que comme nous auōs ouy dire, il ne ſoit pas eſté peu malade à Ormus: & quelle merueille en ces labeurs? ie tiens toutesfois entieremēt pour miracle ce qui eſt raconté par luy: Car il dict que quand ſon cōpagnon Raymōd Pereyra eſtoit quaſi eſtouffé par

la

la chaleur, & que les liures mesme, & la table à laquelle GASPAR estudioit, estoiēt cōme tout en feu, de sorte, que les mains à peine pouuoient souffrir ceste grande chaleur par l'attouchement, qu'en ce temps non seulement il n'eut pas chaud, mais aussi qu'il eut froid; dont outre la soutane interieure, il vestoit encor vn pourpoint. Mais certes Dieu luy dōnoit les forces, qu'il deuoit si vtilement employer; lesquelles il desnie à ceux qui ayant trop de soing d'eux mesme, semblent accuser Dieu d'estre paresseux, & de n'àuoir aucun soucy des hommes. Ie veux conclure ces choses, & plusieurs autres, que Dieu parfit par GASPAR, par l'excellēt tesmoignage du Pere Louys Froés, cest Historien du Iapon, & compagnon de GASPAR en la nauigation aux Indes. Car iceluy aprés sa mort, ayant faict denombrément de plusieurs choses par luy honorablement mises à fin, en l'epistre qu'il escrit en Europe des miracles qui sont arriués à Ormus, dict cecy: Ie n'expliqueray pas les miracles tres-euidents qui sont arriués à Ormus, cognoissant mō indignité: car veu que les bestes, si elles

tou-

touchoient au môt sacré estoient assommées de pierres, ie m'estimerois plus digne de reprehēsion, si j'approchois indignement de ces choses sacrées.

Chapitre XXV.
Quelle estoit Ormus quant il là laissée.

SI vous faictes comparaison de la fin aux cōmencements, vous verrés plus aisément combien il y a de difference de l'vn à l'autre ; laquelle difficulté se cognoit moins aisémēt par les auancemēts iournaliers. Comme si vous comparés vn homme à vn enfant, vous verrés plus facilement ce qu'il y a à dire, que si vous voulés plus souuent & à mesure que l'enfant croist, prēdre garde à ceste difference. Autant donc que GASPAR du commencement s'est affligé, & a pleuré, autant maintenāt à bon droict il se pourroit resiouyr : mais d'autāt qu'iceluy oubliant le passé s'estend à ce qu'il a au deuant de soy, nous cependant en ce dernier chapitre, deuant que de partir, voyōs toute la ville de l'eschauguétte de l'ame. Ie voy que ce qu'il a parfaict consiste principalement en deux choses : car ou il
a esté

a osté les maux, ou il a substitué les biens en leur lieu. Et ces biens, ou cõme meubles il les a emportés auec soy, ou comme immeubles il à laissés a Ormus. Il a changé ceste profonde ignorance des choses diuines, à l'institution des enfans, hommes, femmes, marchands, Iuifs, Sarrazins, Gentils, telle que nous auõs veuë. Il a cõuerty toute sorte de lubricité auec ceste pureté, flagellatiõs, cilices, ieusnes, auec lesquels ceste lasciuité ne peut subsister. Il a trãsformé les inimitiés en paix, embrassements, amitié des suppliants, en la maison, aux ruës, aux portes de l'Eglise. Il a banny l'auarice, substituant la Iustice & equité en sa place, par restitutions & aumosnes. Il a extirpé les contracts illicites par la reuerẽce des sainctes Canons. Il à fermé la bouche des Mahometans, fermé le Corã, reprimé les Iuifs, attaqué, cõuaincu & vaincu les chefs des Gentils. Il a esleué le cult & adoration de IESVS-CHRIST qui sur touts estoit abbatu. Bref comme les maux estoient sans fin, aussi il n'y auroit pas de fin à faire recit de toutes ces pestes desquelles il a deliuré la cité. Mais n'estant assés de s'ab-

T stenir

ſtenir du mal, ſi on ne fait le bien, il cauſa auſſi ces biens à la ville par ſa preſence. Tous les iours il expliquoit la doctrine Chreſtienne, aſſiſtoit aux malades, entendoit les confeſſions, inſtruiſoit les catechumenes, baptiſoit, viſitoit les priſons publiques, procuroit le biẽ de chaſque ſecte à certain iour aſſigné. Il preſchoit les dimanches & iour de feſte trois fois, le matin au peuple, le ſoir aux eſclaues, puis aux malades. Il laiſſa auſſi tout cecy reduict en couſtume, ne laiſſant quaſi aucun recoing de nouuelle induſtrie qu'il n'occupa, pour donner aſſés d'occupations à ſes ſucceſſeurs, afin qu'ils pourſuiuiſſent ce qu'il auoit commencé. Il faiſoit, cõme i'ay dict, vne explication iournaliere de la doctrine Chreſtiẽne; ſur le ſoir il ſonnoit ſa clochette, par le ſon de laquelle les mortels fuſsẽt eſueillés & ſollicités de prier Dieu par les cantiques à eux jà cognus, pour ceux qui faiſoient penitence de leurs pechés, & pareillement pour ceux dont les ames eſtoient mortes par la playe du peché mortel. Ce qu'on recognoiſtroit de combien eſt ſalutaire, ſi on le pratiquoit maintenant au-
tre-

tre-part, que les courreurs de nuict chantassent quelque hymne sacré au lieu de chansons lasciues & ineptes aux enfans des tenebres. Outre ces trois predications il y auoit la frequentation des Sacrements, qui auparauant seulemēt n'estoient pas en vsage, mais par moquerie, impieté, & irreuerence, estoient du tout mesprisée: de manier que le Gouuerneur mesme confessoit, que du cōmencement il auoit esté destourné d'icelle par les vains discours des hōmes. Outre cecy estoit tous les vendredis auec la flagellation frequēte, ceste solemnelle predication des tourmens & de la mort du Seigneur, les prieres, plusieurs filles mariées, la maladerie pourueüe, la maison de la confrairie de misericorde augmentée, le changement au clergé, la chappelle sacrée au lieu de l'infame mosquée, le college du bon IESVS au lieu du tēple & cauernes des Iogues; bref Ormus tout autre, & si dissemblable, que si ce changement eut peu estre veu des yeux corporels, personne ne l'eut recognuë. Mais pour fin, ie mets au lieu d'vn grand miracle que toutes ces choses icy ayent peu

T 2   estre

eſtre parfaictes par vn homme ſeul, durãt l'eſpace de trois ans, qui en tout ceſt eſpace euſſent à grand' peine peu eſtre penſées, ou deſirées. Quant à moy en verité i'eſtime ainſi, ceſte republique de Platon, ou ceſte Vtopie de Thomas Morus, ſi elle eſt en aucun lieu, auoir eſté icy, ſi vous auès eſgard à la religion, de tout point eſtablie.

Fin du deuxieſme Liure.

LIVRE

LIVRE TROISIESME
DE LA VIE DV R. P.
GASPAR
BARZEE
BELGE.

CHAPITRE I.
GASPAR *est appellé au Iapon par le B. Xauier.*

EPENDANT, comme i'ay dit, que GASPAR auançoit si fort la foy Chrestienne à Ormus, le Bien-heureux Xauier, ceste vnique lumiere de l'Orient, la portoit au Iapon; & la chose auec succez fauorables estoit auancée iusques à là, que maintenant le Pere Xauier n'y pouuoit suffire. Parquoy se resouuenant de sa promesse & de GASPAR, depuis le Iapon il l'appelle

T 3

pelle à foy par vne si longue estenduë de chemin, à son secours. Ces lettres, les ioyes de GASPAR, estant paruenuës à nous, il nous a samblé bon les mettre icy, & d'autant qu'elles sont bresues, & à fin que ce tesmoignage de sa vertu & monument de son zele qu'il auoit tant attendu ne perisse.

La grace & l'amour de IESVS-CHRIST *nostre Seigneur nous soit tousiours secourable & fauorable. Amen.*
Pour ceste ressemblance de nos volontez à augmenter nostre saincte foy en ce Royaume du Iapon, sçachant assez quels sont vos desirs & vostre zele pour secourir les ames, i'espere au Seigneur, que vous estes orné des vertus & submission d'esprit, desquels estant munis, vous puissiez paracheuer ce que vous desirez. Parquoy ie vous mande en vertu de saincte obedience pour vostre plus grand merite, que si maintenant vous estes en telle santé de corps, que vous puissiez accomplir ce nostre mandement : Vous Pere GASPAR, Balthasar Gagus, & Didaque Caruallo veniez au Iapon en celle part que pour lors ie seray ; qui sera s'il plaist
à Dieu

à Dieu à Meac. Vous donc Balthafar Gagus & Didaque Caruallo en ce voyage obeyrez à GASPAR, de la prudence & modeftie duquel i'efpere qu'il arriuera, qu'il prendra foing de bien accomplir cefte charge. Et d'autant que ie ne doute aucunemeut de voftre venuë, parce que i'ay recogneu en vous vne fainête promptitude de volonté & d'efprit à ceft effect, ou pour obeyr, ou pour offrir en facrifice vos vies pour l'amour de celuy qui a premierement mis la fienne pour nous, ie ne vous dis rien plus, finon que ie vous attens auec grande efperance, que, Dieu aydant, nous nous ioindrons en ces prouinces. Signée de la main de voftre tref-cher Frere en IESVS-CHRIST à Cangoxima, 5. Nouembre 1549.

FRANÇOIS.

Ces lettres vindrent à GASPAR enuiron la fin de ces fiennes trois années, ainfi que ja quafi defefperant du Iapon il auoit projetté beaucoup d'autres chofes. Il ne fe peut facilement exprimer combien de ioye, combien d'allegreffe GASPAR receut de ces nouuelles. Car auffi toft toſt il oublioit tous les labeurs paſſez, il aſpiroit de toutes les forces de ſon ame à d'autres plus grands. Il ſouſpiroit des chaleurs d'Ormus au froid du Iapon, de meſme que ceux qui ont à paſſer par le feu & par l'eau en lieu propre à ſe rafraiſchir. Parquoy il ne pouuoit rien penſer, parler, ſonger autre choſe. Il ſe propoſoit deſia ceſte faim, ces viandes peu ſauoureuſes, ces crachats, iniures, lapidations, & bref ces croix du Iapon. Le meſme GASPAR eſcrit ainſi de ſa reſioüiſſance: O mes freres treſ-chers, aydez moy à loüer le Seigneur qui a faict miſericorde auec ſon ſeruiteur, & a accomply mon deſir. Il y a long temps que le ſainct Eſprit m'inuitoit là. Mais toutesfois le Iapon meſme diuiſé en ſoixante & ſix Royaumes n'enfermoit pas ſon courage. Non l'eſtenduë de ces quinze Prouinces de tout le Royaume de la Chyne l'arreſtoient. Il s'enuoloit de là en Tartarie, paſſant par tout d'vn ſault impoſſible; d'vn coſté les monts, de l'autre les murailles. De là, à fin qu'il ne laiſſaſt les regions qu'il auoit parauant deſignées, il eſtoit porté d'eſprit en Perſe, Armenie, Tur-

Turquie, & puis en Europe, iusques à Rome, afin que de tous costés il iettast les flābeaux de son ame dans les ames des autres. Et ne pēsez pas que cecy soit dit oratoirement pour augmenter, mais selon la verité de l'histoire il escriuoit, iugeoit, parloit ainsi. Les escriuains de ce temps parlēt ainsi de la grādeur de son courage. Parquoy tādis qu'il se prepare au depart, à fin que nous ne soyons contraint de retourner encor à Ormus, nous mettrōs cy dessous quelque chose de ses successeurs, iusques à la fin d'vne si renōmée mission.

CHAPITRE II.
Des successeurs de GASPAR en la mission d'Ormus.

DEVANT que GASPAR fut retourné à Goa, d'autāt que le B. Xauier l'auoit ainsi mandé au Recteur de Goa, on enuoye le Pere Gonsalue Roderic enuiron le my-Septembre de l'an 1551. peu de iours apres qu'il fut abordé aux Indes, pour estre substitué en la place de GASPAR, où il arriua le 26. de Nouembre, le iour de la feste de la Presentation de la B. Vierge MARIE;

GASPAR nauigeant defia vers Goa. Or il ne faut pas oublier ce qui arriua d'admirable en ce chemin. Les Pirates (ils les appellent Montaques) fuyuoient de toutes leurs forces vn foible nauire, fur lequel il eſtoit monté à Mafquate, & faifoient ja plouuoir de prés vne grand' grefle de flefches. Apres que le Pere Roderic flefchiffant les genoüils eut prié Dieu, les flefches ont efté veuës de tous eſtre repouſſées en arriere, & aucun de tout le nauire, non pas mefmes les mariniers Arabes qni gouuernoient le nauire ne receurent d'icelles aucun dommage; ny les Pirates auſſi, bien qu'ils miſſent grand' peine à voguer auec des nauires fort legers, les peurent oncq atteindre; ainfi ne faifant rien s'en retournerent. Cefte chofe fut de tous tenuë pour vn euident miracle. Auec ce bon commencement, il continua tref-bien felon fa pieté & fon zele ce qui auoit efté bien commencé par GASPAR en la ville, iufques à ce qu'eſtant prefque confumé d'vne fieure & du trauail, que la mauuaife qualité de l'air extremement contraire à la fanté du Pere auoit augmentée, il fut

fut auec son compagnon qui aussi estoit malade r'appellé à Goa par GASPAR.

En la place d'iceux ont estez enuoiez de Cochin le P. Anthoine de Eredia, & Alexius Madeira, l'an 1553. qui estants partis le deuxiesme d'Apuril aborderent à Ormus le 20. de May. Leur voyage aussi fut honoré d'vn miracle tres-celebre. Car comme ils estoient reduits en en grand danger par vne longue bonace, ayant nos confreres faict vne priere solemnelle à cause du defaut des viures, le mesme iour ils impetrerent du vent & iceluy tres-fauorable. Ceux-là aussi ont fort & ferme cultiué ceste vigne. Cela est singulier qu'ils ont aussi conuerty quelques femmes du Roy d'Ormus, iceluy mesme en estant fort content, comme on voit par la lettre du mesme Roy qu'il luy escriuoit lors qu'il estoit ja de retour à Goa. A iceux aussi enuiron trois ans apres, le nombre des nostres estant maintenant augmēté, ont esté substituez deux autres Peres pour cause de maladie auec vn Coadjuteur; le Pere Airez Brandaon, le P. Alexius Dias, & Tristanus Arausius. Ceux-là eurent beaucoup à faire à se-

courir

courir l'armée nauale enuoyée pour reprendre l'Isle de Baharem, que les Turcs auoient occupée. L'issuë de ceste expedition en sa premiere entreprise fut du tout mal-heureuse. Car comme la flotte fut arriuée au temps que l'air de l'Isle (en autre saison fort sain) durant deux mois est tellement pestiferé, que si quelqu'vn y aborde en ce temps-là, c'est merueille s'il ne meurt; & de huict cét ne s'en trouuant que huict qui pouuoient soustenir les armes; on retourna à Ormus. Le Pere Alexius Dias, que le P. Airez Brandaon auoit à grande peine par prieres obtenu du Superieur, se reseruant ceste charge meurt en ceste expedition, saisi de la maladie contagieuse, & accablé des labeurs particuliers de sa profession. Son corps estant, selon la coustume, ietté dans la mer, a aussi esté pour l'amour de Dieu priué de la sepulture ordinaire. Le Pere Airez Brandaon a aussi eu beaucoup de trauail auec la flotte, s'en retournant surmonté par le nombre des malades. Et le mesme aussi a bien sué auec vne autre armée, mais auec meilleur euenement. A cestuy, auant qu'il fut r'appellé à Goa, fut
sur-

sur-mādé le P. Iean Misquita : auquel en fin a esté pour le dernier subrogé en la mission d'Ormus le P. Pierre de Toar. Puis apres quasi en mesme temps, estant à cause de leur zele enuers les ames là arriué des Peres de la famille de sainct Dominique, & voyant qu'ils s'acquittoient bien de leur deuoir, il sembla bon aux superieurs de la Compagnie qui pour l'abondance de la moisson auoient fauté de moissonneurs, de recommander ceste cueillette à de si grands ouuriers. Ce qui a esté faict l'an de nostre salut 1567. enuiron seize ans apres qu'elle auoit commécé ceste mission. Et ainsi il me semble que i'ay briefuement satisfait à ceux qui desiroient sçauoir la fin de la mission d'Ormus. Or tout ce que i'ay dict que les autres n'ont quasi touché, ie l'ay tiré des Archiues mesmes de Conymbre, & de la fidelité des propres manuscripts. Mais retournons à GASPAR.

CHAPITRE III.

GASPAR *part d'Ormus tirant vers Goa.*

LE départ de GASPAR appellé au Iapon auoit ja esté diuulgué à Ormus:

mus : d'où le dueil premierement a esté en la ville, & puis des lamentations invtiles, on se mit en deuoir de destourner ce depart. Parquoy les amis en nombre viennent vers luy, pour, s'il estoit possible, gaigner GASPAR: car ils esperoient que luy ne le refusant pas, ils mettroient à fin le reste par l'entremise, ou du vice-Roy, ou de l'Euesque de Goa. Leur priere estoit à peu pres dressée en ces parolles. Le salut commun de tous, mon Pere, que vous auez icy apporté & emporterés auec vous si vous partez, nous a icy amenez vers vous, à fin que nous vous destournions de ce depart, par les machines de l'honneur de Dieu & de nostre salut. Car que sert-il de dissimuler d'auantage ? Et certes si nous proposions la longueur d'vne nauigation quasi semblable à celle de Portugal, les tempestes, les tourbillons de vents impetueux, les Pirates, les croix du Iapon, & la mort mesme, nous croirions faire trop peu d'estime de la grandeur de vostre courage, & auoir recueilly trop peu de fruict de vos sermons touchant la croix & le martyre. Mais nous auons creu qu'il nous fal-

falloit proceder tout d'vne autre façon.
Car si nous parlons de la croix, qui est-ce
qui ne voit qu'en aucun lieu du monde
on ne pourroit tant souffrir de peines,
que celles qui ont esté par necessité souf-
fertes de tous & de vous aussi volontairement à Ormus? Parquoy vous pourrez
sembler (ce que ie dise auec vostre permission) impatient de nostre chaud, homme Flaman accoustumé au froid, cercher
la Flandre au Iapon qui n'est pas d'vn air
fort different, auec certes vn pretexte spe-
cieux, mais en verité comme vn lieu pour
vous rafreschir. Quelques-vns l'estiment
ainsi. Mais ceux-là semblent mal iuger
de vostre vertu. Parquoy si vous desirez
tant la conuersion des infidelles, vous
auez icy proche aux portes où vous pouuez faire des saillies, la Carmanie, & puis
la Perse, & toute la Turquie, qui estant
reduictes à la foy & adoration de IESVS-
CHRIST, reuisitant en chemin vos Ormusiens vous passerez en Arabie, aux
Ammonites, & aux autres peuples de ces
lieux. Puis apres estant reuenu vers nous,
vous penserez des Abyssins. Cela ne suf-
fit-il pas? Vous auez pour champ de vostre

stre labeur & industrie toute l'Affrique; Vous cognoissez maintenant les mœurs de ces gens. Vous auez ja enuoyé de ce port en toute part la bône opinion qu'on a de vous, comme vn auant-courier de vostre venuë; ce qui sert de beaucoup pour faire fruict. A qui ne sembleroit-il que prodiguer de si grandes esperances, ne soit plustost espandre la moisson, que de la recueillir auec IESVS-CHRIST? Mais vous nous alleguerez la force de l'obedience: Mais seroit-il bien vray que Xauier s'il sçauoit tout cecy vous appellast? Nous sçauons que c'est vn homme qui prefere les fruicts asseurez à vne esperance douteuse. Parquoy laissez-nous le soing de cela. Vous tant seulement attendez, non plus panchāt d'vn costé que d'autre, le mouuement de Dieu, premier mouuāt. Si Xauier apres nous auoir ouy demeure en sa resolution, alors aussi nous ne resistons pas. En fin ce dernier soit vn traict trespoignant, que la compagnie se doit resouuenir, pourquoy elle a esté par le Roy destinée aux Indes: Certesnō à fin qu'elle prefera des Barbares aux Portugais. Et nous sçauons nous-mesmes combien

bien en ceste chose Xauier est non seulement diligent, mais presque scrupuleux. Partant (car pourquoy dissimulerions nous auec vous?) croyez que si nous n'obtenons rien de vous, que nous aurōs recours au Roy mesme, vserons de force; & si par quelque moyen vous nous eschappez; chargeant la Compagnie (de laquelle vous deuez conseruer l'honneur) de griefues plaintes en la cour de Portugal, nous ferōs aussi que vous nous soyez r'amené du Iapon mesme, voire les fers aux pieds. Car aussi bien, mon Pere, nous vos enfans qu'vne iuste douleur a porté à ceste indignation, & presque menaces, ne pouuons, ny voulons estre sans vous, desquels si n'estes esmeu, esmouuez vous au moins par nostre silence, noz voix estant maintenant estouffées, par les gemissements. Les plaintes & les larmes communes de touts suyuirent ces parolles, & plusieurs autres semblables.

GASPAR à cecy respondit briefuement ainsi: Que faictes vous pleurants, & affligeants mon cœur? Il vous est dur de regimber contre l'esperon. Et quant à moy, certes, ce que quelques-vns pensent,

sent, ie le tiens pour peu de chose, que ie fois iugé de vous, ou du iour de l'homme. Mais aussi ie ne me iuge pas moy-mesme, car ie ne me sens coulpable de rien, mais ie ne suis pas iustifié en cela. Car ie sçay combien de fois tousiours les racines de l'amour propre, tãt de fois extirpées en moy, ont rejetté des nouuelles greffes. Ce que vous dictes de l'Asie & Affrique ne me desplait pas; mais ce n'est pas au soldat de faire chois de son ennemy, ou du lieu du combat, c'est au Chef. Et toutesfois ie ne desespere, ny de l'Affricque, ny de l'Asie. Mais combien est-il meilleur en commençant à ces peuples plus reculez de l'Orient, de paruenir à la Chyne, Tartarie, Perse, Turquie, & Affrique. Ce que vous dictes aussi de Xauier me plait bien : essayez si vous pourrez quelque chose: quãt à moy ie ne puis me tenir indifferent, panchant de l'autre costé par le poids de l'obediẽce. Quant à ce que vous adioustez des menaces, plaintes, ceps; qu'est-ce que mes pechez commis aupres de vous, & les affaires du Christianisme tant de fois trahis par ma faute ont merité autre chose ? Xauier

pren-

prendra soing de la reputatiõ de la Compagnie, qui n'a en aucune façon preferé les Barbares aux Portugais; mais il me r'appelle d'aupres de vous, moy qui suis le moindre de la Compagnie, pour en remettre vn tout autre qui est en chemin. Car sçachez asseurément quel que soit celuy que vous aurez de la Compagnie, que celuy-là prendra plus de soing de vos affaires par l'effect, que ie ne sçaurois de pensée. Et l'experience vous mõstrera que ie ne le dis pas par modestie, mais que c'est par verité. Et quelle merueille est-ce si vous iugez maintenant autrement, veu que vous n'auez cy deuant esprouué aucun des nostres. Dieu mesme pouruoyãt à cela que ie ne succedasse à aucun autre pour obscurcir le nom de la Compagnie. Mais que ie marchasse deuant pour laisser toutes choses entieres, à ceux qui viẽdroient apres moy, n'ayant quasi fait aucun fruict, au pris de la grandeur de la chose. GASPAR parla ainsi; lequel ne leur persuada rien par sa modestie, mais encor il enflamma plus fort leur courage. Car comme ils veirent qu'ils n'obtiendroient rien, monstrant par vne grande

V 2   diffidissimulation autre chose au visage, & re-cuisant autre chose au cœur, ils font semblant d'estre quasi maintenant touts satisfaicts. Et soudain s'estant retirez d'aupres de luy, ils ordonnent des gardes aux portes, de peur que d'auenture GASPAR n'eschappe. Que s'il l'essaie, pour le commun bië de la patrie, qu'on le force amiablement. Cecy, ou ne fut pas cachée à GASPAR, ou il en prit quelque soupçon, comme celuy qui redoutoit tout. Parquoy comme durant ces iours l'armée nauale d'Anthoine Noronia retourna à Goa, luy ayant communiqué son dessein, il obtint aisémët d'iceluy qui desiroit extremement l'emmener auec soy, que montant autre part sur vne nacelle, il fut porté dans l'Admirale, trompant ainsi heureusement les gardes d'vne cité amie. De plusieurs qui deuoient l'accompagner il en emmena trois seulement, lesquels il auoit receu auparauant pour compagnons de vie, & de mesme discipline; à dessein qu'ils luy tiendroiët compagnie iusques au Iapon. Neantmoins, prouuoyant prudemment à l'aduenir, il auoit long-temps au-parauant faict prouision

uision peu à peu de ce qu'il iugeoit estre là propre pour le salut des ames. De ce genre estoient les ornements sacrez, les images des saincts pour decorer les autels, des liures tref-vtiles. Car veu que tout abondoit au port d'Ormus; il prouueut que ce qui manquoit au Iapon, ne retarda le salut des ames. Ayant secrettement porté ces choses au nauire, il les emporta à Goa, & les deliura au B. Xauier, estant ja deceu de l'esperance de la profection du Iapon; à fin qu'il enuoyast deuant ce qu'il auoit preparé, au lieu où il ne pouuoit aller, & auança autant qu'il pourroit le salut de ceste nation.

CHAPITRE IIII.
Ce qu'il a faict en ceste nauigation.

L'ARMEE naualle de Noronia (iceluy estoit nepueu par sa sœur du vice-Roy Alphonse Noronia, qui auoit succedé à George Capral) ayant repris Catifa retournoit à Goa victorieux des Mamelus. GASPAR, comme i'ay dict, estoit monté en son Admirale, ja cogneu du General, & cogneu de l'armée, comme celuy qui auoit expié le mesme An-
V 3   thoine,

thoine, & tous les autres quaſi iuſques à deux mille auec tant de trauail, que quelquefois il ne mangeoit rien l'eſpace de deux iours entiers, & auoit à grand' peine tous les iours deux heures pour dormir. Six cent hommes eſtoient portez en ceſte Admirale, laquelle il auoit choiſie, à fin que la peine & le fruict de ſon labeur s'eſtendit plus loing. GASPAR s'occupa à ſes exercices accouſtumez. Mais le fruict fut auſſi plus grand, principalement aux iurements abolis, aux jeus, & autres mauuaiſes couſtumes, que le plus ſouuēt apporte la licence militaire. Le cours de la doctrine Chreſtienne eſtoit ſelon la couſtume de GASPAR iournalier; & auſſi tout le reſte qui à grand' peine ſe rediroit tant de fois ſans faſcherie. Mais quāt à luy, il ne le faiſoit pas ſeulemēt sās faſcherie, mais qui plus eſt auec vn grād ſoulagemēt d'eſprit, & principalemēt quant ils furēt reduits à ie ne ſçay quel dāger, il racōte qu'il fut rēply d'vne grande ioye, par-ce qu'il voyoit pourquoy ces choſes eſtoient enuoyées de Dieu. Et certes on peut bien iuger par la longueur du voyage meſme, qu'ils ne voguerent pas heu-
reu-

reufement. Car en ce chemin de cincq cent lieuës, qui fe faict ordinairement en quinze iours,ils employerent deux mois. Car GASPAR eftant party d'Ormus enuiron la my-Septembre, prit port à Goa enuiron la moitié du mois de Nouembre, l'an de noftre falut 1551. Et peut-eftre Dieu l'auoit ainfi ordonné, à fin que cefte armée, pour fon grand bien, iouyft tant plus long temps d'vn fecours fi neceffaire. Et certes elle ne femblera auoir manqué, ny à foy, ny à GASPAR. Car le defir d'ouyr GASPAR, le voir, & iouyr de fa prefence, eftoit fi grand en touts, que non feulement ceux qui eftoient portez au mefme nauire l'entendoient auec tref-grande affection; mais auffi le refte de la flotte calant voile, les iours de fefte, à force de rames venoiët à l'Admirale, à laquelle ils eftoient appellez auec vn fon folemnel de trompettes, pour ouyr le predicateur; Et perfonne ne fe retiroit, que GASPAR ne leur eut à tous donné fa benediction, & fouhaitté tout bon-heur. Puis en fin chacū faifant voile reprenoit fon chemin. Et toutes les fois que la flotte abordoit quelque port, pour

faire

faire aigade, le premier foing des Portugais eſtoit de dreſſer quelque lieu eſleué pour la predication. Et le premier foing de GASPAR eſtoit auſſi de preſcher. Eſtants donc deſcendus à Maſquate, il a là preſché deux fois. Or le dernier iour pluſieurs eſtants enuelopez d'amours putacieres, ayants par l'authorité de GAſPAR dotez leurs garces, les enuoyerent; auſquelles à fin qu'elles ne retournaſſent à leur vomiſſement il bailla des maris. Puis entreprenant d'oſter les inimitiez, apres auoir diligemment recerché tous ceux qui eſtoient en different, ou qui s'eſtoient défiez l'vn l'autre, ce qui ne pouuoit eſtre en petit nombre en vne ſi grande multitude de ſoldats, il les accorda ce meſme iour, tant ſa douceur auoit de credit enuers touts: & principalement deux gentils-hõmes qui auoient vn treſ-grand different enſemble, & pour la querelle deſquels quelques morts & pluſieurs autres deſordres eſtoient ja ſuruenus. Il cõmanda que de priſonniers ils fuſſent mis en liberté, & les ayant recõciliez enſemble, les fit iurer poſants les mains ſur le volume ſacré de la Meſſe, qu'ils ne ſeroient roiët iamais plus vne autre fois ennemis. Et non seulement il fit sortir de prison ces deux, mais aussi tous les autres le mesme iour, auec le consentement entier des Capitaines, ausquels GASPAR estoit si aggreable, qu'il sembloit les gouuerner touts. Ayant donc ainsi paracheué toutes ces choses à Masquate, quant ils furent arriuez au port de Die, il persuada non moins soigneusement à ceux qui estoient en discorde, partie par predications, partie par exhortations priuées, de r'entrer en grace les vns auec les autres, & plusieurs autres choses salutaires à l'vtilité des ames. De là il vint à Baccain, & soudain il visita, auec le Pere Louys Froez, ceux que le Pere Melchior Gonsalues auoit nouuellement engendrez à IESVS-CHRIST.

Quand ils furent partis de Baccain, ce-cy arriua digne de memoire. GASPAR faisoit le guet par tout pour le salut des prochains, & Dieu aussi par sa grace en esmouuoit plusieurs interieuremẽt. L'vn d'iceux pour n'estre esmeu, faisoit resistance, à fin de n'ouurir ses playes à GASPAR, qui estoit lors present; Or estant iceluy vne certaine nuict, veillant couché dans son lict, il sentit subitement comme si quelqu'vn se fust efforcé de l'estouffer; il inuoque aussi tost la Mere de Dieu, la douleur fut appaisée, mais non du tout ostée. S'estant en fin endormy il luy sembla sommeillant qu'il voyoit & entendoit GASPAR luy demandant quelle estoit la cause de sa douleur, & qu'il faisoit tellement quellement signe que c'estoit son silence & ses pechez qui le retenoient à la gorge: il luy sembla aussi que GASPAR signoit sa gorge du signe de la croix, & ensemble la douleur s'en alla. Parquoy aussi tost esueillé il saute du lict, accourt à GASPAR qu'il estimoit encor, mais en vain, estre à Baccain. Apres cecy GASPAR inopinément vint au port de Chaül, où de fortune estoit lors arrestée la garnison des Portugais. Ils preparoient les Taurilles (c'est vne espece de jeus entre les Portugais) & on aprestoit des cannes (c'est vne autre espece de jeu) pour ietter contre les cheualiers courants çà & là. Aussi tost qu'ils eurent veu GASPAR, se tournant du jeu aux choses serieuses, ils esleuerent là mesme

mesme vne chaise haute en pleine ruë,
aupres de l'Eglise dediée à sainct Sebaſtian, le suppliant instamment de vouloir
prescher. Ce qu'il fit aussi. Estant encor le
mesme iour qui estoit la feste de tous les
saints, prié de faire le mesme par les confreres de la misericorde, il leur accorda:
& l'esmotion de la predicatiõ fut si grande, que les auditeurs applaudissoient d'vne nouuelle façon à leur Orateur, non
seulemét auec larmes, mais aussi se monstrants à coups de poing cruels à euxmesme. Et le fruict quant & quant ne fut
pas moindre. Comme il descendoit vn
Prestre habitant du lieu prosterné à ses
pieds, commença tellement à pleurer
auec luy, qu'il ne sceut iamais dire pourquoy il estoit venu. Cela est d'vn seul,
mais ce que ie diray est de tout le peuple;
car esmeus par la ferueur & le zele d'iceluy, soudain ils luy demanderent vn College en ce mesme lieu. Le Vicaire offroit
vne maison pour Eglise, à laquelle dés à
present il renonçeroit. Et afin que GASPAR luy accordast plus aisément sa priere, il en prioit publiquement GASPAR
les genoüils fleschis en terre. Le peuple
entre-

entreprenoit de baſtir le College à ſes deſpens, & de le renter ſuffiſamment. Ce que pendant qu'on feroit, ils offroient à l'heure meſme cincq cent pardes pour faire vne maiſon au Pere & à ſon compagnon. Auſquels touts GASPAR apres les auoir treſ-humblement remercié reſpondit, qu'il ne pouuoit rien & qu'il n'eſtoit ſeulement que le moindre eſclaue de noſtre Compagnie. Ce qu'il a faict en en ces deux iours eſt admirable ; voire ie ne ſçay ce qu'il n'a pas faict : Il a preſché deux fois, entendu les confeſſions, accordé les querellans, viſité les malades aux hoſpitaux, aux maiſons, & les priſonniers aux priſons publicques: & tout cecy ſans comprendre le ſacrifice de la Meſſe, & le recit des heures canonicales. Loys Eroez ſon compagnon qui deſcrit ce voyage, fut eſtonné de ces choſes, & s'eſt eſtimé heureux de les voir. De là, laiſſant vn grand deſir de ſoy & de la Compagnie à Chaüil, il s'achemina vers Goa, & y arriua, comme i'ay dict enuiron la my-Nouembre.

CHA-

CHAPITRE V.
Ce qu'il a faict à Goa iusques à l'arriuée du Bien-heureux Xauier.

ESTANT arriué à Goa il pensa d'aller à Cocin, d'où il ne deuoit, selon son opiniõ, partir qu'au mois d'Apuril de l'année suyuãte, afin de s'y preparer pour son voyage. Mais le Recteur de Goa (c'estoit le Pere Paul Camers, auquel par le commandement du B. Xauier le Pere Antoine Gomez auoit pour vn peu resigné sa charge, attendant qu'on resoudroit autre chose, comme nous dirons) ayma mieux cependant retenir vn si grand ouurier à Goa. Ce qui a esté du tout faict par le conseil diuin, afin que Goa aussi bien qu'Ormus fut cultiuée par le soing de GASPAR. Parquoy afin qu'il ne sembla estre oisif à Goa, il commença, & ensemble parfit plusieurs choses. Et à son abord (car comme se pourroit contenir le trompette enflammé de la parolle de Dieu) deuant mesme qu'il entra au College, d'vne Eglise voisine il saluä comme le port par vne predication. De là il vint aux tres-chers Peres

res & Freres; mais quant il entendit qu'il auoit esté resolu d'attendre là le temps de la nauigation; il sort selon son ancienne coustume à la doctrine Chrestienne, & prenant la clochette à ie ne sçay qui de nos Peres ou Freres, il s'en va par les ruës. Quant aux predications, il les faisoit à son accoustumée, non moins de treize ou quatorze chasque sepmaine. Quasi en ce mesme temps la feruente deuotion du peuple de Goa s'estoit refroidie, ou par l'absence de Xauier, ou par la condition de nostre nature, se retournant à la froideur naturelle. Mais certes elle sembloit estre refroidie, afin que Gaspar la r'alluma. Car dans peu de temps, aussi tost qu'on entendit que ce Gaspar d'Ormus, prodige de saincteté, preschoit en l'Eglise sainct Paul, tout le monde accouroit ensemble pour l'ouyr, & les Eglises desia ne les pouuoient tenir; le peuple se reserroit dans les paruis (ce qui luy sembloit ja estre coustumier) sous le ciel. En ce temps, le Iubilé accordé par le sainct Pere, fut enuoyé aux Indes par le B. Ignace, & commença d'estre publié. Gaspar parauant par quelque predication

cation en declara la cause, & ce qui estoit necessaire pour le gaigner : le fruict duquel ne se peut pas facilement expliquer autrement, que si nous disons ce qui s'escriuoit alors des Indes. Le nombre des penitents, les restitutions faictes, & autres semblables se taisent, d'autant que tout cela estoit commun sous GASPAR, & a esté souuent redict. Cela est singulier qu'on y accouroit ensemblemēt de touts les ports voisins, de Baccain, Tana, Chaül, Cocin, Cranganor, & de touts les autres. Cependant, tandis que GASPAR faisoit cela, autant que faire s'estoit peu de Peres s'estoient assemblez à Goa par le commandement de Xauier ; qui ayant ja cassé le Pere Anthoine Gomez, auoit substitué en sa place le P. Paul Camers; attendant que les Peres d'vn commun consentement en esliroient vn autre qui tiendroit la place de Xauier. Quand Xauier escriuit ces choses du Iapon, il auoit resolu de ne reuenir iamais aux Indes, ou certainement pas pour encor: mais changeant par apres d'aduis, apres auoir bien establi les affaires du Iapon, il ietta les yeux sur l'expedition Chinoise ; & non

moins

moins deſireux de reſpandre ſon ſang que d'auancer le bien de la Chreſtienté, il iugea qu'il falloit neceſſairement qu'il reuint aux Indes, tant pour faire ſoy-meſme ce qu'il auoit enchargé aux autres, que pour faire chois, ou des ſecours du Iapon, ou des compagnons de l'expedition Chinoiſe. Parquoy l'an de noſtre ſalut 1552. au commencement de Feburier, il ſuruint contre l'attente de touts à l'improuiſte, mais toutesfois en cela d'autant plus aggreable, & principalement, bien, & fort à propos venu durant ceſte aſſemblée des Peres.

Chapitre VI.
GASPAR *eſt creé Prouincial de toutes les Indes.*

AVSSI toſt que les noſtres ſçeurent que Xauier eſtoit venu, ils treſſaillirent tellemēt de ioye, qu'à grand' peine le Recteur les pouuoit retenir dans l'enclos de la maiſon, qu'ils ne s'encouruſſent touts au port. Le deſir de voir les ſiens n'eſtoit pas moindre en Xauier; mais toutesfois comme il eſtoit grand obſeruateur de touts les Ordres Religieux,

gieux, & auſſi treſ-amis, il les alla touts
faluër premierement que de venir au
College: où apres qu'il fut venu, ayant
faluë amiablement ceux qu'il trouua à
l'encontre, il s'en va droict à l'infirme-
rie du College, ce qui luy eſtoit couſtumier, & là ayant faluë vn malade quaſi
preſt de rendre l'ame, il luy rendit bien-
toſt la vie & la ſanté. Touts donc, mais
principalement GASPAR, treſſailloit
de grãde ioye, ou pour ſa venuë, ou pour
la moiſſon qu'il r'apportoit du Iapon.
Car ayant cogneu que le B. Xauier demeuroit encor en ſa reſolution, & qu'il
eſtoit eſleu pour luy eſtre compagnon
en l'expedition de la Chine, il luy ſembloit que toutes ſes affaires eſtoient aſ-
ſeurées. Et le B. Xauier ſe reſiouyſſoit
auſſi merueilleuſement d'vn tel compagnon. Car quant il eut entendu, & auſſi
veu quelles grandes choſes Dieu auoit
acheué par ſon moyen, il a eſté tellement fait ſon admirateur, qu'il ne ſe pouuoit retenir (bien qu'autrement il fut
homme fort moderé en loüanges) toutes
les fois qu'il eſtoit abſent, d'eſtre continuel predicateur de ſes vertus. Mais la

X ioye

ioye de l'vn & de l'autre ne dura guere. Car Xauier ayant bien-toſt ouy le vice-Roy, & l'Eueſque, & les autres Peres, qui aymoient extremement GASPAR; & eſtant ſollicité de touts les principaux, changea bien-toſt d'opinion. Et le defaut d'vn autre, auquel on peut fier la charge de toute ceſte Prouince, ayda auſſi beaucoup à cecy. Parquoy on ietta les jeux ſur GASPAR, qui ayāt deſia toutes choſes pour ſuſpectes, eſtoit entré en doute. François traictoit plus rarement auec GASPAR de la Chine, plus ſouuent des Indes; & de ce qu'il n'y auoit aucun pour mettre en ſa place. Or, il auoit en horreur la charge de la Prouince de Goa, que ja vne fois on luy auoit voulu donner, non autrement que le tonnerre. Parquoy il commença à traicter plus ſoigneuſement auec Dieu par prieres, qu'il luy pleut ne le priuer de tant de biens, & le charger de tant de maux. Mais, certes, il demandoit ce qu'il ne deuoit impetrer; ſi ce n'eſt que pour-ce qu'il demandoit le plus grand ſeruice de Dieu, il impetroit veritablement ce qu'il demandoit: Dieu, comme dict ſainct Auguſtin, exauçant

les

les principaux de ses desirs.

Pendant le temps que Xauier a là sejourné, or il y a sejourné enuiron deux mois & demy, beaucoup de choses ont esté salutairement establies ; plusieurs exercices de pieté ont esté reuoquez en vsage, ou frequentez, autant dedans que dehors la maison. Mais toutesfois beaucoup plus aux derniers iours. Il y auoit quasi tous les iours, enuiron la nuict, des deuis touchant les choses diuines, ou des mutuelles exhortations, pendant lesquelles vn certain iour il appelle GASPAR, tousiours douteux à soy, & ayant premier craintifuement preueus plusieurs choses, (car il sçauoit combien cela seroit triste à ses oreilles, & combien il le iugeroit vn faix intolerable) il l'asseure parauāt, qu'il estoit venu du Iapon à ceste intention de se le rendre compagnon & associé en l'expedition de la Chine : mais qu'il luy sembloit entierement que toute l'Inde y repugnoit. Que le vice-Roy, l'Euesque, touts les Peres, les plus grands & les plus petits auoiēt touts esté intercesseurs en son endroit, afin qu'il ne fut appellé hors de Goa, où Dieu, par son moyen, faisoit

faifoit vn fi grand fruict. Parquoy qu'il
luy fembloit que c'eſtoit la volonté de
Dieu, qui teſmoignoit par vn fi grand
nombre de peuple, & fi grand confente-
ment & approbation des hommes, qu'il
luy eſtoit plus aggreable que GASPAR
demeura aux Indes. Parquoy qu'il vſa
heureuſement de ceſte faueur de la ville
à la gloire de Dieu, ſalut des ames, &
hōneur de la Compagnie: ce qu'afin qu'il
puiſſe mieux faire, n'y ayant aucun qui
retarde ſes deſſeins, il eſtoit maintenant
reſolu de luy commettre le ſoing de toute l'Inde, auec ſon office & dignité. GAS-
PAR auoit deſia pally au recit de tout autre choſe, mais à ce dernier, il demeura
tout eſtonné, & reſtant long temps ſans
pouuoir parler, il parloit plus par ſon ſilence, & par ſon viſage, que de ſa langue.
En fin, neantmoins, il reſpondit ainſi:
qu'il auoit attendu ceſt infortune de ſes
pechez, qui auoient du tout eu plus de
pouuoir, que tant de deſirs, & la demonſtration ſi frequente de la volonté diuine: leſquels, veu qu'il n'auoit corrigez, il
ſe iugeoit entierement digne de ceſte
peine. Et veu qu'il cognoiſſoit aſſez qu'il
n'y

n'y auoit maintenāt plus d'espoir, & que les prieres ne seruiroient plus de rien, il acceptoit, certes, ce commandement, pour vne tref-grande punition de ses crimes en ce monde. Mais toutesfois qu'il supplioit à genoüil par tout ce qui estoit de sacré en la terre ou aux cieux, par ses larmes, & de toute la puissance de son ame, qu'on se deporta de l'autre, touchāt la charge des autres, comme d'vne peine trop cruelle, & du tout inégale à ses forces : qu'il n'estoit de rien meilleur que lors, il y a trois ans qu'il luy auoit heureusement & veritablement faict preuue de ce qu'il pouuoit. Xauier releuant le suppliant, luy commande absolument d'accorder, si tant estoit qu'il voulūt obeyr : que c'estoit du tout sa volonté, de laquelle, par aucune priere il ne seroit diuerty, qu'il sçauoit asseurément que telle estoit en cest affaire la volonté diuine. Au reste luy ayant donné courage, le remplit d'espoir & de promesse ; qu'il auoit escrit en Europe pour auoir de là quelque autre personnage, capable de ceste charge : auquel aussi tost qu'il sera venu il resignera cest office. Et ceste serueur de la

X 3 ville

ville eſtant vn peu appaiſée, qu'il viendra en la Chine, & ainſi il r'enuoye l'homme d'aupres de ſoy, qui voyant la choſe deſeſperée accordoit tout par ſon ſilence.

GASPAR ne peut retenir la douleur conçeuë en ſon ame, mais ſon viſage la deſcouurant, ils iugerent aiſément que ce courage genereux eſtoit deçeu de ſon eſperance. Mais toutesfois on ne diſoit mot de l'office de Prouincial. Peu de iours apres GASPAR eſtant ſouuent auec Xauier, receuoit les bons auis & ſages admonitions, partie par eſcrit, partie par la bouche de ſon Conſeillier. Mais quant le temps de s'en aller fut arriué, enuiron la nuict tous furent appellez enſemble par Xauier: là ſe fit vne exhortation admirable touchant beaucoup de choſes, mais principalement de l'obedience. En fin touts demeurants ſuſpens, qui il leur ſubſtitueroit en ſa place, il nomma GASPAR: lequel il denomma, non ſeulement Recteur de ce College, mais encor Prouincial, commis ſur tout ceux qui eſtoient eſpandus par toutes les Indes, & qui en ces limites eſtoient enfermez du cap de bonne eſperance, & du Iapon.

Iapon. De plus, il luy refigna touts fes pouuoirs & auctoritez, tels qu'il les auoit receu du B. P. Ignace. Et n'eftant pas moins obferuateur que predicateur de l'obedience, fe venant mettre à fes pieds, il protefta folemnellement, qu'il fe fubmettoit auffi à fon obeyffance & commandement. Touts les autres en apres firent le mefme, GASPAR les embraffant l'vn apres l'autre. Touts ceux-là pleuroient de ioye, qu'au grand contentement d'vn chacun le fort eftoit efcheu à GASPAR: Mais GASPAR pleuroit du plus profond reffentimēt de fon ame dolente. Car il luy fembloit auoir reçeu vne Ætne fur fes efpaules. Ce qu'eftant ainfi acheué, le lendemain 15. d'Apuril, qui efcheoit au Ieudy de la grand' fepmaine, Xauier fuiuy de quelques compagnons, ou pour le Iapon, ou pour la Chine, s'achemina vers la mer, apres qu'ayant, felon la couftume de l'Eglife, repofé le venerable Sacrement dans le fainct Ciboire, ils eurent paracheué les diuins offices de ce iour. Entre ceux qui accompagnoient Xauier fut Gagus, refté feul des deux qui deuoient eftre compa-

X 4 gnons

gnons de GASPAR; Car la phtisie auoit consumé Didacus Caruallus. Or ceux qui furent esleus à ceste saincte & glorieuse expedition, se sont autant felicitez eux-mesme, que les autres qui restoient, par vne saincte emulation leur portoient d'enuie. Car tout le temps que Xauier a là aresté, aussi tost qu'on entendit qu'il falloit des coadjuteurs & compagnons pour la Chine, des ouuriers pour le Iapon, chacun pour soy sollicitoit, non tant Xauier que Dieu mesme, duquel ils n'attendoient pas moins le mouuement de l'eau que Xauier. Mais ceux qui demeurerent à la maison aux offices accoustumez, se cõsolant par le seul desir, prioient dans l'Eglise pour la santé du B. Xauier, & l'heureux euenement d'vne si grande entreprise: quelques-vns aussi les ayant accompagnez à la mer, enuoyoient aussi touts leurs vœus, où ils ne pouuoient transporter leurs corps.

CHAPITRE VII.

Quel a esté enuers soy GASPAR *estant establi en cest office.*

POVR ne floter au recit des choses presque infinies, que GASPAR estant

estant constitué en ceste charge, a faict, & pour n'errer sans ordre parmy vn si grand nombre d'icelles, ie me suis proposé d'obseruer quasi le mesme ordre qu'a tenu Loys Froëz, excellent escriuain de ce temps, auquel, à la verité, nous sommes beaucoup redeuables, quant ne seroit que pour auoir guaranty les gestes de GASPAR des tenebres de l'oubly. Encor qu'il m'ait fasché plus d'vne fois, de ce que par vne demission inutile d'esprit, il n'a rien touché des choses qui estoiët les plus illustres: le recit desquelles veu qu'il remet aux autres, ceux-là semblent s'estre acquittez peu fidellement ; si ce n'est qu'en vne si grande distance de lieux & de temps (ce que d'ordinaire se faict souuent) plusieurs choses soyent peries. Iceluy donc raconte ce qu'il a premieremët fait auec les nostres, auec grande loüange, en apres auec ceux qui estoient commis à nostre soing dans les Seminaires, & en fin auec le reste de la ville. Mais moy, ie diray premierement ce qu'il a faict auec soy-mesme, comme de la source d'où est prouenu tout le reste: & ie transcriray premierement ce que pour demander conseil & aduis, comme à son Pere, il a sincerement & de bonne foy escrit en Portugal au Pere Simon Roderic ; puis nous viendrons au reste auec l'ordre que nous auons dict. Estant donc plus veritablement chargé, qu'honoré de ce faix d'honneur, qu'il souloit appeller ioug insupportable, il estoit tellement accablé de tristesse, qu'il sembloit ja estre tout autre. Il y auoit en luy vn si grand debat de modestie & d'obedience, que desirant par celle-là estre le plus petit, à grand' peine par ceste-cy se pouuoit-il tenir en repos en ceste dignité. Il se plaint, certes, de ceste altercation & varieté d'esprit, en l'epistre au Pere Simon Roderic, & que peu indifferent & esgal il ne porte pas volontier le ioug d'obedience, auquel ioug il auoit esté submis comme il disoit, comme à vne grande punition de ses pechez, par lesquels estoit arriué qu'il estoit principalement contraint d'endurer ce que principalement il auoit en horreur, & estoit priué de ce que le plus il desiroit : à sçauoir de l'esperãce d'acquerir le martyre, s'employant à la cõuersion des infideles.

Mais

Mais il s'eſt toutesfois tellement vaincu ſoy-meſme, qu'il n'en a pas eſté plus retenu en executant ce qui eſtoit de ſa charge. Ce que certes eſt treſ-digne d'admiraration, qu'vn homme combattant ainſi continuellement auec ſoy-meſme,& faiſant ce qui eſtoit de ſon office à contrecœur, ait tant proufité en iceluy (qu'vn ſeul Xauier excepté) il ne ſe trouue aucun tant loüé, ou des noſtres, ou des eſtrangers eſcriuants des Indes.

Parquoy incontinent apres le depart de Xauier, deuant qu'il commença de ſecourir les autres, il prit premierement ſoing de ſoy-meſme, duquel il falloit que touts biens prouinſſent aux autres, comme de la teſte aux membres. Car auſſi toſt ſe cachant en ſa chambre, il s'exerça aux meditations conuenables de noſtre Compagnie. Et ie penſe, certes, qu'alors au milieu du feu de la meditation, a eſté forgé tout ce que depuis Dieu a faict d'admirable par iceluy pour le ſalut du prochain. Et quelle merueille? Il y auoit en luy vne ſi grande ſubmiſſion d'eſprit, fondement de toutes vertus, qu'il eſtoit neceſſaire pour paruenir à ce comble de vertu.

vertu. Il n'y auoit rien de plus modeste que luy en commandant ; & on ne l'a iamais veu, pour faire couftume de commander, tant foit peu s'efleuer. Il eftoit doux & bening enuers touts, rude enuers foy ; excellent imitateur de Xauier, il ne parloit moins volontier auec aucune forte de gens, qu'auec les grands, & veritablement ne retenoit auec nul plus fon authorité. Touts les grands l'hōnoroient publiquement; car il ne laiffoit de les admōnefter, fi quelquefois il en eftoit befoing. Il vfoit d'vne merueilleufe facilité, auec toute forte de petits. Cependant il fe confoloit par l'efperance d'vn fuccefseur, qui luy deuoit bien toft venir. Dequoy il prit tant de foing, qu'il paroiffoit aifément combien il le defiroit. André Fernandez de noftre Compagnie, homme d'infigne prudence & vertu, mais de ceux que nous appellons coadjuteurs des chofes tēporelles, eftoit en ce tēps enuoyé de GASPAR, par le cōmandemēt de Xauier, en Portugal, au Roy, & au Pere Simon, & le mefme apres à Rome au B. P. Ignace : & enfemble alloit auec luy Bernard Iapon, homme noble,

(le

(le compagnon duquel Matthieu aussi Iapon estoit ja mort à Goa) pour voir le monde Chrestien ; mais Fernandez, à fin qu'en presence il declara à ceux que i'ay dict, l'estat de la Compagnie aux Indes, proposa leurs necessitez, impetra du secours. Outre les maistres, ou de Philosophie, ou de Theologie, pour ce College de Goa, on demandoit vn homme de la Compagnie professe de grande experience & prudence, qui au lieu de Xauier presida à toute l'Inde. Or combien GASPAR auoit cela à cœur, il le tesmoigna assez, & le recommanda lors en presence à André, & au Pere Gonsalues porteur des nouuelles des Indes par lettres fort soigneusement, & le pria tres instamment par leur tres-estroicte amitié, qu'il l'effectua. Il demandoit aussi d'estre enuoyé en Æthiopie, veu que le Roy Abyssin n'estoit pas maintenant disposé de receuoir le Patriarche, duquel lors il s'agissoit. Il donna pour ce sujet des lettres au Pere Ignace, & au P. Simon, promettant à cestuy-cy cincquante Messes, s'il obtenoit son desir; & aussi au Roy de Portugal, & ce que vous admirerez au Preste-Ian, &
au

au General des Portugais en Æthiopie. Ie ne sçay quelle responce il a receu des autres. Mais le B. Ignace r'escriuit l'an 1554. que GASPAR pouuoit aller en Æthiopie, si ceste année on n'enuoyoit personne de Portugal: qu'il luy sembloit toutesfois, qu'il estoit meilleur pour le seruice de Dieu qu'il demeura à Goa. Enuiron ce mesme temps estant tombé malade, il remplit tout le monde d'vne plus grande admiration. Il estoit griefuement trauaillé d'vn mal d'estomac, qui mesprisoit quasi toute viande, où oublieux de son deuoir, refusoit d'en faire la digestiõ. Il estoit aussi pressé d'vn mal de poictrine, & de tranchées, & si griefuement, que touts iugeoient qu'il n'estoit pas esloigné d'vn danger prochain; luy toutesfois dissimulant ses douleurs, mesprisoit tout; & comme s'il fut esté plus puissant quant le mal le debilitoit, il trauailloit tellement, que ce qu'on recite qu'il faisoit ordinairement estant malade, auroit esté suffisant d'en pouuoir assez occuper trois bien sains. Touts les iours de feste il preschoit trois fois: vne fois en la maison, vne fois en la principale Eglise, & encor à
l'Eglise

l'Eglise nostre Dame, qu'on appelle du Rosaire ; le Mardy encor à la maison ; le Mercredy en la Sodalité de misericorde; le Vēdredy encor en la maison. Au reste, il ne cedoit à persõne à receuoir les penitēs,& à procurer le salut du prochain, par diuers & presque infinis moyens. Et quāt au deuoir de son office, tres-grand pour la varieté des affaires, il l'administroit auec vn tres-grand soing; & cependant se plaignoit à bon escient, de la fascherie, & des despens de sa maladie; principalement si quelquefois celuy qui auoit soin des malades, par l'ordonnance du medecin, mesloit vn peu de succre parmy des œufs mollets. Ces choses sont à la verité petites, mais enuers les sages, indices d'vne grāde vertu: ce que ie ne fais que toucher, & dont de propos deliberé i'obmets la plus grāde partie, induit, ou pour la multitude, ou pour la ressēblance des choses.

CHAPITRE VIII.
Combien GASPAR *a auancé les nostres en esprit & aux lettres.*

GASPAR n'ignorāt pas que le fruit de la moisson sacrée, dépendoit le plus

plus souuent de l'industrie des moissonneurs, prit premierement soing que ceux
qu'il auoit en la maison, d'autant qu'on
les nourrissoit à de grandes esperances, de
les armer aussi de grands secours à ceste
occasion : lesquels estants, selon l'institut de la Compagnie, deux principaux,
sçauoir, la Vertu & l'Erudition; il commença par celle qui deuoit estre le fondement de l'autre. Car il falloit que la
force de l'Eruditiõ prouint de l'exercice
de la Vertu. Le College de Goa auoit en
ce temps plusieurs nouices ; car ceux qui
estoient venu d'Europe, munis de ce qui
est requis pour le secours des ames, estãs
distribuez par le Pere Xauier chacun en
leur place, procuroient les affaires du
Christianisme. Et toutesfois pour beaucoup qu'ils fussent, ils estoient si peu,
ayant esgard à la multitude qui accouroit
touts les iours pour demander la Compagnie, qu'on les estimoit quasi nuls. Car
Xauier les receuoit auec vn grand chois
à nostre ordre; & ne se contentant de ceste diligence, il r'enuoyoit sans difficulté
ceux qu'il iugeoit nous estre peu conuenables: ayant prudemment soing de l'integrité

tegrité de nostre Compagnie,& detestant vne multitude oysiue. Il auoit en cela tellement instruict GASPAR, qui de son naturel estoit plus facile, qu'il sembloit maintenant plus difficile que Xauier. Et certes Xauier le confirmoit par toutes ses lettres en ceste resolution, comme si en icelle le biē vniuersel de toute la Cōpagnie (cōme au vray il est) fut esté constitué. Et comme nous traictons cecy, ie ne puis tant me commander que i'oublie vn faict de Xauier (& il appartient à l'histoire de GASPAR) pour memoire perpetuelle en nostre Compagnie. Anthoine Gomez, comme i'ay deuant dit, Docteur en Theologie de la Sorbonne de Paris, Predicateur non seulement insigne de ce temps, mais aussi rare, le mesme Recteur du College de Goa, & des autres qui sont aux Indes, est démis de son office par le B. Xauier, depuis le Iapon mesme,& enuoyé hors de la Compagnie. La cause pour la modestie de ces Peres à peine est elle manifeste. Icelle toutesfois semble auoir esté, de ce qu'il entretenoit ie ne sçay quelles inimitiez couuertes auec le vice-Roy & l'Euesque. Et com-

Y   me

me il estoit d'vn esprit vif, s'attribuoit trop, & soustenoit plus opiniastrement que la modestie de nostre ordre ne porte, ce qu'il auoit vne fois conçeu en l'esprit. Iceluy estant congedié au grand estonnement de toute la ville, qui toutesfois s'en remettoit à l'authorité de Xauier, comme il estoit autremēt bon homme se retira à l'hospital. Là il sert aux malades, auec vn grand exemple, & par des nouueaux deuoirs, comme nouice de la Compagnie, redemande ce qu'il auoit perdu. Pendant cecy, Xauier arriue du Iapon, & reçoit de rechef Anthoine Gomez en la Compagnie, lassé, ou des prieres d'iceluy, ou du vice-Roy, ou de l'Euesque, plustost pour se despetrer d'eux, que pour auoir enuie de le retenir. Il est donc enuoyé à Die en la distribution des autres. Mais Xauier s'en allant, laissa vne lettre signée de sa propre main à GASPAR, par laquelle il ordonnoit qu'apres tant de temps de son depart, il r'enuoya à perpetuité Anthoine Gomez hors de la Compagnie: & qu'il ne se laissa induire par aucune priere de qui que ce fut à le retenir. Au reste, qu'il luy conseilla de se

trans-

transporter vers le Pere Simon en Portugal, où à Rome vers le Pere Ignace; qu'il obtint d'iceux par prieres d'estre remis en la Societé: car il ne vouloit en aucune façon retenir cest homme aux Indes pour l'exemple des autres. Il fut ainsi faict, & il s'en alloit en Portugal ; mais auec vn euenement infortuné. Car le nauire perit par vn iuste iugement de Dieu, & ensemble Gomez ; Dieu mesme retenant ainsi touts les autres en leur deuoir, par l'exemple de celuy-là, bien qu'ainsi penitent. Mais retournons à ce que nous auions proposé du commencement.

Huict iours apres la Resurrection du Seigneur, l'onziesme apres le départ de Xauier, apres comme i'ay dict que GASPAR se fut vn peu remis, il entreprit d'instruire aux exercices spirituels bōne partie des nostres, Parquoy il employa ce soing iusques à la feste de l'Ascension à dix de noz Freres ; & non inutilement. Car comme on escrit: Iceux, desia comme inspirez de l'esprit de GASPAR, ne respiroient que les croix, & ne desiroient que d'endurer autres semblables peines pour le nom de IESVS-CHRIST. Ce

Y 2 iour

iour dőc les vœus de noſtre Compagnie, ſelon la couſtume, furent renouuellez par ceux qui les auoient faict: & par ceux qui ne les auoient pas faict furent expreſſement vouëz. Ils vindrent touts enſemble à l'Egliſe. Là GASPAR diſcourut fort ſerieuſement deux heures, des vœus religieux; En apres, pendant la Meſſe du meſme, le Seigneur montant en haut, reçeut les dons des hommes, que chacun, en forme d'holocauſte de charité, offroit du ſien ſur l'autel de religiő, de ſon corps & de ſon ame. Apres, depuis le mois d'Apuril, iuſques à la fin de Septembre, ſix mois entiers, ayant publié vacances de toutes choſes profanes, on ſe repoſa, par les exercices ſpirituels. Car pendant tout ce temps qu'ils s'abſtindrent du tout de l'eſtude, GASPAR les inſtruiſoit au liure de vie, par la meditation de la vie de IESVS-CHRIST, & la cognoiſſance de ſoy-meſme. Les autres s'en allerent au temps ordonné: les autres s'exercerent en des offices abiects & des humbles denoirs, ou en la maiſon, ou aux champs: à quoy les vns ſuccedoient mutuellement aux autres, des pelerinages furent inſtituez

tuez par toute l'Isle au milieu de l'hyuer; & beaucoup d'autres choses que Froëz a oublié, quãd il nous r'enuoye à Arausius: & pleust à Dieu que ces monumens de ce premier esprit & discipline de G A S - P A R ne fussent pas peris!

Or quant à luy, parmy tout cecy, ne diminuant rien de ses predications accoustumées, enuirõ la nuit, il les enflammoit touts par vne exhortation conuenable; là apres l'exhortation estoit suyuie d'vne collocution aggreable & vtile des mesmes choses; & comme nous auons entendu, la plus part de cecy, de la pauureté d'esprit, du desir de la croix, & des moyẽs d'acquerir ces choses, du vray amour, ou de Dieu, ou du prochain. Puis apres, ou de descouurir les fraudes du diable, ou de les bannir; auec cecy quasi de toutes les vertus & vices. A ce deuis en apres succedoit pour le lendemain l'explication de quelques chapitres de la meditation de la vie de I E S V S - C H R I S T, laquelle il deduisoit du Monotessarum de Gerson, selon l'ordre des Euangelistes. Et cependant il ne s'arrestoit en la seule meditation des vertus, mais encor il demandoit

l'exer-

l'exercice d'icelles d'vn chacun, par yne aggreable varieté de fujets. Vous n'auez pas occafion de me demander icy le fruit, car quant GASPAR a mis à fin de fi grandes chofes auec les plus grands pecheurs, pourquoy n'auroit-il obtenu le mefme en tant de temps, par tant d'exhortations des ames ja difpofées? Par apres, ce cours doré de fix mois eftant paffé, au commencement d'Octobre il commença les eftudes en cefte maniere. Il y auoit vn maiftre, homme de bien, & le mefme docte en l'vne & l'autre langue, Pierre Lopez, non à la verité de noftre Compagnie, mais qui eftoit toutesfois defireux d'entrer en icelle. Et fa vie auffi, & fa demeure n'eftoit en rien differente de la noftre. Mais il a efté retenu par quelque legitime empefchement, mais toutesfois fans coulpe, de n'obtenir noftre ordre. Iceluy trois heures deuant midy, & autant apres, lifoit les preceptes de la langue Latine, & quelque autheur aux noftres, qui eftoient diuifez en diuerfes claffes, felon la doctrine d'vn chacun. Auec cecy y auoit auffi enuiron la nuict, vne heure de repetition : mais cependant toutesfois
l'ef-

l'eſtude de la pieté n'eſtoit pas oublié. Tout ce qui reſtoit de ce temps auec ſix heures de repos, eſtoit donné à la refection neceſſaire du corps, ou pieuſes meditatiõs, ou deuis ſacrez, demy heure apres le repos, ou aux exhortations quotidiennes de GASPAR. Or ceux qui eſtudioient alors, adiouſtoient à la nobleſſe du ſang, dont ils eſtoient ſignalez, l'eſtude de la vertu. Ie dirois beaucoup de choſes d'iceux n'eſtoit que ie ſemblerois ſortir de mon ſujet; encor que la vertu des diſciples & des enfans, ſerue à la loüange de GASPAR. Mais ie comprendray pluſieurs choſes en vne. Certainement on eſcrit, que l'eſtude de la vertu en la maiſon, ou la Compagnie, en l'opinion des eſtrangers, n'a iamais tant flory aux Indes.

CHAPITRE IX.
Ce qu'a faict GASPAR *touchant l'inſtitution des enfants.*

GASPAR auoit dreſſé touts ſes premiers ſoings à l'inſtitution de la ieuneſſe. Où il reſtaura beaucoup de choſes dignes de memoire ja inſtituées par d'autres, où luy le premier les establit. On auoit ja erigé à Goa, & commis au foing des noftres vn Seminaire de Ieuneffe, ou de Portugais, ou de meflez, ou, bref, de ceux du pays. La caufe de l'edifier auoit efté telle; d'autant qu'aux Indes, plufieurs Portugais expofoient courageufement leurs vies pour le feruice de la Foy & du Roy, il fembla auffi eftre de la liberalité Royalle, que les enfans qui eftoient delaiffez de leurs parens pour l'amour du Roy, ceux-là mefme ne fuffent, à caufe de leurs parens, delaiffez du Roy. Cecy eftoit uant à ce qui eft de la ieuneffe Portugaife, ou meflée de fang Portugais & Indois. Mais ceux du pays auoient auffi leur part à la liberalité Royalle; d'autant que veu que les Rois de Portugal ont toufiours eu plus de foing d'eftédre la Foy, que l'Empire, cela fembla eftre tref-propre pour r'enuerfer le Paganifme en ces lieux, aufquels la vertu Portugaife auoit donné tant de preuues de fa foy, afin que les plus vieux defaillants peu à peu, on enta en leur lieu des rameaux plus fertiles prouenus de mefme tronc.

Le

Le College estoit le plus souuent de cents enfants, qui estants tout ioignant nostre maison, n'estoient distinguez que du viure. Le Pere Paul Camers Italien, compagnon autresfois de Xauier allant aux Indes, auoit ja dés le cōmencement, & plusieurs années apres, quasi iusques à l'aage decrepité, pris le soing d'iceluy, auec vn tres-grād trauail d'esprit & fruit, ayant tousiours auec soy quelques freres Coadjuteurs. Leur vestement à la maison estoit noir, quand ils sortoient de la maison ils en prenoient vn blanc, orné d'vne croix de pourpre à la poictrine ; le chapeau aussi de mesme couleur portoit vne semblable croix : là on les enseignoit à lire, escrire, & aussi à chanter. Le premier dessein auoit aussi esté qu'on leur enseigna les autres disciplines : mais on dira tantost pour quelle raison cela fut vn peu changé. GASPAR donc ayant commencé de les regler, auec toute l'affaire, il adiousta cecy au reste bien institué ; qu'ils exerceassent leur chant, non seulement à la maison, mais aussi en leur Eglise : le peuple le desiroit ainsi, & il sembloit que cela estoit de son institution. Parquoy

luy

luy premierement, & en apres Paul auſſi auoient accouſtumé de leur chanter la Meſſe. Iceux repreſentoient le chœur auec le plain chāt, & les meilleures feſtes en muſique. Céte choſe fut celebrée auec vne concurrence & approbation aggreable du peuple. Il ordōna auſſi afin d'exciter d'auātage la pieté du peuple, que quatre fois toutes les ſepmaines, à la façō des penitens, ils allaſſent à diuerſes Egliſes. Cela ſe faiſoit en ceſte maniere. La croix marchant deuāt, ils ſuyuoiēt reueſtus de leurs habits blancs, auec vne grande modeſtie, en apres ils chantoient, ou diſoient le Chapelet à la Vierge Mere de Dieu. Quant ils eſtoient arriuez à la porte de quelque Egliſe, ils s'arreſtoiēt là, & n'entroient pas, craignant que d'auenture ils n'interrompiſſent importunément les offices diuins: alors vn des enfants monté ſur les degrez à la façon d'vn predicateur, propoſoit la Paſſion de noſtre Seigneur IESVS-CHRIST, non ſans eſmotion du recitant, ou des auditeurs. Et eſt arriué quelquefois, que comme vn d'iceux ſe fut donné des coups de poing en la face, il incita touts les autres de faire le meſme,

me, non sans larmes. Quelquesfois les confrairies venoient au deuãt des enfants, & les reconduisoient en leur maison auec semblable pompe, le peuple courant ensemble, admirant & approuuant la modestie de l'vn, & la voix de l'autre. Et il y en auoit d'autres qui se mesloient reuestus de mesme parure : car plusieurs enfants, bien qu'ils ne fussent du Seminaire, toutesfois ils impetroient de leurs parẽs auec des continuelles prieres le mesme habit : & se mesloient parmy les autres. Or ils n'estoieut pas contents seulement de ceste imitation, ains les enfants des principaux de la ville pressoient leurs parens & GASPAR, pour estre admis en mesme demeure & Societé : & ils ne prioient pas seulemẽt, mais adioustoient la force, protestant souuent qu'ils nẽ sortiroient le pied du College qu'on ne leur accorda leur desir.

Et les enfants seuls ne demandoient cela, vn homme vieil nostre voisin, ayant souuent auec admiration regardé ceste pompe, en fin resolut mesprisant les discours des hommes de triompher de soymesme, auec le mesme habit. Parquoy il
obtint

obtint de GASPAR auec beaucoup de prieres, qu'eſtant auſſi meſlé parmy les autres reueſtu de blanc, il cōduit la pompe des Confreres blancs; & qu'il preſida aux enfants, la pieté deſquels il auoit reſolu d'imiter. Cela pleut à GASPAR, parce qu'il le vouloit ainſi. Il reueſtit ceſt habit pueril publiquement dans l'Egliſe du Seminaire meſme, non ſans vn chant ſolemnel des enfants, tenant en main vn cierge allumé, auec ceſte pieté, de laquelle il euſt pris l'habit de la religion, & du depuis il a ſerieuſement faict à l'aduenir tout ce qu'il auoit promis. Le deuoir auſſi de ces meſmes enfants eſtoit d'accompagner les pompes funebres, & les criminels qu'on menoit au ſupplice, mais auſſi ſouuent ils menoient les Peres, n'ayant point de compagnon, vers les malades, aux priſons publiques, & autres offices de pieté, non ſeulement pour eſtre Confreres à l'aduenir, mais encor principalement pour cōprendre par quel moyē il pourroient deüement exercer les meſmes offices. Ils reprenoient publiquement auec grande authorité & liberté les iuremēts, & toute autre faute qui ſe commetmettoit. Et d'auenture l'vn d'iceux estoit present à vn ioüeur, qui autant de fois qu'il iuroit, estoit autant de fois admonesté de luy: l'autre ne pouuant souffrir cest importun admonesteur, & ne iugeant toutesfois cest âge digne de sa fureur: luy tendit la main pleine de pardes, offrant l'argent pour pris du silence: Mais cela aussi ne vainquit le courage de l'enfant. Car il respondit constamment qu'il ne seroit destourné, ny par or, ny par argent, de reprendre ce qu'il voyoit ne se pouuoir commettre sans offense de la Diuinité. Il arriuoit plusieurs choses semblables. Or GASPAR, afin que ie reuienne à luy, prenoit vn merueilleux soing d'iceux: il les auoit distribuez en quatre classes, ayant principalement esgard à l'âge; il auoit à chasque classe assigné le sien des nostres, qui auoient soing des corps & des ames. Bref, ceste institution reüssissoit fort bien. Mais elle ne sembloit suffire au bien des Indes, ny au zele de GASPAR. Parquoy il pense d'vn nouueau Seminaire: & puis communique son aduis au vice Roy & à l'Euesque, duquel ceux-cy estoient à peu pres les principaux poincts.

poincts. Qu'à la verité on n'auoit pas mal
pourueu à la pauureté des orphelins par
le premier College: mais que leur deſſein
de deſtruire le Paganiſme, par le moyen
des Preſtres du pays, ne prenoient pas ſi
bonne iſſuë. Premierement par-ce que
touts les eſprits n'eſtant pas eſgaux, pluſieurs Indiens & preſque touts, eſtoient
inhabiles aux offices plus releuez; ou par
le propre defaut de leur eſprit, ou par
leur legereté naturelle: Cependant que
les Portugais, meſlez parmy eux, ou
eſtoient meſpriſez, afin qu'on prit ſoing
de toute la multitude; ou que la deſpen-
ſe, & la peine qu'on prenoit, afin qu'ils ne
fuſſent negligez parmy vne troupe inutile, eſtoit mal emploiée. Ceſt aduis, certes,
pleut à l'vn & à l'autre; car on ſçauoit ja
par experience que la dignité de Preſtri-
ſe, que quelques-vns du pays auoient acquiſe, eſtoit la plus part tellement vili-
pendée par eux, qu'à l'aduenir pluſieurs
ſembloient iuſtement en deuoir eſtre démis, veu que ny par ſainéteté, ny par erudition, ils ne l'honnoroient pas aſſez. Il
ſembla donc à GASPAR qu'on deuoit
edifier vn autre Seminaire de l'autre coſté

sté de nostre College, auquel passeroient les Portugais du premier, & les meslez, & aussi Indiens, qui au iugement du Recteur en seroient estimez dignes. Les autres, dont l'esprit & la probité ne promettoient aucun fruict, seroiēt renuoyez pour apprēdre quelque art mechanique, qui toutesfois suffit à l'aduenir pour sustenter leur vie, de sorte toutesfois, que iusques à âge competent, ils seroient sujets au Recteur cōme à leur Pere, qui ne les laisseroit eschaper de ses mains, que premierement ils n'eussent passé le danger, & de la pauureté, & de l'âge. Ce conseil fut du tout salutaire, & le vice-Roy & l'Euesque ne l'ayderent moins d'effect que de conseil. GASPAR aussi ayant amassé des moyens d'où il peut, mit fin à l'entreprise. On trouua bon de limiter le nombre de ce College au nombre des septante disciples de IESVS-CHRIST; afin qu'ils resemblassent, & d'offices, & de noms, pour soulager le labeur des Apostres. Parquoy on assigna à ce College qui estoit establi touts les moyens necessaires à vn Theologien. Et ce fut là l'autre inuention de GASPAR pour le
sou-

soulagement de la ieunesse : mais non la derniere. Il y auoit dans la basse cour du College des maisons mal estoffées, ausquelles d'autant qu'elles ne seruoient de rien, par l'authorité de GASPAR on inuitoit gratuitement touts les enfants, pour leur apprendre à lire & escrire, y establissant à ceste intention des maistres de nostre Compagnie, coadjuteurs des choses temporelles: & dans peu de temps le nombre accreut iusques à trois cent. Cependant, par ceste amorce, chasque bon estoit instruit à toute pieté & doctrine Chrestienne. La solemnité de la pompe du Catechisme prouenoit de ce nombre: on leur commandoit d'assister tous les iours auec les autres domestiques à la Messe, & estoient enseignez par quel moyen ils le feroient auec pieté. Mais encor GASPAR ne se contenta ainsi, car tous les iours à l'heure de midy le secretain, par son commandement, auec vne cloche d'airain, s'en alloit par les ruës, & selon l'ancienne coustume de la Compagnie, enseignoit les points de la doctrine aux autres ja assemblés, grande multitude accourant ensemble, & le peuple s'estons'eſtonnant combien la Compagnie prenoit de peine pour inſtruire leurs enfants. Car ils conſumoient touts les iours preſque quatre heures en ces deuoirs. Toutes ces choſes ainſi inſtituées par GASPAR dés le commêcement n'ont pas eſté plus ardemment receuës, que conſtamment conſeruées. Car tout ce que l'Inde voit encor à preſent, eſt quaſi prouenu de ces commencements.

CHAPITRE X.
Le fruict que par ſon moyen on a recueilly de tout le reſte de la ville.

GASPAR prenant ſoing de la ieuneſſe, plantoit des arbres, qui deuoient proufiter au ſiecle à venir. Mais pour cela toutesfois il ne laiſſoit d'eſmonder les branches inutiles, & d'auoir ſoing des plantes des autres Egliſes. Voire il n'y auoit rien qu'il n'oſa, & ce qui eſt plus admirable, il venoit à fin de tout. Il permit vn iour que la cauſe de cecy luy eſchappa pres de Loys Froëz, quant eſtãt interrogé comme il faiſoit des choſes ſi difficiles, il reſpondit: Qu'il n'entreprenoit rien que par le conſeil de Dieu. Et qu'à la verité alors ayant commencé tout ce dont Dieu estoit l'Autheur, que tout estoit tousiours conduict à heureuse fin. Tant il est important, qu'vn homme qui se défie de soy-mesme, se confie en vn seul Dieu: auquel toutesfois il se fioit de sorte, qu'il ne laissoit aucune industrie ou labeur à desirer de soy. Car quant il n'en pouuoit autrement venir à bout, il estoit tellement importun, qu'il ne laissoit rien à essayer. I'en mettray cy bas des exemples qui arriuerent lors à Goa.

Il y auoit vn homme noble, mais aussi meschant; GASPAR l'auoit souuent sollicité de se confesser, mais en vain. Quoy donc? il n'abandōna pour cela cest homme; mais il resolut de tant plus le presser, que diuinement (comme ie pense) plustost que fortuitement il iugeoit son extreme necessité. Parquoy il se prit vn iour garde de la chaise que cest homme estoit present en la predicatiō. Aussi tost qu'elle fut acheuée, de peur que d'auenture il n'eschappa, il enuoye son compagnon pour le prier qu'il ne desdaigna d'attendre vn peu, iusques à ce que GASPAR, selon sa coustume, eust pris vn peu de relasche

lasche de son sermon; qu'il auoit necessairement quelque chose à luy communiquer. Et iceluy certes attendoit volontier, ignorant ce qui deuoit aduenir. Or GASPAR attendoit expressement que l'assamblée se fut escoulée; laquelle ayant apres congediée, il approche ce personnonage, & luy dict qu'il ne vouloit autre chose de luy que la confession de ses pechez, de laquelle il sçauoit principalement qu'en ce temps il auoit besoing. Cest home tergiuersoit & differoit; GASPAR le pressoit: en fin ne pouuant autrement, certes, luy dict GASPAR, vous ne partirez d'icy que vous ne soyez confessé; & à ceste cause i'ay faict fermer l'Eglise. Alors iceluy alleguant seulement qu'il n'estoit pas preparé; Vous n'auantez rien dict GASPAR: ie puis suppléer à ce defaut en vous interrogeant. En fin contraint, il l'accorde. Et GASPAR entendant l'homme, quant il eust ja vomy les plus gros pechez, & ceux que principalement il redoutoit, il le r'enuoya au lendemain, afin qu'il se prepara mieux, luy promettant lors le benefice de l'absolution; ayant aualé la honte, afin de

Z 2 n'auoir

n'auoir dict en vain & sans aucun fruict ce qu'il auoit confessé, il reuint le iour d'apres, & encor par le commandement de GASPAR le troisiesme: alors en fin apres s'estre purgé, estant peu de iours apres monté sur mer auec la flotte, il meurt merueilleusement ioyeux, d'auoir esté contrainct par GASPAR, ce qu'à bon droict il esperoit, d'entrer au ciel.

Il y auoit vn autre soldat de la troupe, attaché à ie ne sçay quel peché, duquel ne se destournant pour aucune admonition de GASPAR, il pachisa auec luy pour le prix de vingt pardes (qu'il questa pour aumosne) qu'il s'en abstint desormais. Et il n'estoit pas moins assidu, que vigilant; il sembloit estre entierement attentif à toutes occasions, & il chassoit de sorte, qu'aucune proye ne luy eschapoit: & certes on pouuoit iuger qu'il n'auoit l'esprit occupé à autre chose qu'aux occasions de bien meriter du prochain. Le portier du College, selon nostre pauureté, distribuoit touts les iours quelque chose aux pauures, par le commãdement de GASPAR. Il voulut qu'il leur discourut familierement de quelque chose pieuse, pieufe, expliqua les principaux articles necessaires à la foy Chreftienne, afin qu'il ne fut plus bening à l'endroict du corps qu'à l'endroit de l'ame. Et à la verité c'eft vne chofe tref-digne d'imitation, & non feulement d'approbation: Car s'eftant concilié par vn prefent bien-faict les efprits, il eft aifé leur perfuader ce que vous voudrez. Vn autre certain des freres, il s'appelloit Anthoine Fernandez, ayant r'encontré vne grande troupe oyfiue de valets Sarrazins & Gentils (c'eftoient des efclaues du Roy) il leur demanda qui d'eux vouloit eftre fait Chreftiens? & en apres auec vne grande ferueur d'efprit leur difcourut de noftre foy. Et IESVS-CHRIST affifta aux defirs enflammez du frere: Car reuenant bien accompagné à la maifon, il accourt merueilleufement ioyeux à GASPAR, qu'il auoit auec foy quarante hommes qui defiroient touts eftre inftruits aux principes de noftre religion. GASPAR ioyeux de cela enuoyoit touts les iours fur le foir Chriftophle de la Cofte en ce lieu, ou autre femblable, afin qu'ayant ietté les rets de la parolle de Dieu, ils enfermaſſent telle quantité de poiſſon que Dieu leur donneroit ; & ſouuent ils ne retournoient pas ſeuls à la maiſon. Il y auoit encor autre choſe qui affligeoit GASPAR en la meſme cité : vne fort grãde multitude de putains au bourdeau publicq : il appliqua donc ſon eſprit à les ſecourir. Et bien que du commencement elles demeuraſſent obſtinées en leurs ordures, la conſtance de GASPAR toutesfois vainquit leur opiniaſtreté. Et en peu de temps en cõuertit iuſques à cent. Et en apres donna leur pudicité en garde à des maris, ou les recommanda à des matrones de ſinguliere vertu. Et il prenoit vn grand ſoing que par pauureté elles ne fuſſent contraintes au mal, & par l'exercice frequent des pieuſes actions, il effaçoit de leurs ames toutes ſales impreſſions. En apres, leur ayant commandé d'aſſiſter à ſes predications, il les portoit ſouuent auec les autres à la deteſtation de leurs crimes, & aux larmes.

CHAPITRE XI.
Des predications de GASPAR *en ce temps.*

IE ne traicte pas maintenant du nombre & varieté des predications, mais du du fruict & approbation. Il preschoit (comme souuent a esté dict) quasi continuellement. Parquoy il luy sembla vn iour qu'il estoit en cela excessif, principalement en ceste distance du College & de la cité, & en temps d'hyuer, auquel il craignoit, à cause des pluyes, estre fascheux au peuple, & en fin craignant que par ces eaux leur ardeur ne fut quelquefois refroidie. Parquoy il resolut du tout d'y apporter quelque moderatiõ, & d'en retrancher quelques-vnes. Il declara son dessein à l'assemblée, & l'admonesta qu'en ce temps il espargneroit leur trauail, & qu'il laisseroit quelques sermons. Mais les principaux s'y opposerent. Premierement auec murmure, & apres aussi ouuertement au nom de touts les autres. Entre iceux estoit celuy qui presidoit à la confrairie de misericorde, qui parlant publiquement au Pere, le pria qu'il n'eut du tout aucun esgard aux pluyes, & que s'il ne luy estoit trop penible, qu'il adioustast plustost que de diminuer. Le reste de la troupe, par vn fauorable murmure, & se leuant, approuua la priere de cestuy-là. Parquoy GASPAR l'accorda, puis qu'ils le vouloient ainsi. Et à la verité, en apres, quant le ciel estoit pluuieux, alors principalement se desbordoit vn deluge d'assemblée à l'Eglise : car craignant par leur faute faire reprendre vn semblable dessein à GASPAR, ils establissoient principalemēt en ce temps le iour solemnel, se pressant iusques aux coings de l'autel.

Or ayant à parler du fruict des predications, ie diray deuant necessairement cecy : sçauoir que ie diray en ce chapitre du tout peu de choses, non seulement de ce qui arriua, mais encor de ce qui est paruenu iusques à nous, persuadé comme plusieurs autres fois par la ressemblance ou par l'abondance des choses. Il y auoit aux lieux sacrez à Goa vne grande frequence de femmes & de filles ; & alors principalemēt qu'elles ne pouuoient pas estre absentes sans estre remarquées, le luxe estoit si grand, & la pompe, qu'il vaudroit mieux qu'on s'absenta du tout, que de venir ainsi en la presence de Dieu. GASPAR inuectiuant contre ces superfluitez, apporta du tout vn grand changement : car desia plusieurs qui n'estoiēt pas

des

des moindres venoient à pieds nuds, couuertes d'vn pauure mâteau: les autres démirent beaucoup du luxe de leurs habits. Et vne fois comme GASPAR leur expliqua ces parolles d'Esaye: *Eleuatæ sunt filiæ Sion, & ambulauerunt extento collo.* Les filles de Sion se sont esleuées, & ont cheminé le col estendu, & eut discouru auec le Prophete de chasque ornement, vne certaine offrit tous ses moyens pour fonder vn conuent: vne autre certes imprudemment, mais toutesfois se frappant, fut si cruelle à soy-mesme, qu'elle ne fut guere esloigné de la mort: plusieurs autres, par vne frequente côfession & communion, & autres deuoirs de bonne vie, esgaloient quasi la saincteté, & austerité religieuse. Et tout cecy prouenoit des sermons; car il s'abstenoit quasi tousiours par l'ordonnance de Xauier, & par son propre naturel de parler aux femmes; croyant que si ce n'estoit temps perdu, qu'au moins on le pouuoit mieux employer auec les hommes. Du jeu, iurements, haines, &c. il n'y auroit pas de fin, & soudain en autre chapitre il en faudra dire quelque chose, auec autre occasion.

Il ne faut oublier cecy.

En ce temps eſtoit venu au vice-Roy l'Ambaſſadeur d'Idalcan, Roy de Ceilan, nommé Pandita, il luy demanda, d'autant qu'il auoit beaucoup ouy parler de Gaspar, qu'il luy fut permis de l'ouyr preſcher, car il entendoit bien la langue Portugaiſe. Le vice-Roy luy accorde, & pria Gaspar qu'il luy pleut de preſcher le premier iour de feſte. Le iour eſtoit ja arriué, & Gaspar auoit cõmencé quant l'Ambaſſadeur entra, & d'auenture, alors Gaspar expliquoit ces parolles d'Exode: *Solue calceamentum de pedibus tuis, locus enim in quo ſtas terra ſancta eſt*: Oſte la chauſſeure de tes pieds, car le lieu où tu es, eſt terre ſaincte. Ce qu'entendant, il douta fort que Gaspar commãda qu'il deſchauſſa ſes pieds (ce qui leur eſtoit couſtumier) parquoy il ſe preparoit. Mais eſtant aduerty, il paſſa auant pour l'entendre. Et l'ayant ouy, il commença encor plus à l'admirer, iuſques à ce qu'eſtant ſurmonté par d'autres conferences, il ſe rédit vaincu, & embraſſa noſtre foy; & eſtant auec les ceremonies baptizé fut appellé Anthoine.

Mais

Mais deuant que nous retirer des predications, le sermon du Vendredy orné de tāt de loüanges alors requiert vn traicté particulier. GASPAR l'auoit ja institué à Goa, deuant qu'il alla à Ormus; estant premier autheur d'iceluy aux Indes, & estant de retour rendit ceste institutiō fort celebre. Or elle se faisoit ainsi. Le Vēdredy enuiron quatre heures apres midy, on sonnoit la predication, ce que GASPAR auoit aussi ordonné auec vne cloche d'airain, & l'affluence du peuple estoit si grande, qu'il fallut agrandir l'Eglise; plusieurs accouroient des lieux voisins quasi de deux lieuës, qui venoient le iour de deuant en la ville, pour le iour suyuant prendre place de bonne heure. Alors GASPAR montoit en chaise, & ayāt pronōcé son theme qui estoit, tousiours cecy ; *multa flagella peccatoris, &c.* Grād nombre de fleaux sont pour les pecheurs, &c. Il discouroit presque vne heure de la misericorde diuine, de la iustice, des pechez, de la penitēce, laquelle estant passée, il traictoit auec vne grande reuerence d'esprit quelque chapitre de la Passion de IESVS-CHRIST: & alors
ani-

animant ses discours de son eloquence Chrestienne, il tiroit tant de larmes, que pour les pleurs, il falloit necessairement qu'il se teut: parquoy luy aussi fleschissant les genoux dans la chaise, donnoit cours aux larmes, & le peuple frappant sa poictrine, & souspirant eut esmeu des cœurs de pierre. Alors en ceste esmotion, la pompe des penitens, se foüettants eux-mesme, s'auançoit en ceste sorte: les treillis couuerts de courtines pendant le sermon, desroboient la veuë du grand autel aux yeux de l'assemblée ; tirant lors les courtines, y paroissoit l'Image de nostre Seigneur IESVS-CHRIST crucifié, couuerte d'vn drap noir sur iceluy, estant descouuerte par le Sacristain, & les penitens sortoiët de la sacristie, se foüettants cruellemēt le dos, pendant lequel temps les enfans du College à genoux sur les degrez du grand autel, repetoient auec vn chant lugubre ces parolles, *mortem autem crucis*: voire la mort de la croix : & puis, misericorde : tout le peuple criant auec eux à haute voix. Ce qu'estant acheué, GASPAR de la chaise mettoit fin aux pleurs & à la predication. Et ceux qui s'e-

stoient

stoient foüettez se retirants dans nostre maison estoiēt lauez & pensez. Cest exercice estoit vn vray marteau des pechez, duquel les cœurs les plus durs estoient froissez. Et non seulement cecy se faisoit durant le Caresme, mais toute l'année. Car par tout où GASPAR estoit, il faisoit par les exercices de la pieté que le reste de l'année ne s'y passoit pas moins religieusement, que le Caresme aupres des pieux Catholiques. Et certes cecy a continué durant toute la vie de GASPAR, auec vn plus grand accroissement touts les iours. Et tout ce qu'il y a encor à present de reste de ces choses en toute l'Inde, c'est vne marque de la ferueur de la penitence de ce premier temps. Mais venons à vne autre semblable institution de GASPAR, & aussi de plus grand fruict.

CHAPITRE XII.
Tres-grand fruict de l'institution d'vne certaine confrairie.

SI on compare l'vn auec l'autre, tout ce que GASPAR a faict presque infiny pour le salut du prochain, ie ne sçay si on pourra rien trouuer de semblable à ce que s'ensuit. Ils auoiēt à Goa, comme il paroist par le commencement de ceste histoire, vn Crane sacré de la Compagnie de saincte Vrsule; & le Seigneur l'auoit rendu honnorable par beaucoup de choses admirables. Parquoy GASPAR, jà deuāt qu'il alla à Ormus, desiroit du tout d'establir quelque chose pour la memoire perpetuelle de ce gage sacré : mais la mission d'Ormus troubla & interrompit, mais ne rompit pas ce sien desir. Estant donc de retour à Goa il retenoit encor ses desirs, d'autāt qu'aussi tost il porta ses pensées au Iapon ; mais apres qu'il eut pleu au Seigneur le retenir à Goa, pour auancer tant son honneur, & l'establir en ce lieu, où il pourroit non seulemēt proposer ses souhaits, mais aussi les executer, il ne manqua, ny à soy, ny à la ville, ny à la Vierge: Et prenant long temps conseil de soy-mesme & de Dieu, il entreprit vne chose du commēcement petite, mais qui subitement prit vn tel accroissement, qu'ē peu de tēps elle surmōta tout autre de semblable genre, par toutes les Indes, où peut-estre par tout le mōde Chrestiē.

Ceste

Cefte chofe fut vne cõfrairie non feulement honorable, mais auffi beaucoup plus proufitable à la cité. Or ayant par fon aduis & le confeil des autres, refolu de mettre au iour ce fien deffein, comme vn fruict bien conçeu; il fit expreffement vne predication des loüanges de la Vierge, & de fon intention, & refolut deux iours entiers deuant la fefte des Apoftres, de defcouurir ces reliques & gage facré; & l'expofer en veuë au peuple. GASPAR fut efcouté, comme toufiours il auoit accouftumé, auec vne audience fauorable de fon affemblée; mais l'effect furmonta l'opinion de tous & de GASPAR mefme. L'efpace de touts ces deux iours, à toutes heures, tant nuict que iour, non feulemẽt il n'y eut faute de fpectateurs, mais encor il y auoit vne preffe merueilleufe de ceux qui y accourroient. On a creu communément qu'il vint pour le moins douze mille perfonnes, tant grands que petits. Puis le iour fuyuant qui eftoit affigné pour enroller les confreres, on en efcriuit ce iour au nombre de cincq cent. Le premier lieu fut donné au vice-Roy, qui contribua auffi toft autant d'argent qu'il

en

en falloit pour la chasse du gage sacré. Plusieurs autres donnerent diuerses choses, l'vn de la cire, l'autre de l'huyle pendant toute sa vie & la vie de ses enfants. De plus, vne certaine femme vouloit prodiguer quasi touts ses moyens pour dresser à part vne autre côfrairie de femmes. Mais elle ne fut pas ouye. Enfin, il y auoit tant de presents, que les confreres de la misericorde commencerent à craindre que le fleux de la liberalité Indienne ne changea son cours, & par vn effort nouueau ne se destourna à ceste sodalité. Et il en fut arriué ainsi, si Gaspar, tant par soy que par les autres Peres, n'y eut apporté de la moderation, & mettant au deuant les barres de son authorité, n'eust rejetté cest effort vers les limites de la misericorde. Alors les confreres furent appaisez & deliurez de leur crainte. Ils affirmoient aussi publiquemẽt qu'vn seul Gaspar sur touts autres, reportoit du tout la palme de la munificence à la misericorde. Et à la verité, Gaspar n'estoit pas celuy qui auoit accoustumé de faire gaing de la pieté. Il cerchoit les hõmes mesmes, non les biens. Qui pouuoit
dire

dire à bon droict : *Da mihi animas, cętera tolle tibi:* Donne moy les ames, prens tout le reste pour toy. C'estoit, dy-je, celles qu'il cerchoit par ceste institution, & il ne decheut pas de son esperance.

Il pensoit entierement faire ceux de ceste assemblée administrateurs au secours de la ville. Et à ceste intention auoit ja deliberé d'eslire de ce nombre (car en peu de téps, chose merueilleuse, le nombre estoit creu iusques à deux mille confreres) septante deux hommes, comme coadjuteurs de Moyse, ou disciples de IESVS-CHRIST; lesquels apres en leur temps il eut changé, desquels il pensoit se seruir pour le salut des ames. Mais la crainte d'abolir la Sodalité de la misericorde, institution entieremēt salutaire, destourna ceste entreprise. Car ceux-cy faisant la mesme chose ; il craignoit que l'vn entreprenant sur l'autre, ils ne s'empeschassent mutuellement, ou par quelque inimitié, ou par la confusion des affaires. Il s'abstint donc de ce dessein, mais non d'aider la cité. Car ce qu'il auoit auisé de commander à septante deux, il le donna en charge plus heureusement &

A a facile-

facilemēt à deux mille, c'eſt à dire à touts les confreres, & expoſa en pleine aſſemblée qu'il attiroit & laſchoit par ſon diſcours, cōme auec vn frain, ce qu'on deſiroit de ces cōfreres, àſçauoir qu'ils ſecouruſſent les ames, non ſeulemēt par exēple, mais auſſi en empeſchant les meſchancetez. En fin il les pria touts qu'ils luy baillaſſent, ou à quelqu'vn des Peres par eſcrit les neceſſitez de l'ame ou du corps, qu'ils ſçauroient en la ville, afin qu'en apres on peut les ſecourir touts de quelque remede conuenable. La choſe certe ſurpaſſe la croyāce, ſi elle n'eſtoit racontée par vn teſmoing oculaire Loys Froëz. Chacun venoit quaſi touts les iours auec ſes tablettes cenſoriennes & quaſi volumes, à GASPAR & aux autres Peres. Ils r'apportoiēt toutes les haines, adulteres, vſures, pariures, & auſſi declaroient la pauureté & neceſſité du corps. Pour à quoy auoir part, GASPAR ayant appellé les autres Peres, ils courroient touts les iours entiers çà & là, auec leur compagnon & leurs tablettes que la diligēce des delateurs auoit auſſi diſtribuées par ordre, en ruës, comme GASPAR les

auoit

auoit aduertis, pour empefcher & ofter ces mefchancetez. On pourroit efcrire des grands volumes de ce fujet fi on en auoit tenu memoire: mais la quantité a reduit au defefpoir les efcriuains. Ie diray feulement de l'abolition des haines, ce dont chacun s'eftonnera, En l'efpace de fix mois, non plus, mil cincq cent differents furent affoupis: & s'il femble trop, i'adioufte ce que dict Froëz qui eftoit toufiours compagnon des Peres, fçauoir qu'encor qu'il doubla le nombre qu'il auoit r'apporté, qu'il ne croiroit pas lors exceder la verité, ny la Foy. GASPAR dict en vn autre endroict, qu'vn village entier proche de la ville, où touts iufques à vn eftoient en different, fut ce mefme iour reduict en paix & amitié. Mais d'autant que ie croy ce que i'ay dict fi grand' chofe, qu'à grand' peine peut-il par l'authorité d'aucun fubfifter fans bône preuue, ie le confirmeray par ceft ample tefmoignage.

GASPAR eftoit vn iour aupres du Iuge, ils l'appellent auditeur general; iceluy commença ioyeufement de fe plaindre à GASPAR, que luy & touts les fiens estoient reduits à l'extreme pauureté. Qu'en ce port tref-celebre, il y auoit autresfois vne infinité de prochez, fon gaing & de fes compagnons; maintenant que toute cefte gent mourroit de faim: & qu'il appelloit ce Greffier (qui de fortune eftoit lors prefent) à tefmoing, duquel, depuis que GASPAR & fes cōpagnons auoient ietté leur faulx en la moiffon d'autruy, deux autres compagnons, ayant à peu pres efté reduits à fe pendre, s'en eftoient fuïs autre-part, pour ce qu'il ne fembloit plus qu'il y eut à l'aduenir aucun efpoir de fecours pour fuftenter leur vie en la plume. Et quant à deux autres qui reftoient, que dés long temps affamez, ils efpioyent toute forte de vents pour voir fi quelque part il y auroit plus d'efpoir de gaigner, & qui auroiēt dés long temps vendu leurs offices, s'il fe fut trouué des acheteurs. Or qu'il craignoit qu'à l'aduenir ces offices qui auffi fouloient fe vendre, ne demādaffent des gages au Fifcq pour ayder leur pauureté. Le Greffier l'accorda, & GASPAR auffi ne nia pas, que s'il pouuoit, il attaqueroit auffi la tefte du Iuge. Qu'il defi-

roit

roit certes auſſi que ſur les bancs des Iuges les araignées tinſent leur ſiege au lieu des Iuges meſme.

On traictoit à Goa quaſi de ceſte maniere touts les autres vices, dont les principaux diſoient ordinairement, que GASPAR par ces deuoirs auoit non ſeulement obtenu ce qu'il deſiroit, mais encor qu'il s'eſtoit acquis, & aux ſiens ce qu'il ne cerchoit pas, vne telle authorité & renõmée que les Chreſtiens, s'ils n'eſtoient empeſchez par la Religion Catholique, les adoreroient pour Dieux. Et certes, il n'y auoit aucune fin de ceux qui les ſalüoiẽt, ou baiſoient les mains, ou en cachette les veſtemens. Car ſouuent Dieu approuuoit leurs actions par des miracles euidents. C'eſtoit choſe maintenant vulgaire, que les diables eſtoiẽt chaſſez hors des corps par les Peres de la Compagnie. Et quelle merueille eſt-ce, que par leur commandement ils ſortẽt des corps, veu que leur vertu, par la force diuine, en dejettoit beaucoup d'auantage des anciens domiciles des ames. A l'inuocation de la ſainte Vierge, auſſi toſt dés le commencement de ceſte Sodalité arriuerent trois ou quatre miracles, lesquels d'autant que Froëz a laissé à reciter à vn autre, il nous a priué d'iceux & de plusieurs autres.

CHAPITRE XIII.
Combien il a souffert de mesdisances & contredicts pendant ces choses.

LEs choses que GASPAR, comme instrument diuin, parfit, ne fussent estées, comme elles estoient œuures de Dieu, s'il ne se fut trouué quelqu'vn qui y cõtredist. Car ces œuures sont tellemẽt conioinctes, ou auec l'enuie de quelques-vns, ou quelque zele estranger, & comme dict l'Apostre, non auec la science, qu'il semble du tout que sans cela, elles ne peuuent estre mises à fin. Ie me fusse entierement teu de cecy, n'estoit que ie ne me suis pas proposé les mesdisants à reprendre; mais l'exemple de la patience de GASPAR à imiter. Et premierement il n'en manqua pas qui reprenoient le Iubilé enuoyé par le B. Ignace, disant qu'il n'estoit assez authorisé. Cela se prouuoit, d'autant qu'il n'auoit pas de seaux pendants; fort argument, & digne conjecture (s'il y faut adiouster foy) & vn couuercle digne

digne d'vn tel pot! Et pour-ce ils difoient que GASPAR en faifoit à croire au peuple; mais ils n'auancerent rien. Car ceux à qui on difoit cela, affeuroient par tout, qu'il leur eftoit quafi plus feur de faillir auec GASPAR, que de preuenir la faute fe gardant d'errer auec les autres. Ils femoient auffi beaucoup de bruicts de la frequence des fermons: pourquoy prefche-il fi fouuent le peuple? feroit-il bien eftimé Heretique? Qu'auffi la penitence du Vendredy eftoit immoderée & indifcrete; que GASPAR reduifoit en couftume ce qui periroit bien toft. Mais il eft important de raconter côme GASPAR fe comportoit en tout cecy, & à cefte intention, le refte a efté briefuement premis. Premierement ne fe fiant pas en foy-mefme, veu qu'il ne faifoit rien fans le confeil & authorité de l'Euefque, il fupportoit facilement les mefdifances de quelques autres; il s'attriftoit neantmoins, que le cours de l'Euangile eftoit interrompu par ceux qui l'euffent deu auancer: mais il eftoit principalement marry que l'enuieux fe prenoit auec les dents aux chofes folides, & que la

lime

lime ne se consumoit pas moins que ce qu'elle rongeoit. Car ceux-là mesme, au grand regret de tous les bōs, prodigeoiēt leur hōneur & reputation, qui est vn bien si necessaire pour procurer le salut du prochain. Mais quant à ce qui luy touchoit, GASPAR en escrit ainsi, que quant il entreprenoit quelque chose pour la gloire de Dieu, long temps au-parauant, il se preparoit cōtre les assauts du diable: & qu'il rendoit graces à la bonté diuine, de ce qu'il estoit iugé digne d'estre la butte contre laquelle ces mesdisants descochoient touts les traits & machines de leur lāgue: desquels, comme aussi des autres, veu qu'il n'esperoit & ne craignoit rien, il se comportoit de sorte que s'il fut esté sourd, muet & mort; n'estimant pas mesme que ces mesdisances fussēt dignes d'aucun ressentiment de douleur. Il auoit neantmoins recours à Dieu par des frequentes prieres, & proferoit (comme il escrit) du profond du cœur ces parolles: Seigneur, cest œuure est vostre; vostre ce qu'on cerche ou espere d'iceluy; vostre aussi en est l'hōneur & la mesdisance: parquoy secourez-nous selon vostre bon plaisir;

plaisir; vous ne demandez certes de moy rien outre mes forces; ie commets le reste soubs vostre garde & tutelle. Ainsi GASPAR (d'autant qu'en ceux qui ayment Dieu toutes choses coopérent au bien) retiroit son proufit des maux mesme. Et en procurant ces biens, ou supportant ces maux, il s'estoit rendu propre, ce que les Romains s'attribuoient, faire & souffrir choses difficiles: ausquelles choses estant occupé, la vie briefue veritablement, mais toutesfois ja dés long têps meure pour les cieux, le surprit, n'attendant rien moins, & à grand' peine commençant de faire ce qu'il auoit designé en son esprit. Et pour-ce tournons aussi nostre discours à la mort glorieuse d'vn si grand Champion.

CHAPITRE XIIII.
La mort de GASPAR.

IL ne falloit pas qu'vn si grand commãdeur des armées du Seigneur mourut autrement que debout; & il arriua du tout ainsi: Car les forces estant fort abbatuës, il dissimuloit neantmoins auec son corps. Et d'autres fois, les forces

ces luy ayant donné du courage, maintenant aussi le courage luy dōnoit des forces pour supporter les anciens labeurs. Il preschoit, comme il souloit, & ce touts les iours alternatiuement en l'Eglise Cathedrale, auec le Pere François Macedo, de l'Ordre de S. Dominique. Ayant donc auec vne grande affluence de peuple le sixiesme d'Octobre, l'an 1553. commencé à prescher de l'Euāgile de ce Dimanche, (Or c'estoit la parabole de ce Roy qui vouloit tirer raison des contes de ses seruiteurs) subitement la maladie, comme vn Huissier, arreste GASPAR pour rendre le sien, mais qui estoit du tout bien preparé. Car s'estant senty du tout defaillir en preschant, vaincu par la force du mal, auquel il auoit ja long temps resisté, il se rendit, Et le vaillant soldat auec licence de toute l'assemblée demāda la mission qu'il auoit meritée. Ce qu'ayant dict, confirmant ses parolles par l'effect, hors de soy il tōba esuanoüy en la chaise. Les plus proches accourent, & auec vn grand ressentiment de touts & demonstration de douleur luy apportent du secours comme ils pouuoient. Puis estant
reuenu

reuenu à foy, comme ayant repris force, refiftant encor à la maladie, il ne voulut fe laiffer perfuader d'eftre porté à la maiſon. Et auec peine, mais toutesfois il reuint au College. Monftrant pendant tout ce iour vne grande allegreffe, il fembloit quafi auoir chaffé le mal : mais le iour fuyuant faify d'vne tref-grande fieure, ce grand courage qui n'auoit penfé mourir qu'apres la conuerfion du mõde, comme ayant les ceps aux pieds, eft reduit aux prifons d'vn petit lict.

Durant cefte maladie, il ne fut pas moins admirable en fouffrant fon mal, qu'il auoit efté en fes actions; lors qu'à la force du mal eftoient fouuent adiouftez les tourments plus griefs des medecins. Car toute la cité auoit tant de reffentiment de fon mal, que touts defirants fa fanté, il eftoit contraint d'efprouuer les remedes de touts. Le vice-Roy tint le premier rang parmy ceux-là, comme vn bon general d'armes, qui par toute forte de foing & de fecours, tafchoit de retenir vn foldat fi neceffaire pour foy en la ftation Indienne. Mais à la verité, vn autre Empereur luy offroit la liberté & l'accomcomplissement des honneurs qu'il auoit bien meritez. Il enduroit touts ces tourments, partie de la maladie, partie de la medecine, d'vn aussi grand courage qu'il eut souffert la croix au Iapon ou en la Chine : & il n'auoit autre regret que de mourir dans le lict comme vn paresseux. Mais toutesfois vnissant ses desirs auec la volonté de Dieu, il demanda instamment aux medecins ce qui leur sembloit de sa santé ? qu'il n'estoit pas celuy qui craignoit la mort, si ce n'est en tât que le prix de ses labeurs luy estoit plustost offert qu'il n'auoit pensé, sans l'auoir comme il luy sembloit merité. Et les medecins ne le trompèrēt pas: car accusant les secours de leur art, ils confesserent qu'ils cedoiēt à la mort, que les medecines n'auoient encor surmontée. Ce fut alors que GASPAR tressaillit de ioye, esmerueillé d'estre à la fin de sa course, luy qui ne commençoit que sa carriere. Commençant donc à prendre soing de soy, & de ce qui le touchoit, il pria que les nostres fissent retirer ses amis à la verité, mais importuns visiteurs. Mais toutesfois on ne peut dénier au vice-Roy principalement

ment & à plusieurs autres, qu'au moins du sueil de la porte ils peussent contempler pour la derniere fois leur Pere couché. Ce qu'ayant impetré, soudain se destournant de ce triste spectacle, les yeux, rendoient l'office des larmes, qui estoit tout ce qu'ils pouuoiēt à leur Pere mourant. Lors GASPAR enuoya à Baccain quelqu'vn pour appeller le Pere Melchior Nunez (ce qui auoit ja esté ordōné par le B. Xauier) à fin qu'il luy tendit la lampe, non au milieu, mais à la fin de la course, & mourant, luy resigna son office. Melchior vint, mais trop tard: car GASPAR s'en estoit couru deuant au Ciel. En fin, ayant donné ordre à quelques autres affaires, il commença de s'vnir entierement à nostre Seigneur. Combien pensons-nous a esté en ce temps enflammé le courage de celuy qui auoit tousiours tellement bruslé. Mais comme ces choses estoient tacites & interieures, elles ne nous ont laissé que l'estime. Parquoy l'homme Apostolicq, ayant esté couché au lict douze iours entiers, le 18. d'Octobre, qui estoit le iour de la feste de sainct Luc, enuiron la nuict, s'endormit doucement.

ment au Seigneur, l'an 1553. Duquel si pour toute conclusion on disoit seulement à la loüange immortelle d'vn si grand personnage, il pourroit sembler estre au lieu d'vn assez grand miracle, sçauoir qu'il n'a pas vescu en la Compagnie plus de sept ans & enuiron six mois, desquels il a esté cincq seulement, vn mois seize iours aux Indes: & qu'il ait fait de si grandes choses, ou infinies en leur multitude, ou admirables en leur grandeur. De sorte, qu'vn certain a dict veritablement, escriuant de luy des Indes, Que consumé en peu, il a accomply plusieurs temps. Mais aussi le iour de son trespas, ne semble pas estre escheu fortuitement, mais plustost diuinement designé. Car ce si grand trompette de l'Euangile, a eu pour dernier iour celuy qui estoit sacré à vn Euangeliste & compagnon de saint Paul, ce que GASPAR auoit esté de Xauier, (que nous pouuons sans enuie appeller l'Apostre des Gentils) ayant esté si souuent par iceluy choisy pour compagnon, mais tousiours par la volonté de Dieu separé, pour estre employé à l'œuure pour lequel Dieu l'auoit esleu; Bref, à vn, &

quasi

quaſi premier des ſeptāte deux Diſciples, luy qui eut honnoré, par imitation, ces ſeptante deux, par l'inſtitution du Seminaire, & auſſi de la Sodalité, ſi riē ne l'euſt empeſché. Mais il ne faut pas auſſi oublier que ce iour eſcheoit le Vendredy, qu'il auoit touſiours tant hōnoré & preferé aux autres, par la memoire de la Paſſiō du Seigneur. Il eſt auſſi mort quaſi à la meſme heure qu'il auoit accouſtumé de cōclure ſon ſermon de pres de deux heures, par vne treſ-zelée flagellation publique. Et en fin pour ne riē obmettre de ce qui ſemble ſeruir à ſa gloire, il eſt mort deux iours deuāt qu'auec grand appareil on celebra la feſte des compagnes de ſainte Vrſule, leſquelles il auoit tant honnorées, qu'il sēbloit qu'il eſtoit par icelles conuié à ceſte grande feſte d'enhaut. Voire il ſemble qu'elles ayent voulu partager auec luy la feſte qu'elles ont en terre, que le malade auoit ordonné eſtre celebrée auec le plus d'honneur que faire ſe pourroit: car il fut faict ainſi, le peuple s'eſtonnant que GASPAR eſtoit eſleué des noſtres, pluſtoſt auec vne demonſtration de ioye que de triſteſſe. Mais ſuiuōs

auec

auec la plume GASPAR defunct iufques au tombeau, l'ame duquel nous ne pouuōs fuiure feulemēt que de vœus dans les Cieux. Le lendemain, le peuple ayāt entendu par la cloche ce qu'il craignoit, ils accourent en affluēce au College, & ayāt ouy la chofe, ils crioyent par toute la ville en plorants : M. GASPAR, M. GASPAR eft mort. Apres il fe fit vne telle affemblée de peuple en noftre Eglife, que l'Eglife, ny la place de deuāt, ne les pouuoient tenir ; les cris defquels eftoient fi lamentables & continuels, qu'ils fembloiēt auoir perdu le Pere commun, duquel dépendoit le falut de leurs ames. Alors les Peres, & freres, & les enfants du Seminaire, & quelques Peres auffi de l'Ordre S. Dominique & S. Frāçois l'accompagnent, le portant à l'Eglife. Et lors quant les courtines eftant tirées, il parut entre le treillis (car il eftoit couché à face defcouuerte) on entendit enfemblement tant de pleurs & de complainctes, & vne telle acclamation de touts generalemēt, appellans GASPAR leur Pere, que tous entierement eftoient efmeus à commiferation du peuple fe lamentant. Or plufieurs

fieurs ne l'ayant peu voir à caufe de la multitude, on fe mit à courir & crier enfemblement auec tant d'effort, que ja les Peres auoient peur qu'on ne leur rauit. Cependant ayant efté releué en vn lieu plus haut, tandis que felon la couftume on recitoit les Pfeaumes, il eftoit gardé auec fortes cloftures: on n'entendoit pas les Pfeaumes à caufe des gemiffements. Et en verité, vn Predicateur des Peres Dominicains qui eftoit prefent, ayāt admiré vne fi grāde efmotion & affemblée, auoit penfé de monter en chaife, & reciter vne oraifon Panegyrique des loüanges de GASPAR: mais iceluy auffi fondant tout en larmes, ne peut iamais parler, ornant plus GASPAR de fes pleurs que de parolles. Et en fin tout eftant ainfi acheué, eftāt mis en terre, il laiffa au peuple vn grand dueil, aux noftres le defir de l'imiter, & à touts vn grand regret de foy. Et certes, ie voudrois que ceux qui afpirent à leur perfection ou des autres, remarquaffent icy combien peut vn homme feul, s'addonnant heroïquement à la vertu, & combien il faict plus, que plufieurs abbatu de courage; de forte, que

Bb nous

nous pouuōs bien desirer à nostre Compagnie plusieurs GASPARS: car la multitude des sages est la santé du monde.

CHAPITRE XV.
Son humilité & submission d'esprit.

LEs larmes, comme nous auons dict, & les complaintes cōmunes de tous ont esté les discours Panegyriques de GASPAR. Mais cecy suffise à ceux qui ont esté spectateurs de ses vertus. Quant à nous, il nous faut rendre les honneurs iustement deu à vn si grand personnage, au moins par vne narratiō brefue de plusieurs vertus, si nous ne voulons estre ingrats enuers le Pere, & iniurieux à la posterité, à laquelle il seruira tousiours à bon droict d'esguillon & de regle à toute pieté. Ce n'est pas mon dessein de r'apporter tout ce qu'il a bien & loüablemét effectué de l'institution de chasque vertu: mais seulement consacrer à la memoire quelques monuments de ce tres-grand personnage, tirez des Epistres ou d'autres lieux, qui auoient estez oubliez. Or ie feray ce qu'on a accoustumé d'aymer aux choses sacrées; ie suiuray la simple verité

sans

sans aucun apparat de discours, reduisant quasi ses parolles mot pour mot, voire rendant les mesmes où il mesle du latin, ce qu'il faict souuent. Et afin que nous commencions à ceste vertu, de laquelle toutes les autres, à bon droit, doiuent cõmencer, voyons combien il s'est auancé soy-mesme par la démission de soy-mesme.

La démission de l'esprit dans le iardin, fermé des vertus est vn arbre de telle espece, qu'il n'esleue pas plus haut ses brãches, qu'il produit profondement ses racines : car par les mesmes degrez, dont quelqu'vn se sera abaissé, par ceux-là mesme du tout il s'esleue en haut. GASPAR, ou par l'enseignement du sainct Esprit, ou par l'apprétissage de Conymbre, soubs la discipline de Roderic, n'estant pas ignorant de ceste chose, a tellement excellé en ceste sorte de vertu, qu'on peut à bon droict douter, si aucune autre vertu a plus reluy en luy. Or c'est vne grande partie de ceste vertu que de se cognoistre soy-mesme : car l'orgueil la plus part aueugle les yeux, & faict que l'homme pense estre ce qu'il n'est pas. Or laissant ce qui est cy dessus espars en plusieurs lieux, ie monstreray en peu de parolles combien il a esté excellent en cecy.

Et veritablement quasi toutes ses lettres & parolles sont remplies de choses semblables. Il s'appelle tantost inutile, tantost indigne, comme la plus-part il se soubsignoit en ses lettres, tātost esclaue de la Compagnie. Mais il y a vn notable passage en l'epistre enuoyée aux siens à Conymbre, où il se felicite ainsi de son entrée en la Compagnie: Ie ne cesse, dict-il, de loüer Dieu, de ce qu'estant sale pecheur, constitué en tant de miseres, il a daigné de l'ordure du monde me mettre au rang de ceste sienne saincte assemblée, afin qu'en icelle ie me confondise tous les iours de plus en plus moy-mesme, comparāt les defauts de mon ame ingrate auec les actiōs angeliques des autres, que tous les iours ie voy ou i'entens, afin que ie me resueille & saute hors du sale esgout de mes pechez, dans lequel enueloppé comme vn tres-sale crapaut, ie demeure tousiours couché, me farçissant moy-mesme de terre. Et certainement, si ie ne me confiois tant en vos prieres, que

ie sçay

ie sçay que vous faictes tous les iours à Dieu pour moy, il ne me resteroit du tout rien de courage, pour entreprendre ce que Dieu daigne tous les iours operer par moy, comme auorton de nostre Compagnie. Et selon sa clemence infinie, se souuenir que par sa grace ie suis membre de son corps : d'autant que des cailloux il suscite des enfans à Abraham, afin que la vertu soit fortifiée par l'infirmité, non par mes merites, d'autant que ie ne suis rien. Voylà ce qu'il dict. Et d'autant qu'il auoit ainsi penetré en la cognoissance de soy-mesme, pour-ce il croyoit que ses vices aussi estoient veu des autres, auec les mesmes yeux, voire plus clair-voyants. Parquoy quant il se recõmande aux prieres de ses freres, ce qu'il fait souuent, & auec grand soing, il dict quasi. D'autant que vous sçauez que moy, que vous cognoissez ainsi, ou les vices duquel vous cognoissez si exactement, en ay besoing sur tout autre : & d'autant que nous parlons des prieres, tout ce que Dieu operoit par luy, il r'apporte tout cela aux oraisons des autres; quant au lieu qu'il deuroit dire, Dieu a fait cecy & cela

par

par moy; il dict, merueilleuses sont les choses que Dieu a faictes par le moyen de nostre Compagnie. Il monstre par telles & semblables façons de parler auec vne grande naïfueté, quelle opinion il auoit de soy-mesme dãs l'interieur. Mais il ne se cõtentoit pas encor de se cognoistre soy-mesme, ains aussi il recommandoit le mesme aux autres, de sorte, qu'il asseuroit souuent que c'estoit le premier fondemẽt de la stabilité de nostre Compagnie.

Il ne fit iamais paroistre cela d'auantage qu'au commencement de sa charge, quant se voyant maintenant chargé du soing des autres, il ordonna que tout autant qu'il y auoit de personnes à la maison, s'estudiassent par l'espace de six mois à ceste seule chose. Ce que veu qu'il expliquoit par des exhortations quotidiennes, combien pensons nous qu'il a penetré plus auant que les autres: de là prouiennent ces parolles d'vn esprit humilié en ses lettres. Et certainement il escrit ainsi au Pere Mira Prouincial de la Prouince de Portugal: I'ay maintenant les forces fort diminuées, encor qu'il a

suffy

suffy iusques à present que ie soye vn vermisseau de si vile & abiecte terre ; que si mes pechez ne seruoient d'empeschemēt, Dieu opereroit de grandes choses. Mais ie ne dis rien plus de cela, veu que ie suis si cogneu en la presence des mortels & immortels. Parquoy ne cessez de prier pour moy, afin que ie cesse de pecher, & l'ire du Seigneur cessera en mon endroit. Ainsi aussi il rejette entierement l'infortune de l'expedition du Iapon (qu'icy & autre-part il déplore souuent) sur les crimes, bien qu'il le peut, comme la verité estoit, attribuer à la faueur du peuple. Vne autre fois il dict qu'il empesche le fruict. Vne autre fois que si on escrit quelque chose de bon de luy en Portugal, que celuy ne le croy, auquel le Pere Gonsalues escrit. Que ceux qui escriuent cecy, non seulement se trompent, mais encor luy veulent mal. Voila comme il parle tousiours de soy. Mais quant par necessité il racōte ses actions auec loüanges, il les couure auec autant d'artifice qu'vn autre les publieroit. Premieremēt, le B. Xauier auoit mandé à touts que chacun escriuit de soy ce qui auec l'augmentation du seruice de Dieu succederoit, afin que la Compagnie, en Europe, ne fut priuée de si grandes consolations. GASPAR fit comme il estoit commandé: & ce encor que comme il dict, les autres le deuroient accuser d'arrogance. Mais toutesfois il l'a faict de sorte qu'il n'oublioit rien de soy qui peut seruir à son blasme: (tesmoing en est ceste predication de Goa) quant au reste, il le cachoit tellement, que quelque autre que ce fut le sembloit auoir fait. En la description des miracles cela certes est remarquable. Car il vse quasi des mesmes mots de saint Paul: I'ay cogneu vn homme, &c. I'ay cogneu vn Pere de nostre Societé en ces parties d'Inde: & apres il raconte ce dont on a faict mention autre part. Mais non seulement il parloit, ou il iugeoit ainsi de soy, mais encor il n'enduroit pas de bon cœur qu'on l'honnora, les exemples de cecy sont presque infinies.

Estant arriué à Ormus, à cause des lettres que l'Euesque de Goa auoit enuoyé deuant, il estoit tousiours tellement honnoré des Prestres, qu'ils auoient deliberé par tout où il iroit, l'accompagner par hon-

honneur. GASPAR ne le souffrit pas, mais à force d'importunes prieres il obtint d'eux qu'il luy fut permis d'aller seul. Car, disoit-il, nostre Compagnie n'est pas venu pour estre seruie, mais pour seruir. A combien plus forte raison, moy qui ne suis seulement pas digne de vous seruir en quelque chose? Parquoy pour ne luy estre fascheux, ils s'abstindrent, non sans grande admiration d'vne si grande vertu. Outre cecy, le nombre de ceux qui le saluoyent estoit si grand à Ormus, de ceux mesme qui estoient estrãgers de nostre foy, qu'il estoit la plus part contraint marcher teste nuë. Cela estoit tres-fascheux en vne si grande chaleur. Parquoy il auoit deliberé de prier publiquement l'assemblée à son sermon de ne le saluër plus; mais toutesfois il se retint, craignãt que cela ne vint de l'amour de soy-mesme, & de l'impatience du chaud. Ainsi les vertus se combatants entre soy (afin que ie parle ainsi) il eslisoit ce dont il auoit le plus d'horreur. Il desiroit extrememẽt, comme il escrit au Pere Roderic s'absenter des Portugais, d'autant, dict-il, qu'ils me tiennent pour plus que sainct, moy qui fuis vn diable. Or eſt-il important d'entendre de luy, comme eſtant tant honnoré d'vn chacun, il ſe retenoit en ceſte modeſtie d'eſprit; car apres auoir raconté côme il eſtoit honnoré de touts, il y a cecy.

O tres-chers freres, vous vous eſtonnerez comme il s'eſt peu faire que moy ſi imparfaict & foible, ne me ſois enuolé auec ce tourbillon de vanité. Noſtre Seigneur qui ne regarde pas qui nous ſommes, mais ſeulement que nous ſommes de la Compagnie de IESVS, prend le ſoing de preſeruer & auancer les ſiens: & iceluy m'a ſuggeré des grands remedes, afin que ie n'eſpandiſſe par ce vent de vanité, ce que luy nous auoit acquis par ſon humilité. Car il m'accable de tant de labeurs, & ſi continuels, qu'il n'y auroit aucun moyen, quoy que ie le deſiraſſe grandement, de donner lieu à l'orgueil, qui demande le plus ſouuent beaucoup d'oyſiueté. S'il falloit repoſer, ie ne prenois pas aſſez garde ſi i'auois repoſé au lict, ou en terre, ou ſur vne chaiſe, & iuſques à ce que ie m'en prinſe garde, i'eſtois certes aſſeuré,

& à

& à la verité. Et moy qui fuis fi grand pecheur, n'ay pas dequoy me glorifier, fi ce n'eft en mes infirmitez : qu'eft-ce que i'ay, que ie n'ay receu? ie fuis, par la grace de Dieu, ce que ie fuis ; pourquoy donc me glorifieray-ie comme fi ie ne l'auois pas receu? Encor peu apres. O mes freres de la Compagnie de IESVS, comment fe peut-il faire que la fuggeftion du diable entre là où IESVS occupe tout, & rauit & poffede tout ! nous enfeignant certes ainfi deux remedes conuenables : l'occupation ioincte à la cognoiffance de foy-mefme.

Admire certes qui voudra GASPAR, autheur de fi grãdes chofes: quant à moy, en verité, fi toft que i'ay ietté les yeux fur fa modeftie, ie ne voy pas dequoy entrer en admiration du refte; donnez moy vn homme qui iuge ainfi de foy-mefme, & ie vous donneray incontinent vn autre GASPAR, qui defcouure fi naïfuement fes tentations, s'expofe fi ferieufement à la moquerie & aux rifées des autres, defcend à chafque plus petit deuoir, ferue ainfi aux malades, qui predife ainfi les euenements de fes predications, ait ainfi

en

en horreur, & refuse de commander aux autres, enseigne les enfants auec tant de soing, & bref, qui parmy ses œuures heroïques pense (comme il dict) qu'il ne faict rien: Et puis on donnera aisément vn homme qui change les monstres des vices, les prodiges des sectes, auec la beauté des vertus & de la vraye foy; qui en l'esperance de peu d'années se remplisse soy-mesme de merites, les autres de bien-faicts, le monde de renommée, les Cieux de ceux qu'il a conuerty. Tant c'est chose grande & importante d'entrer & penetrer en soy-mesme, afin que tombant en pauureté nous ne regrettions celuy qui disoit ie ne sçay pas foüyr.

Chapitre XVI.
Pauureté & Obedience.

IL y a plusieurs effects & membres de la modestie Chrestienne; car qui se recognoit comme riẽ, ne veut du tout rien retenir à soy, riẽ posseder, non pas ce que les autres acquierent auec tant de trauail, voire ny soy-mesme. Le premier genre est compris en pauureté, l'autre en obedience. GASPAR a esté si excellent en

l'vn

l'vn & l'autre, qu'il semble auoir plus remporté des Indes en ne possedant rien, que ceux qui apportent beaucoup de richesses de là. Il a monstré cela estant deschiré & pauurement vestu à Ormus, & malade à Goa. Pendant la nauigation on luy apportoit beaucoup de mets & confitures pour soy & ses compagnons, principalement de la part du General, qu'il a tousiours constamment refusé, asseurãt que la prouision nauale suffissoit à soy & à ses compagnons. Auec la mesme constance il r'enuoyoit depuis à Ormus diuers petits presents, où il ordõnoit qu'ils fussent portez aux malades par ceux qui les luy offroient. On luy enuoyoit lors tant de draps de soye, qu'il estoit mesme fascheux de r'ẽuoyer ces importuns donneurs: parquoy afin qu'ils s'en abstinssent desormais, il exposa les offices gratuits à plusieurs de nostre Societé, & à grand' peine fit qu'ils se laissassent persuader vne chose si nouuelle. Or nous voyrons autre-part ce qu'il requeroit touchant ceste vertu des hommes de nostre Compagnie.

Maintenant voyons comment par le
plus

plus noble degré de pauureté il s'est despoüillé soy-mesme. Qui refuse tant de gouuerner les autres, endurera facilement d'estre gouuerné d'iceux. Car du mesme chef que prend naissance la fuytte de l'honneur, du mesme prouient la resignation tres-absoluë de sa liberté, à la volonté d'vn autre. Nous n'auōs donc que faire de nous arrester d'auantage sur ce sujet, veu qu'il a esté obeyssant en ce degré, auquel on est humble & submis: lequel s'il ne fut esté obeyssant, le mesme ne fut esté submis. Pour-ce parloit-il tousiours de ses superieurs si hōnorablement. Et en verité, c'est beaucoup d'obeyr & suiure la volonté d'vn autre: mais si icelle repugne à la tienne, alors certes c'est vn acte tres-difficile & heroïque. Auquel genre de vertu comme GASPAR a tousiours vaillamment combatu, pendant tout le temps qu'il a esté aux Indes, ainsi en a-il r'emporté de tres-belles palmes. Il desiroit d'aller au Iapon, Perse, Arabie, AEthiopie, & le desiroit comme nous auons veu & voirons; il ne luy a iamais esté permis par ses superieurs. Il desiroit secourir l'armée affligée au siege de

Monaja,

Monaja, inftruire les Ammonites, faire vne courfe iufques aux Iogues; il ne luy a pas efté permis. Parquoy vn fi grand courage a toufiours efté en prifon ; d'autant qu'il auoit captiué toutes fes volontez & fes fens au feruice de l'obedience ; toufiours dy-ie: car il luy fut deffendu de fortir de l'Ifle, non feulement à Ormus, mais auffi à Goa. Car le B. Xauier auoit là crainte de mefme qu'à Ormus; & d'autāt plus maintenant, qu'il permettoit tout à GASPAR auec puiffance foueraine, Xauier mefme luy fubmettant Xauier. Mais celuy qui luy a permis tout, n'excepta qu'vn foy-mefme, auquel confifte toute liberté. Car il luy deffendit que pour quelque accident que ce fut, il ne fortit de l'Ifle. Cognoiffant maintenant affez GASPAR, & fçachant combien cefte Ifle auoit befoing de fa prefence, laquelle comme il a efté efcrit des Indes par le Pere Balthafar Dias (qui fut bien toft fubftitué en la place du Pere Melchior s'eu allant aux Indes) n'a pas efté la derniere, ains quafi la feule & vnique caufe (fi i'excepte le B. Xauier) de la cognoiffance de noftre Cōpagnie aux Indes.

Or

Or il est aisé d'entendre par ce seul passage combien il iugeoit excellemment de l'obedience. Car apres qu'il a raconté, comme Raimond son compagnon auoit desiré demeurer aux frõtieres de l'Arabie heureuse, (ce que nous auons cy deuant dict) il adiouste cecy: Tres-chers Freres, ne veuillez errer par la ferueur de l'esprit. Esprouuez l'esprit s'il est de Dieu, rejettez vostre soing sur le Seigneur, & il vous esleuera entierement, il ne dõnera iamais de doute au iuste, esleuez le ioug de l'obedience sur vous: ne desirez rien plus, que ce que vostre superieur desire: Car cela seul est bon. Ne croyez pas à tout esprit. Voyla ce que dict le trompette de l'obedience, qui en estoit luy-mesme fort exact obseruateur. Car il obserua si bien tout ce qui luy estoit commandé par le B. Xauier (& il luy commanda plusieurs choses) qu'on peut à bon droict desbatre s'il a esté plus excellent en commandant, que GASPAR en obeyssant.

CHAPITRE XVII.
Le soing de prier Dieu.

NOvs pouuons facilement iuger par vn ouurage elegamment faict de l'arl'artifice de l'ouurier & de la science d'vser des instruments: ainsi certes de ce que la main de GASPAR a poly, nous pouuons sans peine colliger combien grand il a esté en prieres, que les autheurs sacrez appellent instruments des autres vertus. Et il est veritablement d'autant plus admirable, que parmy tant d'affaires il ait eu du temps de reste pour le loisir de l'oraison: encor qu'il n'y en auoit pas de reste. Mais quant il manquoit, defraudant aussi le repos necessaire, il le desroboit au foible petit corps. Mais en ce sujet, ie n'admire pas seulement cela, ains beaucoup plus qu'vn homme ainsi comme partagé en tãt de diuerses affaires, ait peu, auec plaisir, vacquer au soing de l'oraison. Car nous experimentons nous mesmes que nostre esprit n'est pas assez soigneusement empeschez par quatre murailles de s'ẽuoler où il veut. Mais toutesfois, si nous pouuions paruenir à ce qu'il est paruenu, nous passerions aisément d'vn pied leger par-dessus toutes occupations, & ne permettrions pas d'estre englouty d'icelle. Car le cœur, auquel comme est dict cy dessus, IESVS-CHRIST

C c   rauit

rauit & poſſede tout, ne ſe donne pas aux affaires, mais il s'accommode les affaires, & ne ſe trouble pas enuers pluſieurs, ains n'en faict qu'vn qui ſeul eſt neceſſaire, procurant en touts la plus grande gloire de Dieu, & la volonté d'iceluy. Toutes choſes, dés qu'elles ont pris ceſte forme, ſont entierement autres, & engendrent en nos eſprits tout d'autres effects.

GASPAR auoit, ſans doute, acquis cela, duquel preſque à chaſque ligne, voicy les parolles. Loüange à Dieu, graces à Dieu: IESVS-CHRIST ſoit beniſt: IESVS ſoit loüé: & toutes les fois qu'il s'efforce de propoſer quelque grande choſe ſelon la dignité, il vſe quaſi de ceſte façon de parler, comme pour exemple: ſi grande eſtoit la multitude des côfeſſants, qu'il y auoit dequoy ſe reſiouyr auec Dieu. Ainſi toute ſon occupation eſtoit de ſe reſiouyr en Dieu de ſes biens, & auancer les hommes à meſme fin; qui eſt le ſupréme degré d'amitié. Ie ne redis pas ces commencements d'Ormus, tant de prieres; ceſte ſignalée conuerſion, procurée par la priere quaſi côtinuelle de neuf iours; mais ſeulement il faut dire de combien

bien de consolations Dieu l'a remply, lequel fruict d'oraison n'est pas vn foible secours de nostre imbecillité à la vertu. A Ormus, certes, le Pere Anthoine Quadros, ce grand personnage, long temps commis Prouincial des Indes, tesmoigne beaucoup d'autres choses, & entre autres cecy, qu'il fut transporté de si vehementes esmotions d'vn esprit tressaillant de ioye, que voulut ou non, il estoit souuent contraint, laissant toutes autres occupations arriere, d'admettre ces mouuemés. Ainsi Dieu contestoit auec son fidel seruiteur, celuylà de la recompense des labeurs, celuy-cy des seruices gratuits. Mais celuy vainquoit qui ne peut iamais estre vaincu, & d'autant plus auantageusement, que GASPAR resistoit plus fort. Aux trauaux de l'expedition de Monaja, en expiant l'armée nauale d'Anthoine Noronia qui estoit de deux mille hômes, & parmy d'autres labeurs de ce grãd Hercul, iceluy se resiouyssoit, le Seigneur trauailloit pour luy.

Et d'autant que nous sommes en ceste matiere, il me sera permis auec licence du lecteur, faire vne petite digression de

GASPAR au B. Xauier. Grands sont estez les labeurs de ce grand François, grands les perils: en ces perils, il auoit vne telle abondance de diuines consolations, que comme sa mortalité, bien que ja presque immortelle, ne les peut supporter, il estoit contraint d'arrester la main du Seigneur, & de boucher le canal de ses graces. Et quelle merueille ? veu qu'en ce mesme temps le tres-clement IESVS, qui a luy-mesme porté nos infirmitez & nos douleurs, sembloit s'estre chargé de la rigueur de touts ces dangers. Ce que ie raconteray est admirable, mais certain. Xauier, c'est vn chasteau de Nauarre, mais aux frontieres d'Arragon, iceluy est celebre pour la naissance & le berceau d'vn si grand personnage. En iceluy y a deux petites chappelles, l'vne quasi à l'entrée qui est la plus grande, l'autre au fond de la maison qui est plus petite; En ceste plus petite est l'Image de IESVS-CHRIST pendant en croix, taillée en bosse quasi de la grandeur d'vn homme, certe pieuse. Cette image, toutes les fois que le B. Frãçois estoit en peril ou quelque grãd danger, comme si en quelque maniere elle se

fut

fut chargée des trauaux d'iceluy, eſtoit moitte de ie ne ſçay quelle liqueur, qui decouloit du bois ſec, comme ſueur. La choſe ſembla merueilleuſe aux domeſtiques. En apres cela arriuant ſouuĕt, pour en garder la memoire, on remarqua le iour,& en apres a eſté obſerué par les lettres du B. François, qu'iceluy ce meſme iour que l'image auoit ſué,auoit fait naufrage, où auoit eſuité ſur vn arbre les traits des Barbares, où auoit encouru quelque ſemblable danger. I'ay ſceu ceſte choſe par des domeſtiques dignes de foy,& de l'heritier meſme de Xauier,ieune homme, & l'ayant diligemment examiné,i'ay trouué qu'il y auoit vne continuelle tradition de ceſte choſe à la poſterité de ceſte famille, continuée iuſques à maintenant, non auec tant d'interualles de tĕps, que la choſe puiſſe eſtre obſcure. Mais retournons à Gaspar. Apres donc qu'il a faict dénombrement des trauaux de ceux qui ſont occupez à la miſſion des Indes, il recite ainſi de quelles delices Dieu les rĕplit: Et que les labeurs ne vous eſpouuantent,encor que ceux-là ne doiuent pas vous effrayer, que moy ſi

infir-

infirme, Nouice de IESVS-CHRIST, puisse porter. Ce que i'ay dict est peu, encor qu'on les compare à des plus grands, que ie desire souffrir, & ce pour les soulagements diuins qui me sont donnez de Dieu pour supporter ces trauaux, qui certes sont beaucoup differents de ceux de Conimbre: car les labeurs destournēt là les moins parfaicts, icy aussi les plus grands resiouyssent & encouragent: car vous n'auez personne à qui vous vnir que Dieu. Car le monde vous poursuit d'ignominie ou d'honneur, & veu que les mortels vous adorent là, icy ils vous attachēt à la croix: & on n'a pas le temps de cercher auec loisir des remedes par les liures. Là certes, aussi long temps que les larmes coulēt des yeux de ceux qui priēt, les diuines consolations coulent ensemblemēt: mais quant elles sont défechées, l'esprit aussi se défeche semblablement. Mais icy quant elles tarissent, c'est lors que nous sommes le plus consolez en terre deserte, sās chemin, sans cauë. Ainsi, GASPAR. Les premieres qu'il enuoya en Portugal estoiēt presque de mesme sujet, ausquelles il parle ainsi aux confreres:

Vous

Vous auez vos freres difperfez en diuers lieux auec des grands labeurs, mais qui font bien employez. Car la feule douceur qui fe refent en iceux, efface aifémēt toute rigueur : combien fe pourra-il mieux, fi l'homme fe refouuient de l'amour de celuy, par lequel a efté faict, que celuy a paffé toute fa vie en tourments & trauaux infinis, qui felon fa bonté, reçoit touts nos labeurs de noftre petiteffe (fi auffi il eft permis l'appeller noftre) pour le recompenfer de fes falaires eternels. La meditation de ces chofes en ces lieux, & negoces icy furpaffe de beaucoup celle qui s'inftituë de delà touchant les mefmes chofes, encor qu'en vos chambres & parmy vn fainct repos. Car icy Dieu femble nous toucher de quelque autre façō, & tout ne fe paffe pas en defirs. Venez, venez, mes freres, le fang, que le bō IESVS a verfé pour le falut de ces gens, vous appelle auec des gemiffemens inenarrables. Que ie ne fçay comme il fe peut faire, que touts ceux-là ne refentent, qui communiquent de fa grace. Qui voudra efprouuer ces ardeurs de GASPAR qu'il vienne, car il faut efperer que la main de

Dieu

Dieu n'eſt pas accourcie, ſi ce n'eſt que nous-meſme la retirions par nos propres vices.

Chapitre XVIII.
Zele des ames.

LEs eſcriuains ſacrez ont appellé zele le deſir enflammé de deſtourner les ames des mortels des pechez. Ceſte vertu s'eſt principalement monſtrée en Gaſpar la plus grande de toutes les autres, par pluſieurs arguments, comme il eſt aſſez manifeſte à chacun, par-ce que nous auons dict cy deſſus. Mais il faut toutesfois adiouſter quelques choſes, afin qu'on voye plus clairement combien il a eſté attentif au gaing des ames. Il tournoit ſes yeux & ſon ſoing par tout où il pouuoit. Mais eſtant de beaucoup inégal aux affaires, il deſiroit encor, & encor ce que les Philoſophes appellent reduplication de l'eſtre. Et certes le courage eſtoit ſi grand, qu'il ſembloit eſtre ſuffiſant pour pluſieurs corps. Vne autre fois, il deſiroit qu'on luy commit la charge de diſpoſer de ces ferueurs de Conimbre, & des vœux de nos Portugais, voire de touts les deſirs

desirs de nostre Compagnie. Qu'il auoit des champs pour assigner à chacun d'iceux, dans lesquels leur industrie prit carriere. En verité, estāt embrasé d'vne flamme salutaire, il enflammoit autant qu'il pouuoit les autres, partie les enhortant, partie les inuitant à donner du secours. Mais escoutez l'homme, & remarquez les tesmoignages asseurez de son zele. En ses secondes lettres il escrit ainsi à ses compagnons en Europe : Que ces courses vostres que vous faictes de delà sont differentes des nostres d'icy, toutes deux entreprises pour l'amour des ames ; mais les vostres douces sont d'vn mois ; vous trouuez des maisons hospitalieres, vous auez esperance de reuenir bien-tost au College, où quant vous estes arriuez, les freres accourent, qui vous embrassent, lauent, & secoüent en quelque maniere toute la lassitude ; leur seule veuë vous refait. Mais ces choses la plus-part ne se cognoissent que quant elles manquent ; quant ie me suis trouué esloigné d'icelles, & qu'il m'est venu en pensée, que peut-estre, ie ne les reuerrois iamais plus, ou aux Indes, ou en Europe, alors i'ay co-

gneu

gneu la bien-veuillance de noſtre Compagnie. Icy, ſi vous tombez, il n'y a perſonne qui vous releue ; vous n'auez, ny chambre, ny maiſon, ny lict, on ne peut meſme dormir à couuert, à cauſe de l'ardeur du Soleil, qui rend les nuicts plus chaudes, que les plus ardantes chaleurs de la Guinée. Icy les delices des hommes feculiers, ſont de dormir en des vaſes pleins d'eau ; & n'auoir que la teſte dehors, où l'eſuentement donne du ſoulagement. Adiouſtez à cecy le defaut des viādes, dont ce voſtre frere manque : car icy il faut porter le faix du iour & des extremes chaleurs en la vigne du Seigneur. Le temps de la nuict ſe paſſe à ouyr les penitens : icy vous n'auez pas meſme vne heure voſtre. Là vous mangez à vos heures accouſtumées ; icy vous n'auez du tout rien qui ſoit voſtre, ny freres, ny liures, ny viandes, ny dormir, ny habit, ny temps, ny Meſſe, ny la vie meſme. Tout eſt à autruy, mais au Seigneur. Ie fais ce que ie ne veux, & ce que ie veux ie ne le fay ; ja n'aduiēne toutesfois que ie me glorifie ſinō en la croix de noſtre Seigneur IESVS CHRIST, auquel repoſe tout
mon

mon salut, mon honneur & ma gloire. Si ie suis foible, par luy ie suis plus fort. *Dilectus meus fasciculus myrrhæ inter vbera mea commoratur*. Mon bien-aymé est en moy comme vn bouquet de myrrhe, il demeure entre mes mamelles. Puis apres peu d'autres parolles, par lesquelles il expose l'abondance des ioyes celestes, ce que nous auōs r'apporté cy dessus, il continuë ainsi. Parquoy, mes freres, faites diligente prouision de vertu, pour vous en seruir en quelque temps semblable : car sans icelles, vous vous trouuerez entierement despourueus de tout secours. La premiere & le fondement est vne tresprofonde humilité & cognoissance de soy-mesme, obedience, pauureté, chasteté, amour du prochain. Ces choses sont en vigueur aux Indes. L'humilité est vne cognoissance de Dieu qui procede de nous ; c'est à dire, de la cognoissance de nostre infirmité : obedience est vne captiuité de nostre liberté. Mais qui est vrayement libre que le vray obedient ? la pauureté est vne vraye richesse. Qui est riche si ce n'est le vray pauure d'esprit ? chasteté est vn miroir, auquel Dieu reluit en la crea-

creature mesme. Que tu es belle ma biē-ay-mée, que tu es belle! tes yeux sont de colombe, simple d'affection & de iugemēt. En fin l'espous l'admire. Tu as nauré mon cœur ma sœur, d'autant qu'il appelle les vertus qui luy resemblēt ses sœurs. La derniere vertu soit la charité, le manteau de la diuine majesté qui couure la multitude des pechez. Iusques à present, GASPAR donnant carriere à son esprit, maintenant en langage Portugais, maintenant en Latin, que i'ay laissé en sa rigueur, de peur d'effacer quelque chose de l'energie d'vn si grand esprit par le defaut de mon iugement. Mais il n'exhortoit pas seulement ses freres; ains pour ceste mesme cause il sollicitoit les Rois & les peuples. Ie donneray certainement les lettres qu'il escriuit au Roy des Abyssins, en laissant plusieurs de semblable sujet, afin que par les gestes cy dessus recitez, vaillamment & honnorablement mis à fin, chacun puisse plus aisément estimer sa vertu, que par les escrits. Il escriuit dōc ainsi au Preste-Ian.

La grace & l'amour de IESVS-CHRIST nostre Redēpteur conserue le Royaume
& la

& la vie de voſtre Alteze, Amen. Les deſirs ont touſiours eſtez grands, que Dieu par ſa bonté immenſe m'a donné, de luy rendre quelque ſeruice en vos Royaumes, & d'autant que ie ne viſe à autre but qu'à expoſer ſa loy à toute creature, afin que ſon Pere celeſte ſoit glorifié dans les cieux, ie ne doute pas qu'auſſi long temps que mes deſirs ſeront conformes à la volonté diuine, que ie n'obtienne quelque iour l'accompliſſement de mes ſouhaits. Encor que ie ſçay aſſez que ie ſuis indigne d'vne ſi haute expedition, & d'vn benefice ſi ſignalé : Mais quant ie me voy ſi inégal, encor qu'eſleu de Dieu, comme organe de ſa croix & inſtrument de ſes merueilles, & que ie ſens combien purs ſont mes deſirs à auancer ſon diuin ſeruice; alors auſſi ie me perſuade que cela eſt ordonné par volonté eternelle de ſa ſupreme deité. I'ay entendu d'vn homme Portugais qui venoit de delà (ſelon le deſir que i'ay de cognoiſtre les affaires de ces regions, & d'entendre quelle eſperance elles donnoient d'y ſemer, & conſeruer la foy Chreſtienne) combien eſtát addonné aux affaires du Chriſtianiſme,

vous

vous auiez aussi d'inclination à l'auancement de l'Eglise Catholique en vos
Royaumes. Cela a apporté beaucoup
d'accroissement à mes anciens desirs &
ferueurs. Ie voudrois que vous vous tins-
siez asseuré que pour ce que nous enten-
dons de vous, la sagesse supreme vous
prepare des grands prix, & vne couronne
immortelle. Car i'espere que la declara-
tion & esclarcissement de ce qui n'est pas
encor assez cogneu, vous est reseruée: &
si ainsi il plait à Dieu, i'espere, si ie suis en
vie, estre pres de vous apres deux ans. Car
i'ay desia escrit pour obtenir permission,
& alors vous experimenterez du tout,
non, comme maintenant par lettres &
parolles, mais par les effects mesmes,
combiē ie desire vous seruir, & combien
ie souhaite l'accroissement de vostre estat
& Royaume en nostre Seigneur: car
nous sommes conduits & gouuernez par
iceluy. Et pleut à Dieu que ce fut la volonté diuine de ne differer pas ainsi ce
temps, & de me faire au lieu de ces lettres
vne Epistre viue! car alors ie penserois du
tout auoir attaint le comble de mes desirs. Mais toutesfois ie me cōsole en cela,
que

que ce retardement de mon voyage est aussi de sa gloire. Car les choses que nous desirons si elles sont differées, sont d'autant plus aggreables qu'elles ont cousté plus cher. Ie ne suis pas plus long, d'autāt que celuy qui porte les presentes vous instruira amplement de nostre Compagnie, & combien elle desire faire du fruit en ces regions. Ie vous supplie affectueusement, Roy tres-bon, que vous soyez fort sincere en l'amour diuin, & exact en tout ce qui sert à sa gloire, vous asseurant de tout bon succez de vos affaires, de la victoire sur vos ennemis, repos & paix de vos Royaumes, si vous mettez vostre fiāce au Seigneur. Vsez quelquefois de clemence auec les Portugais qui conuersent en vos Prouinces, & si quelquefois le cas le requiert, de repretension, comme Roy & Pere. Que si ce voyage vous plait, ie tiendray à grand bien-faict d'en estre aduerty par lettres: car l'office de nostre Compagnie n'est pas de cercher des prix, des gains, des honneurs; mais suiure la pauureté, & cercher les trauaux en quelque part qu'ils soyent, & les embrasser, afin qu'en cela ils suiuent leur Capitaine

IESVS-

IESVS-CHRIST, qui a tant embrassé la pauureté & les labeurs, ausquels il a consumé & exercé toute sa vie pleine d'affliction. Nostre Seigneur IESVS-CHRIST, par les merites de sa Mort & Passion, rende vostre Alteze participante de sa gloire, & luy dône d'obtenir & accomplir tousiours sa volonté. De nostre College à Goa, le neufiesme iour d'Octobre. 1552.

Il escriuit ensemble à mesme intētion aux Portugais & à leur General, & les aduertit du deuoir Chrestien, pour ceste seule cause, encor (comme il dict) qu'il leur fut incogneu, sçauoir qu'il les recognoissoit cōme freres au Sang de IESVS-CHRIST, & les aymoit cherement. Son courage ne pouuoit plus oublier aucun deuoir de charité Chrestienne. Il embrassoit tout de desir, ou le mettoit par effect à fin; l'embrazement de son amour vers Dieu ou les hommes le descouuroit par tout, lequel bien qu'il soit tant manifeste par actions, parolles, escrits, comme par des treilles; il faut toutesfois croire qu'il ardoit d'autāt plus en son ame, que quant vne maison brusle, l'embrazement est
plus

plus grand au dedans l'interieur, que celuy qui fort par les feneſtres. Son courage certes en cecy, ſe pourra accomparer à ce Temple de Salomon, duquel nous liſons les feneſtres par dehors auoir eſté eſtroites, mais par dedans fort eſlargies. De ſorte que c'eſt choſe aſſeurée, que ce qui a eſté manifeſté au dehors, n'a en aucune maniere eſgualé la grandeur de ſon courage, & la largeur de ſon cœur, afin que ie parle auec l'eſcriture.

CHAPITRE XIX.
Quel iugement il faiſoit de l'inſtitut de la Compagnie.

IL a eſté tellement recognoiſſant de ſa vocation à l'eſtat de religion, qu'il ne mettoit quaſi iamais fin, ou de parler de ce ſujet, ou d'eſleuer l'inſtitut de la Compagnie. Leſquels Eloges d'vn ſi grād perſonnage, ie r'apporteray, afin que nous tous qui ſommes adoptez en la meſme famille de Iesvs, preniōs peine de rendre noſtre vocation plus certaine en l'eſtimant ſelon le iugement d'iceluy. Et ſi à quelqu'vn il ſemble trop grand admirateur, ie croy que ceſtuy-là n'a pas encor

D d   bien

bien compris la grandeur du benefice. Car ce qui se dira icy de nostre Societé, ne se dict pas de sorte que le mesme ne conuienne aussi aux sainctes institutions des autres ordres. Car nous ne faisons pas de comparaison odieuse; mais il faut que chacun ait ceste opinion de son ordre pour son regard, s'il veut comme il conuient rendre graces à Dieu. Or il cómence ainsi vne certaine lettre en Latin. Peres tres-chers, & Freres bien-aymez, ie me suis extremement resiouy par les lettres dernierement enuoyées de Goa metropolitaine des Indes, voyant la lumiere du feu du sainct Esprit espanduë par toute la rondeur de la terre, en forme de rosée degoutante sur la terre en la barbe d'Aaron. Quelle merueille? veu que son nom est comme vne huille respandu, & que ie voy de mes propres yeux ces mesmes choses, que i'auois iusques à present extremement desirées. Les estandars du Crucifix reluisants par les escadrons des camps & armées de nostre Compagnie, en vne vallée miserable où la mort triómphe. Courage, courage, tres-chers freres, nostre Dieu est vn feu consumant, & il est

eſt venu enuoyer le feu en la terre. Qu'attendons-nous plus? voicy les temps heureux, voicy maintenant le iour de feſte, marqué de pierre blanche, afin que le Prince de ce monde ſoit chaſſé dehors. La mort eſt prochaine, le chemin s'eſcoule, le chemin long, par lequel nous marchons, afin que nous paruenions heureuſement à la fin de noſtre vocation. Et il ne faut pas maintenant ſe donner du bon temps, & viure pour ſoy. Entreprenons donc de toutes nos forces la lucte, auec celuy, par le ioug duquel eſtāt accablez, nous ſommes en danger eſtants precipitez par le panchant des montaignes, d'eſtre entieremēt mis à fond & ſubmergez. Taſchons de voir le Paſteur du troupeau humain IESVS-CHRIST, que nous confeſſons eſtre noſtre Seigneur: qui menera le Veau, le Lyon, le Leopard, & le Loup auec l'Anneau, au profond du deſert, pres les tabernacles des Paſteurs, afin qu'ils abondent en delices aux montaignes ſainctes. O qu'aggreables ſont les tabernacles du Seigneur des vertus! Pourquoy, peureux, continuons nous de trembler de crainte? deſirōs pluſtoſt cela mesme de tout nostre cœur, d'habiter aux demeures du Seigneur. Resiouyssez-vous, tressaillez de ioye, le salaire abondant dans les cieux effacera toutes les larmes des yeux de ceux, dont les noms sont escrits au liure de vie. La Manne cachée sera donnée au vainqueur, & le nom nouueau, que personne ne cognoit que celuy qui le reçoit, sera escrit au rolle. O que grande est l'abondāce de la douceur, Seigneur, que vous auez caché pour ceux qui vous craignent! Iusques à present il escrit en Latin, mais il continuë en Portugais. O freres tres-chers, que i'ay grand desir d'expliquer par lettres, ma tres-grāde & inexplicable ioye, de ce que ie voy nostre Compagnie ainsi auancée, auec des vœux & des ferueurs si ardantes, & qu'ils portēt les enseignes du bon IESVS par toute l'Europe, Asie & Affrique, auec tāt de courage, & auec aussi peu de crainte que s'ils estoient immortels. Ils mesprisent touts les biens presents, les estimant comme fiente, afin qu'ils gaignent IESVS-CHRIST, qui aussi afin de nous garder a mesprisé tout, iusques à la mort, voire la mort de la croix, n'ayāt

pas

pas reputé rapine d'eſtre eſgal à Dieu s'eſt aneanty ſoy-meſme. Qui nous ſeparera de ſa charité? Pourquoy pluſtoſt fuitifs auec luy en vne terre deſerte, ne ſortons nous hors du camp, portant ſon ignominie, regardant à l'autheur de la foy, qui s'eſtãt propoſée la ioye, a enduré la croix. Il a ſouffert hors la porte meſpriſant la confuſion. Mais vn autre paſſage d'iceluy de meſme matiere eſt illuſtre, auquel il parle ainſi à ſes compagnons: Ie croy que deux choſes gardent nos freres, qui vagabonds par toutes contrées ſuiuent IESVS CHRIST auec de ſi grands trauaux, & vn ſi grand amour & perfection. Conuerſent ſeuls auec tant de nations au milieu d'vne nation peruerſe. Qui a des aureilles pour ouyr, oye & entende du cœur, afin que perſonne ne ſe deçoiue par ſon eſprit, mais s'auance touſiours, ne preſume pas de ſoy. L'eſprit de la Cõpagnie de IESVS ne peut pas eſtre ſuperbe. Mais receuez ce conſeil de voſtre petit miſerable frere, que quant il arriuera que vous ſerez enuoyez, vous ſoyez armé de Dieu, d'autant que Dieu eſt noſtre lumiere & noſtre protecteur. Que craindrons-nous, ſi ce n'eſt

n'eſt ſon ire ? leſquelles deux choſes i'ay toufiours eſprouué; car il ne ſe peut faire autrement, que doüilliet, tiede, gelé, qui ay eſté enuoyé icy comme choſe inutile à la Compagnie, ie peuſſe paſſer par tant de feux de tribulations, auſquels le treſ-haut Dieu nous eſprouue, comme l'or en la fournaiſe, ſans me fondre. Nous auons paſſé auec noſtre baſton outre le Iordain, mais nous retournons en arriere auec deux troupes, & ie l'ay ainſi eſcrit à Goa au College ſainct Paul. L'vne de ces choſes eſt, que IESVS defent la Compagnie comme ſienne, & les Religieux d'icelle. Et ainſi il n'a pas eſgard aux merites, mais il faict cela de ſa grace. L'autre conſiſte aux oraiſons des treſ-chers Peres & freres en Europe & aux Indes, qui ſont touſ-iours ardantes deuãt Dieu. D'autant que pluſieurs membres nous ſommes vn meſme corps, & IESVS en eſt le chef. Et ainſi diuers & pluſieurs ſeruiteurs ſont vn meſme ſeruice. Les vns ſont les mains qui ſont deſtinées à diuerſes occupatiõs, comme ceux qui s'exercent & ſont occu-pez en terres treſ-eſloignées de la leur. Les autres ſont les pieds, ſçauoir ceux qui
boüil-

boüillent du defir d'endurer beaucoup pour IESVS-CHRIST. Les autres font la langue, qui prient affiduellement pour les autres. Les autres les yeux, qui veillēt fur leur troupeau comme vn bõ Pafteur. Les autres les aureilles, qui eftudient toufiours. Les autres les narines, qui fentent les vnguents des vertus, ou les efpandent. Les autres l'intellect, & ceux-là font les fpeculatifs. Les autres la memoire, comme les doctes. Les autres la volonté, comme les actifs, qui frequentent & font occupez en la cuifine, porte, refectoire. Et touts font efprits feruants, enuoyé pour le feruice. Aucun des membres ne peut dire qu'il n'a que faire du fecours de l'autre: l'vn ne fe peut efleuer fans l'autre. Ce que nous faifons, tous cela n'eft qu'vne mefme chofe, feruir au mefme Dieu. Que me fert-il d'eftre pluftoft ce membre icy que ceftuy-là, fi touts trauaillent efgalement. L'vn ne peut rien du tout faire fans l'autre. Qu'importe donc, fi ie fuis la main ou le pied? Qu'importe-il moins que ie foye en la Compagnie toute ma vie cuifinier, que predicateur des Infidelles?& de conuertir tout le monde,

fi nous

si nous faisons tous vne & mesme chose? Et peu apres: trois choses font la Compagnie. L'vne la cognoissance de soymesme, la submissiō & la pauureté. L'autre la cognoissance des autres, sçauoir de Dieu & du prochain, la contemplation à l'amour de Dieu: l'action se r'apporte à l'amour du prochain. La troisiesme, la discretion & science pour conseruer l'vn & l'autre. La cognoissance, dis-ie, des lettres, d'autant qu'icelle est necessaire à ceux qui frequentent entre les Sarrazins, Gentils, Heretiques & Iuifs. Montons de l'humilité à la cognoissance de Dieu & du prochain, & de là aux lettres. Or ie n'ay pas dit tout cecy pour enseigner, ains seulement pour le remettre en memoire à mes freres tres-chers, afin que vous cognoissez ces choses, non moins necessaires en vos cartiers: Dieu les supplée en moy. Il parle ainsi iusques à present. En vn autre lieu il s'escrie ainsi. O treschers freres, biē-heureuse est ceste heure en laquelle Dieu a faict misericorde auec son seruiteur, suscitant de la terre l'indigent, & esleuant le pauure du fumier, pour le colloqner auec les Princes de son
peu-

peuple, qui estes vous! Disons donc touts
bien-heureuse ceste heure, non à voix
basse, mais comme la Cananée: Venez, &
voyez combien de grandes choses Dieu a
faict à mon ame. Ie chanteray eternellement les misericordes du Seigneur en
generation & lignée, que Dieu a voulu
esleuer ceste Cōpagnie par N.S. P. Ignace. O Pere Simon, combien ie vous suis
redeuable! Que rendray-ie au Seigneur
pour touts les biens qu'il m'a donné ? Il
ne me reste rien que la defaillance de l'a-
me & les larmes. Si ie dis cela de moy,
que diront ces anges de Conymbre ? Be-
niste soit ceste heure, à laquelle vous en-
trastes en la Compagnie de IESVS-
CHRIST. O plante saincte, fondée en
la cognoissance de soy-mesme, en IESVS-
CHRIST, & arrousée de son pretieux
Sang, ensouye par les martyrs, remparée
par les confesseurs, gardée par les vierges,
honnorée par les anges, aymée de Dieu
le Pere, guidée par le sainct Esprit, nommée & possedée par IESVS-CHRIST!
Encor que vous semblez, ô saincte Compagnie, vne plante nouuelle : vous estes
neantmoins tres-forte, par-ce que vous

estes

estes tranf-plantée, en la pauureté de IESVS-CHRIST, vous eftendez vos racines iufques à la mer, & vos prouignes iufques au fleuue. La mer eft le monde; l'amour du prochain le fleuue: vous eftes vn Paradis iufques à la contemplation de Dieu. Celuy qui ne fuit point IESVS-CHRIST noftre autheur, & iceluy crucifié foit anatheme; quelle reffemblance y a-il de la lumiere aux tenebres? Enfants, loüez le Seigneur, loüez le nom du Seigneur; le nom du Seigneur foit benit, maintenant & au fiecle des fiecles. Il dict cecy emporté de la force de l'efprit aux loüanges diuines. Mais il ne fera pas inutile de l'entendre en vn autre lieu, admoneftant vn certain qui luy auoit efcrit de Mafquate demandant d'eftre receu en la Compagnie, qu'il prit vne meure deliberation auec foy-mefme, touchant vne chofe fi importante, & luy propofant l'inftitut de la Compagnie. I'adioufteray çà bas toute cefte epiftre, par-ce qu'elle m'en a femblé digne.

La grace & l'amour de IESVS-CHRIST noftre Redempteur foit toufiours en nos cœurs, amen. I'ay receu les voftres auec
vn fi

vn si grand contentement d'esprit, que ie
ne l'ay iamais merité du Seigneur. Graces
à celuy qui a si grand soing des pecheurs,
& des brebis errantes qui recognoissent
leurs erreurs, entendent sa voix comme
celle du Pasteur, retournent à sa bergerie
pour le suiure en tout le reste. Or iceluy
cognoit bien celles qui sont siennes, lesquelles il a esleuës auant la constitution
du môde, à la gloire de son nom, qui craignent sa iustice & aussi sa clemence. Auisez bien de vous garder la couronne qui
vous est donnée, que quelqu'vn n'entre
en possession de ce que vous pouuiez obtenir. Les mouuements du sainct Esprit,
ausquelz consentant on ne peut nulle-
ment errer, ne reçoiuent pas de delay.
Vous racontez amplement en cest epistre ce que vous auez deliberé de vous-
mesme, à sçauoir de seruir au bon IESVS
en nostre Compagnie, & pour faire la sa-
tisfaction de voz pechez passez, trauailler
vaillamment pour son amour. Il n'y a
rien de tout cela que ie n'approuue, &
me plaist fort, veu que ce chemin certes
est le plus asseuré pour le salut, & aussi
par-ce que ie suis du tout ioyeux que
Dieu

Dieu eſt loüé de vous, au lieu de toutes les iniures qu'il endure tout les iours des impies. Le conſeil que vous demandez de moy en cecy eſt tel, que vous accompliſſez auſſi toſt entierement ce qui vous eſt inſpiré du ſainct Eſprit. Car iceluy ne trompe perſonne, & meine vn chacun au ſalut par le chemin que le Createur du monde a deſtiné à chacun. Et en verité il vous appelle à des grandes choſes, quāt il vous appelle à l'inſtitut de noſtre Compagnie. Ceſte choſe eſt telle, qu'elle doit eſtre à bon droit eſtimée plus que tout l'vniuers, craignant que d'où vous pouuiez auec vne inſigne gloire trouuer vne couronne en la vie eternelle, du meſme vous n'acqueriez auec Cain vne eternelle ignominie, diſant le Seigneur: allez maudits au feu eternel. Vous dictes en outre, que vous deſirez me ſuiure & mourir auec moy, ſi l'occaſion le porte roſty ſur la griſle. Ceſte ferueur eſt grande quant au deſir: mais ie ne ſçay quel il ſeroit quant à l'effect. La croix de IESVS-CHRIST deſpeinte en l'imagination ou intellect, eſt fort differente de celle qui eſt viue au temps du martyre. Les vergers
& ar-

& arbres chargez de leurs fleurs ou fruits plaisent fort, mais le temps orageux de l'hyuer apporte plus de trauail, quant il les faut, ou houër, ou esmunder. Ainsi est-il des choses diuines, lesquelles il est aisé d'embrasser tandis que le monde les admire; mais en vn autre temps la croix de IESVS-CHRIST a accoustumé d'estre fort pesāte. Si luy-mesme a souspiré, & est tombé soubs le faix d'icelle dans les ruës de Ierusalem, que faut-il attendre de nous en ceste valée de miseres? Les tourments des saincts que nous auōs estimez souuent nous aggréent, mais ceux-là mesme deuant les Tyrans, soubs lesquels ilz les ont endurez, seroient certainement aigres & mal-plaisants. Car en ce temps pressent la faim, la soif, paroles iniurieuses, ignominies, nuditez, moqueries, pauureté, les coups & la mort mesme, cōme dict le Prophete: *Propter te mortificamur tota die, facti sumus sicut oues occisionis.* Pour toy nous sōmes mortifiez tout le iour, nous sommes faicts comme brebis d'occision qui ne sont estimées de personne. Mais pour passer de ce vostre estat en vn autre immuable, c'est prudēce
de

de prendre conseil auant que le faire ; & peser d'vne part & d'autre les commoditez & incommoditez, afin que quant vous aurez commencé la chose rien ne vous espouuante ou destourne. Et pource ie vous prie & supplie comme vray & sincere amy, que vous regardiez bien exactement ce que vous ferez. Considerez bien ce que i'adiousteray cy apres, touchant nostre Compagnie, afin que vous ne vous plaigniez par-apres d'auoir esté deceu par moy. Nostre Compagnie consiste en trois choses, extreme pauureté, extreme chasteté, extreme obedience; La pauureté consiste aux biens de fortune, argent, parens, amis, honneurs, plaisirs du monde, au manger, au boire, vestements, chaussure, dormir; bref, ne posseder aucun bien temporels, mais ne les souhaiter pas seulement, voire auoir horreur d'iceux, & se resiouyr de ceste pauureté, pour la tromperie que contiennent telle sorte de biens. Icy appartient estre mesprisé pour IESVS-CHRIST, desirer des labeurs, des iniures pour l'amour de luy, d'autant que nous luy seruons, & non au môde. Rejetter & mespriser tout,

afin

afin qu'en ceste gloire nous possedions tout. La chasteté s'entent que vous soyez tres-chaste en voz œuures, que nous conseruions tousiours nostre cœur en pur amour auec IESVS-CHRIST; ne permettant pas qu'il y ait en iceluy des pensées de la chair, ny du monde, ou de ses vanitez : ains que nous soyons affranchis de IESVS-CHRIST, qui est nostre espoux, pour lequel nous desirons mourir, afin que nous viuions tousiours auec luy. L'obedience s'entend que vous ne desiriez rien plus que ce qui sera ordonné par le Recteur: puis que vous renóciez à vostre propre volôté, & que vous executiez l'vnique volonté de Dieu. Vous voyez icy les labeurs de nostre Compagnie. Le plus grand & le plus petit nous sommes touts esgaux. Qui desire estre mon compagnon il doit endurer les mesmes choses qu'il me faut endurer, ny plus, ny moins. Il n'y a pas de disciple pardessus le maistre. Mais afin que ces labeurs ne vous destournent de vostre saincte proposition, ie desire vous encourager des choses, par lesquelles Dieu faict auec nous, que nous ne resentions rien de tout cela.

cela. Nous ne pouuons pas nier que nous sommes hommes infirmes semblables à vous ; & pour-ce efforcez vous, celuy mesme qui nous r'enforce pour perseuerer, vous donnera les mesmes forces. Car il est esgalement puissant & bening enuers touts. Premierement, certes, afin que nous mettions en oubly nos péchez & les plaisirs que nous auons pris d'iceux, nous nous proposons la mort deuant les yeux, combien icelle est triste aux pecheurs, puis le conte que nous rendrons en iugement formidable; en apres les peines qui sont préparées aux pecheurs, & les labeurs de ceux qui ont cerché le repos. En apres, nous prenons l'exemple de IESVS-CHRIT, des Apostres, Martyrs, & de touts les Saincts, afin que nous les suiuions d'vn grand courage iusques à la mort, veu que c'est honneur au seruiteur de suiure son maistre, & à la creature son Createur. Car que peut le Chrestien acquerir de plus grand que de suiure IESVS-CHRIST iusques à la mort de la croix mesme. Qui nous separera de la charité de IESVS-CHRIST? non la faim, non la soif, non les labeurs, non la
mort,

mort. Puis en troisiefme lieu, nous nous propofons la gloire des faincts, & la noftre qui eft Dieu mefme, le voir & aymer en la compagnie des faincts Anges, où les yeux fe raffafierõt en le voyant; les oreilles en oyant; la langue en parlant; l'intellect entendant; la memoire fe refouuenant; la volonté en aymant; bref, touts les fens fe repoferont en vne mutuelle delectation. Nous aurons la vie fans mort; la fanté fans infirmité; les richeffes fans pauureté; la repletiõ fans faim; la gloire fans degouft: par ce que celuy que nous defirons poffeder eft tout bien en touts, & fans iceluy rien n'eft. Celuy eft miferable qui le perdra. Bien-heureux celuy qui le poffedera eternellement, amen. Vous voyez donc icy comme nous mefprifons le monde, & defirons mourir, afin que nous ayons repos auec IESVS-CHRIST. Nous deteftons tout, fi ce n'eft fon feul feruice, auquel nous nous glorifions. Nous fommes fort abondamment riche en la pauureté. Car qu'eft-ce qui manquera à celuy qui a tout en foy ? Nous n'auons rien, & nous poffedons tout, à fçauoir Dieu mefme Createur de ceft vniuers. En la captiuité de l'obedience

E e   nous

nous sommes plus libres que tout ceux qui viuent au monde, d'autant que nous viuons selon nostre plaisir, guidé selon la raison, qui conuient tousiours auec la volonté de Dieu; & ainsi nous viuons tousiours comme il nous plaist. En chasteté, nous sommes aymez de touts: car Dieu reluit aux choses comme dans vn miroir, les Anges nous desirent pour cōpagnons, les vertueux pour freres. Or nous aymons vn chacun. Premierement Dieu, puis nostre prochain, mais en Dieu. Il y a souuent entre nous de grands exemples de vertus qui sont cachées entre les croix & les labeurs, lesquels si le monde voyoit & entēdoit, aucun ne le voudroit suiure. Dieu & les Anges sont nostre cōuersation. O que grande est l'abondance de la douceur que Dieu a cachée à ceux qui le craignent. Certainement, les labeurs de la croix ne sont pas si grands comme on les peint. IESVS-CHRIST certes, pour fort qu'on le pria, n'a voulu se departir de la croix. Ainsi sainct Simon auec d'autres saincts hommes, qui furent combatus de beaucoup de caresses, afin qu'ils descendissent de la croix. Qu'il ne m'aduienne de me glorifier, si ce n'est en
la Croix

la Croix de noſtre Seigneur IESVS-CHRIST. Vous voyez icy les commoditez & incommoditez de la Compagnie de IESVS. Choiſiſſez des deux celuy qui vous ſemblera meilleur. Si certes vous deſirez eſtre mon compagnon au labeur auec ces conditions, vous m'obligerez veritablement fort à ne vous rejetter; mais pluſtoſt receuoir auec beaucoup d'embraſſements, auec celuy qui ayant eſtendu ſes bras en croix ne s'eſt refuſé à perſonne, afin que nous ſoyons compagnons du labeur, & puis confreres du repos eternel. Le Seigneur qui vous a illuminé de ſon eſprit vous conduiſe au chemin de verité, & vous confirme eternellement, amen. A Ormus, du College du bon IESVS, le premier d'Octobre. 1550.

Le ſeruiteur indigne de touts GASPAR.

GASPAR iugeoit ainſi, commandoit qu'ō ſe prepara ainſi, ſi quelqu'vn vouloit embraſſer noſtre ordre. Ie croy certes aſſez par ceſte lettre & les fragments des autres, qu'aucun ne doit trouuer eſtrāge, ſi le vice-Roy luy eſcriuant a dict, qu'il auoit receu les lettres de GASPAR auec autant d'honneur & reuerence que ſi elles fuſſent eſtez de ſainct Paul: tant elles resentoient du tout l'esprit Apostolique, ou pour la grandeur des choses, ou pour la negligence du discours; que i'ay craint d'obscurcir par le fard des parolles, sçachant assés que ceste sienne negligēce sacrée ne doit moins estre iugée des autres que de moy.

CHAPITRE XX.
L'opinion de sainĉteté.

CE n'a pas esté le moindre argument d'vne plus rare sainĉteté en GASPAR que la constante opinion de touts, touchant ceste chose. Ie ne me propose certes pas de raconter en ce lieu combien les Portugais, Iuifs, Sarrazins, bons, mauuais, toutes sortes d'hommes ont touts d'vne voix confirmé cela, c'est chose assez manifeste par-ce qui a esté dict. Ie r'apporteray seulement icy les fragments de quelques lettres, par lesquels la mesme chose est prouuée, afin que les iugements que les grands personnages ont faict de GASPAR ne se perdent. Et certes celuy à qui GASPAR a respondu cy dessus, l'appelle enuoyé en ces parties des Indes par la faueur diuine, pour le salut & la perfection des ames. Mais afin que ie laisse les autres choses moins illustres,

i'en

i'en appelle à tesmoings George Capral vice-Roy des Indes, & Iean Albuquerque Euesque de Goa. Du premier sont ces fragments d'vne petite lettre enuoyée à iceluy, qui seruent à ce propos. On m'a icy rendu deux de vos lettres, lesquelles i'ay leu auec autant de reuerence, que si elles fussent estez de sainct Paul. Et i'ay esté incroyablement ioyeux, entendant que la gloire de Dieu s'auançoit tant à Ormus en la cōuersion de plusieurs personnes. Quant au soing que vous auez d'establir vn College en ceste ville, vous faictes selon vostre coustume. Ie vous enuies ces œuures. Ie mande que si quelque soldat Portugais est receu en la Cōpagnie, les gages soient du College. Item ie mande à mon receueur de vous conter cincq cent pardes pour aumosne du Roy, pour auancer vostre œuure. Ie vous prie pour l'amour de Dieu que vous mé sollicitiés souuent pour ces choses, car i'espere par semblables œuures pieuses meriter beaucoup enuers Dieu. I'escris au Roy d'Ormus qu'il se face Chrestien comme vous auez demandé, ie vous enuoye ces lettres. I'espere que vos vertus & oraisons ont tant de puissance, qu'elles peuuent luy impetrer ceſte grace enuers Dieu. Ie vous prie, mon Pere, que vous m'eſcriuiez ſouuent de vous & de vos affaires, & ſi en quelque choſe vous trouuez bon, entre-mettez noſtre authorité: car ie ſeray fort ioyeux s'il m'eſt permis vous ayder en quelque choſe, de Goa, 24. d'Apuril. 1550. Voyla comme eſcrit le vice-Roy. Mais l'Eueſque de Goa monſtra bien combien il eſtimoit ſa vertu & erudition, communiquant par lettres ſon authorité auec luy, laquelle il auoit receuë abſoluë du Souuerain Pontife. Mais i'ay trouué bon d'adiouſter auſſi les teſmoignages domeſtiques des noſtres : car il ne faut de rien craindre qu'ils ſeront ſuſpects, veu qu'ils ſont confirmez par tant d'atteſtations, ou des effects, ou des hommes : voire i'eſtime qu'il y faut adiouſter plus de foy, comme eſtants teſmoins oculaires, auſquels pour la familiarité & conuerſation iournaliere auec GASPAR, la vertu d'iceluy a eſté plus cogneuë qu'à touts les autres. Ie ne ſuiuray pas tout ce que touts diſent de luy, (car cela ſeroit capable d'vne autre volume, & beaucoup de choſes en ont ja eſté dictes) mais ſeulement quelques Eloges

plus

plus brefs, & non de touts, mais seulemēt
de ceux qui en ce temps estoient les principaux aux Indes. Car il n'y auoit personne en ce temps qui escriuoit des Indes,
qui ne s'imputa en quelque façon à crime d'oublier GASPAR, tant ils se debatoient touts ensemble à qui mieux mieux
pour le loüer, & d'autāt plus ce qui sembloit plus admirable au vulgaire, que ce
GASPAR coadjuteur du cousturier de
Conimbre, ce Predicateur qui auoit esmeu à risée, & qui sembloit ordinairemēt
inepte, estoit l'vn & quasi le premier des
faiseurs de miracles Indiens. Nous n'auons peu nier le premier rang au B. François Xauier, le tesmoignage duquel vaut
autant que de touts, qui certes combien
il l'estimoit a esté ja monstré plusieurs
fois autre-part. Mais toutesfois il escrit
aussi plus ouuertement, de Goa le 8. d'Auril 1552. au Pere Simon Roderic, Prouincial de la Prouince de Portugal, parlant ainsi de luy. I'ay estably GASPAR,
Recteur du College de saincte Foy (ainsi
s'appelloit d'vn autre nom le College de
S. Paul de Goa) homme, auquel ie me fie
beaucoup, homme humble, obeyssant, à
qui Dieu a departy vne insigne grace de

prescher, il esmeut tellement les larmes à l'assemblée quant il presche, qu'il y a dequoy nous en resiouyr à bon droict auec le Seigneur. Le mesme escriuant au B. Ignace repete quasi le mesme. I'ay establi GASPAR Belge, Recteur du Collège de Goa, homme de vertu cogneuë, & comblé de dons celestes, & le mesme excellent Predicateur, & vniquement aymé de toute la ville & des domestiques: i'ay commãdé à touts les Peres & Freres qui sont en ces lieux de luy obeyr. Apres le B. Xauier, Melchior, Nunez, entre en rang, qui en toutes ses lettres faict tres-honnorablement mention de sa tres-excellente vertu; mais principalement en celle qu'il escriuit l'an 1551. le 9. Nouembre, où il dit ainsi: Dieu a comblé le Pere GASPAR, depuis qu'il est venu aux Indes, de tant de dons celestes, qu'il me rauit du tout d'estonnement, il brusle continuellement du feu de charité; il pousse le peuple où il veut; il est infatigable au trauail, soit de iour, soit de nuit. Bref, c'est vn homme par le moyen duquel Dieu veut du tout estre honnoré; il presche icy tres-bien à la maison, & auec vne singuliere eloquence. Ie ne diray rien de Loys Froëz,

Froëz, car nous deuons quasi à luy seul tout ce qui a esté dit au troisiesme liure: & ce que dessus nous auons dit des miracles peut suffire, à sçauoir pourquoy il n'a rien dit d'iceux. Balthasar Gagus, aussi vn des cōpagnons de sa nauigation, escrit ainsi: Ce benoist Pere (parlant de GASPAR) laisse de ses vestiges par tout où il passe, il semble auoir vn feu perpetuel en l'ame, & il est aussi infatigable. Mais le P. Gonsalue Roderic son successeur à Ormus, entre autres, a laissé cest Eloge de luy. Ie suis arriué à Ormus peu de iours apres que GASPAR en estoit party. Il alloit auec Anthoine Noronia General de l'armée nauale, enflammant touts les forts par où son chemin s'addonnoit. Ie voy cy, mes freres, combien il sera nouueau à ce peuple de traicter auec moy, si desnué de vertu, lequel s'estoit ja accoustumé auec vn homme si parfait qu'estoit le P. GASPAR, par le moyen duquel Dieu a mis à fin icy de si grandes choses. Touts estoient icy fort desireux de luy, asseurāts qu'on ne pouuoit iamais attēdre d'vn autre des choses si grandes, que Dieu auoit iusques à present fait par iceluy. Iusquès icy, le susdit Emanüel Texeira, veritablemét non Preſtre alors, mais toutesfois de grāde eſperāce, qui apres par ſes actiōs & l'adminiſtration des Indes en qualité de Prouincial eſt aſſez cogneu, raconte beaucoup de choſes de luy dictes autrepart; & orne GASPAR de ces tiltres d'hōneur: Ie vous aſſeure du tout, mes freres, que ſon eſprit & ſon zele eſt infatigable, c'eſt du tout vn grand ſeruiteur de Dieu. Ceſtuy en parle ainſi, & pluſieurs autres en diſent d'auantage: mais cōme i'ay dict, ie feray choix de peu, car ce que i'ay dict eſt peu, ſi on le cōfere auec tout ce qu'on eut peu produire.

Or ie concluray auec l'excellent teſmoignage d'honneur du P. Airez Brandaon, auquel nous deuons principalemēt ce qui a eſté dict de la mort de GASPAR, en apres iceluy a eſté le dernier cultiueur d'Ormus Indiēne, apres la mort de GASPAR. Il dit donc ainſi; nous n'auōs pas peu reſenty la mort du P. Emanël Moraez, & du P. Vrbain, principalement le P. GASPAR, par-ce que touts les labeurs retōboiēt ſur luy, qui ſont tels qu'ils n'occuperoiēt pas peu autre dix: mais toutesfois ſon courage eſtoit ſi grand, qu'encor qu'il y en eut eu d'auātage, il les entreprēdroit

neantneātmoins touts,& encor ceux-là seroiēt petits si on les comparoit auec ses desirs, ou de seruir Dieu, ou d'aider le prochain; il dit cecy & plusieurs autres choses: car il s'estent bien au long sur ses loüanges. I'auois resolu finir icy, quant Anthoine Quadrius a commencé à se plaindre qu'il estoit à tort oublié, & qu'il n'ēduroit pas volontier d'estre forclos du rang des predicateurs de GASPAR. Et certes il est ainsi, car encor qu'il soit venu aux Indes deux ans apres la mort de GASPAR, toutesfois il a obtenu par le poix de son authorité, d'estre entre ceux qui publiēt ses loüanges : car il a tref-sagement, dix ans entiers, gouuerné la Cōpagnie aux Indes, le troisiesme apres GASPAR,& afin que ie dise vray, il a esté le premier, ou le principal qui a reduit ceste Prouince en ordre. Iceluy apres auoir amplement parlé des vertus du B. François, establit GAS-PAR le premier apres luy. Plusieurs des Peres & Freres, dit-il, qui ont estez icy l'ont suiuy de pres:car le P.GASPAR a certes esté vn homme qui en a amené beaucoup à Dieu, & ce par vne agreable & facile conuersation, par laquelle certes il approchoit fort du B. François, les tra-

uaux

uaux qu'il a enduré en peu de tēps qu'il a vescu icy, sont si grands, qu'il samble auoir accomply ce dire de Salomon; consumé en peu, il a acheué plusieurs temps: car il a plus trauaillé en peu d'années, que les autres n'ont accoustumé en plusieurs. Puis faisant briéuement recit de la façon de toute sa vie, il conclud ainsi: ie me persuade que le P. GASPAR n'a pas esté la moindre, ains la plus grande cause que la Compagnie a commēcé d'estre cogneuë & honnorée icy. Encor maintenant sa vie sert d'estōnement, tāt aux nostres qu'aux estrangers, qui à son exemple esperent beaucoup de nous, & quelquefois plus que nous ne pouuons. Nous sommes aussi fort incitez par le mesme guide à nous efforcer vertueusement.

FIN.

Louanges à Dieu, & à sa Mere.

TABLE

TABLE DES LIVRES
& Chapitres.
LIVRE PREMIER.
CHAPITRE PREMIER.

DES parens de GASPAR, & de ce qu'il fit deuāt entrer en la Cōpagnie. page 1

2. GASPAR faict son entrée en la Compagnie de IESVS. 5

3. GASPAR reçoit l'Ordre sacré de Prestrise. 14

4. Il est designé pour l'Inde Orientale. 18

5. GASPAR s'en va aux Indes. 24

6. Ayant surmonté deux tēpestes GASPAR arriue au Mozambic. 36

7. Au Mozambic il prend soing, auec ses compagnons, des malades. 46

8. GASP. auec ses cōpagnons arriue à Goa. 54

9. L'autre Nauire arriue à Goa. 58

10. Plusieurs de ceux qui estoient venus dans le nauire de GASPAR prierent d'estre reçeus en la Compagnie. 64

11. GASPAR commence de trauailler à Goa auec beaucoup de fruict. 68

12. Des predications de GASPAR, & du fruict d'icelles. 72

13. La conuersion d'vn certain des premiers Brachmanes. 80

14. Le voyage de GASPAR en Chalé. 85

15. GAS-

TABLE.

15. GASPAR *ayant refusé la charge de Recteur, est enuoyé à Ormus.* 90
16. *Ce que* GASPAR *a faict au voyage d'Ormus.* 97.

LIVRE DEVXIESME.
CHAPITRE PREMIER.

Description *de l'Isle d'Ormus.* page 104
2. GASPAR *entre en Ormus.* 110
3. *En quel estat* GASPAR *trouua la ville d'Ormus.* 113
4. *Il instruit les habitans de la ville abysmez dans l'ignorance des choses diuines.* 119
5. *Combien* GASPAR *a proufité en extirpant la paillardise.* 127
6. *Quelques choses des plus rares qui sont suruenuës touchant ce mesme sujet.* 134
7. *Il condamne & reprouue les contracts des vsuriers & toute sorte d'auarice.* 145
8. GASPAR *abolit les haines inuiterées à Ormus.* 155
9. *L'insolence militaire interrompt & trouble la pieté d'Ormus.* 166
10. *L'insolence des soldats est reprimée & aigrement puny de Dieu.* 170
11. *Ce que* GASPAR *a faict auec les Heretiques, Schismatiques & Apostats.* 182
12. *Ce qu'il a faict auec les Iuifs.* 193
13. *Dispute publique de* GASPAR *auec les*

TABLE.

les Iuifs. 199
14. GASPAR s'acquiert l'amitié des Sarrazins. 208
15. Victoire glorieuse & publicque de GAS-
 PAR sur vn Philosophe Sarrazin. 214
16. La conuersion d'vne autre noble Sarrazine. 224
17. Ambassadeurs sont enuoyées à GAS-
 PAR de l'Arabie heureuse. 230
18. Ce qui est arriué à GASPAR auec le
 Roy d'Ormus. 236
19. Les combats & victoires Heroïques de
 GASPAR contre les Sarrazins. 243
20. Les Sarrazins taschent de recouurer le
 Coran. 252
21. Du salut des Gentils procuré par GAS-
 PAR. 255
22. Il pense de preparer vn College pour la
 Compagnie à Ormus. 267
23. Quelques conuersions plus rares. 276
24. Dieu auance souuēt les desseins de GAS-
 PAR par des choses admirables. 281
25. Quelle estoit Ormus quāt il l'a laissée. 288.

LIVRE TROISIESME.
CHAPITRE PREMIER.

GASPAR est appellé au Iapon par le
 B. Xauier. page 293
2. Des successeurs de GASPAR en la mission
 d'Or-

TABLE.

d'Ormus. 297
3. GASPAR part d'Ormus tirāt vers Goa. 301
4. Ce qu'il a faict en ceste nauigation. 309
5. Ce qu'il a faict à Goa iusques à l'arriuée du Bien-heureux Xauier. 317
6. GASPAR est creé Prouincial de toutes les Indes. 320
7. Quel a esté enuers soy GASPAR estant estably en cest office. 328
8. Combien GASPAR a auancé les nostres en esprit & aux lettres. 335
9. Ce qu'a faict GASPAR touchant l'institution des enfants. 343
10. Le fruict que par son moyen on a recueilly de tout le reste de la ville. 353
11. Des predicatiōs de GASPAR en ce tēps. 358
12. Tres-grand fruict de l'institution d'vne certaine confrairie. 365
13. Combien il a souffert de mesdisances & contredicts pendant ces choses. 374
14. La mort de GASPAR. 377
15. Son humilité & submission d'esprit. 386
16. Pauureté & Obedience. 398
17. Le soing de prier Dieu. 400
18. Zele des ames. 408
19. Quel iugement il faisoit de l'institut de la Compagnie. 417
20. L'opinion de saincteté. 436.

FIN.

www.ingramcontent.com/pod-product-compliance
Lightning Source LLC
Chambersburg PA
CBHW060514230426
43665CB00013B/1513